本书受华南师范大学"211工程"经济学重点学科和华南市场经济研究中心经费资助

TOUZIZHE BAOHU
LILUN YU
ZHONGGUO
JIAN DE FAZHAN

投资者保护理论

与中国实践的发展

林勇
陈创练 ◎ 著

人民出版社

责任编辑:陈 登

图书在版编目(CIP)数据

投资者保护理论与中国实践的发展/林勇 陈创练 著.
-北京:人民出版社,2008.10
ISBN 978-7-01-007319-4

Ⅰ.投… Ⅱ.林… Ⅲ.证券法-研究-中国
Ⅳ.D922.287.4

中国版本图书馆 CIP 数据核字(2008)第 144021 号

投资者保护理论与中国实践的发展
TOUZIZHE BAOHU LILUN YU ZHONGGUO SHIJIAN DE FAZHAN

林 勇 陈创练 著

人民出版社 出版发行
(100706 北京朝阳门内大街166号)

北京瑞古冠中印刷厂印刷 新华书店经销

2008年10月第1版 2008年10月北京第1次印刷
开本:880毫米×1230毫米 1/32 印张:10.5
字数:255千字

ISBN 978-7-01-007319-4 定价:24.00元

邮购地址 100706 北京朝阳门内大街166号
人民东方图书销售中心 电话 (010)65250042 65289539

序

几年前，我就知道民建会员林勇教授一直在从事投资者保护理论研究，那时，他曾谓我言：等理论研究形成专著了，麻烦您来写个序。我接受了这个邀请。今天看到林勇教授的大作，非常高兴，一睹为快，欣然作序。

随着全球经济竞争的不断深入，人们越来越认识到经济的繁荣离不开对投资者正当权益的合理有效保护。投资者保护理论应运而生。该理论出现以来，一直吸引着许多专家学者的眼球。在短短的数十年间，不论是研究对象的变化，理论学派之间的交替，不同研究角度之间的争论，还是亚洲金融危机以来研究主题之多，让人目不暇接，可谓百花齐放，百家争鸣。

林勇教授的这本专著对投资者保护理论的现有研究进行了系统全面的梳理和评述，从投资者内部保护——公司治理机制（董事会制度和股权激励结构），外部保护——公司外部治理机制（法律制度、金融监管），以及投资者保护的地区差异性三个维度对我国（地区）的投资者保护问题做了深入探讨和研究，从而思索如何建立有效的投资者保护机制，以促进国家、地区金融的可持续发展，其视角新颖，自成体系，具有很好的理论和实际价值。该书很好地继承和延伸了投资者保护理论中法与金融学派的研究，依赖其独辟蹊径的视角开辟了一条从法律制度根源性的角度研究金融体制形成和演变的有效方法，对我国的法律制度建设、金融体制改革实践具有参考和指导意义。

首先，法律论指明投资者保护不足是制约发展中国家资本流入的一个重要制度因素。因此，加强我国投资者的法律保护对于中国金融市场的发展具有关键性的意义。

其次，法律论认为：对于法律移植的国家，执法效率和程度远远比法源来得重要，较高的执法质量和效率同样能弥补法律制定本身的缺陷。中国作为一个转轨国家，在金融体制改革过程中，司法效率的低下较立法的不完备显得更为突出，加强法律执行效率以保护投资者合法权益甚为迫切。此外，在移植国外法律制度的同时，应重视本国自身法律的传统，考虑本国金融发展的内生自律性。

第三，自从实施股权分置改革以后，我国上市公司经历了股权集中化向股权分散化演化，"一股独大"的现象得到改变，与此同时，股权的分散又使得内部控制的治理效果非常微弱，因此，引入机构投资者势在必行。就目前而言，尽管我国机构投资者在单个公司持股比例较高，但是参与公司治理状况不佳，而更注重个股炒作，追求短期利差，甚至操纵市场、内幕交易，追其根源主要在于政府干预市场的失灵。因此，在这非常时期应该借鉴国外的成功经验，并结合我国的实际进行制度改制，建立和完善激励机构投资者参与公司治理的外部法律环境，以提高国内机构投资者的质量和规模。

第四，依靠制定完备的法律法规和落实执法质量和效率的法律论，通过从法律渊源探究法律制定与执法效率的区别，解释了公司治理的国别差异，法制精神能最大限度地纠正市场的侵害行为，但法律本身的滞后性和不完备性使得必须加入政府监管来有效弥补法律的空白和提高执行效率。在金融监管的问题上，法律论认为完善证券市场监管、保护投资者权益的主要问题在于：提高会计披露透明度、约束内部交易法执行、实行卖空限制以及防止公共机构腐败，这对我国金融体制改革、金融监管有着非常重要的启示意义。

理论研究的生命力不仅在于其不落窠臼，而且在于其研究的实际意义。本著作将公司内部治理机制和公司外部法制治理机制结合起来进行系统的研究，弥补了相关研究失之偏颇的缺陷，并开拓研究广东省城市投资者保护差异性与区域金融发展的关系，探究投资者保护地区差异的根源，找寻投资者保护的改革路径。通过广东省城市区域金融发展的案例分析，系统阐释投资者保护的经济后果及其根源，探讨了投资者保护的改革方向，并拓展了投资者保护理论在广东省城市区域经济中的运用，为评价广东各城市的投资环境和政务环境提供了重要的经验证据。可为省政府制定投资者保护的改革政策、宏观投资政策和可持续发展战略提供一定的决策依据。

值得一提的是，本书运用了现代计量经济学的研究方法，对我国上市公司进行实证研究，用事实说话，特点鲜明。作者开创性地将审计师选择作为投资者保护的变量，并结合审计师选择与股权制衡这两种公司治理机制，实证分析股权制衡、审计师选择的治理功能和业绩效应，在经验研究结果的基础上剖析大股东治理与公司价值的内部作用机制，并提出了相关治理政策建议。这一系列的探讨对于我国上市公司内外部治理机制的改进，证券市场的完善都具有建设性的积极意义。

是为序。

宋　海

2008 年 8 月

目　录

1 投资者保护理论

1.1 投资者保护及相关概念

1.1.1 投资者保护

要全面理解掌握投资者保护的基本概念，就需区分投资者保护与投资环境之间的区别。一方面，投资者保护与投资环境有一定的联系，也有明显的区别。投资环境，国外文献一般称为 Investment Climate 或者 Business Environment，其内容往往与跨国直接投资所面临的环境相联系，是指影响跨国直接投资的各种政治因素、自然因素、经济因素和社会因素之间相互依赖、相互制约形成的矛盾统一体。而投资者保护是指通过法律、行政、行业自律等各种手段对投资者利益采取的保护性措施，以确保投资者能够公平地获得信息和投资机会，降低投资风险，免受各种不公平、歧视及环境差异可能带来的损失。另一方面，投资者保护具有部分和投资环境相同的影响因素，但是投资者保护剔除掉先天的自然和地理环境等因素，主要针对后天可以改变或者完善的影响投资者投资决策、资金安全、效益等的政务、法律、市场、人文相互依赖构成的体系，其在区域层面上，主要表现为政务、法律、经济和人文等因素对投资者权益的影响。

因此，投资者保护是指通过法律、行政、行业自律等各种手段对投资者合法权益采取的保护性措施，使投资者能够公平地获得信息和投资机会，降低投资风险和系统性风险，免受各种不公平、歧视及社会环境差异等可能带来的损害或无谓损失。主要涉及法制因素、政务政策因素以及社会文化环境等影响投资者投资决策、资金安全、合法权益、经营状况和争取效益等一系列建立在硬环境基础上的后天可以改变或者完善的结构体系。

1.1.2 投资者保护与投资者

1.1.2.1 概念

在经济学者的研究中，投资者可以分为两类，一类是指购买并持有上市公司股票的中小投资者，一类是指以获取投资收益为目的，以资金或者设备投资于某地区的法人。在现代公司制度上，投资者的概念可分为广义和狭义两种。广义上的投资者包括公司股东、债权人和利益相关者。狭义上的投资者则仅指股东。

在本书中，投资者包括了以获取投资收益为目的、在证券市场上购买并持有上市公司公开发行的股票或基金的自然人和法人，同时也包括上市公司非流通股的持有者和具有投资意向的潜在投资者以及将资金或设备投资于某地区的法人。本书对所有投资者的保护问题作一个全面的研究。

1.1.2.2 损害投资者利益的行为

投资者保护针对的是损害投资者利益的行为。在证券市场上，这类行为主要表现为以下几个方面：

（1）公司控股股东或内部人对外部投资者利益的侵害行为。所谓内部人，是指公司中控股股东或非财产所有者（如经营者），由于实际上掌握了公司的控制权，因而取得对公司经营决策的支配性地位。外部投资者，则是指相对于控股股东和内部人而言，中小投资者由于无法对公司治理和经营决策施加影响，从而事实上无法介入公司内部事务的状态。

控股股东或内部人对外部投资者利益的侵害行为表现为：价格转移、资产剥离、转移公司的合作机会、把可能不合格的家族成员安置在管理岗位上、控股股东对公司事务进行控制、过高支付管理者报酬、以不公平价格与上市公司进行关联交易、为大股东或其他关联企业提供债务担保、在股票发行中进行虚假或误导性陈述、发行股票稀释中小股东持股比例以及限制中小股东的投票权等行为。

（2）证券欺诈行为。证券市场中，上市公司、证券中介机构、具有资金优势和持仓优势的大投资者与中小投资者之间存在着信息不对称。信息的不对称使得前者可通过虚假陈述、内幕交易和市场操纵等行为损害投资者的利益。

（3）证券经营机构对投资者的损害。投资者需要通过证券经营机构进行证券交易，如果对其监管不当，便可能引发证券经营机构侵害投资者利益的行为。如证券商挪用客户资金、不优先执行客户交易指令、由于证券经营机构自身经营风险造成对客户不能清偿等。

（4）过度监管、不当监管对投资者的损害。政府对证券市场的过度监管或是不当监管对企业的决策产生了一定的影响，从而促使企业的政策决定并非围绕股东利润最大化为目标，故此，对投资者造成一定的损害。

1.2 投资者保护的意义

1.2.1 金融发展与经济增长意义

投资者保护对经济增长的影响主要通过影响公司治理和金融市场来实现。

LLSV 的研究结果表明，更好的投资者保护能鼓励公司把握尽可能多的投资机会，创造更多的价值（带来更高的公司价值），并从微观上提供了经济增长的动力。LLSV 争辩道，投资者保护的视角是理解公司治理演进及其改革的富有实效的研究途径。Levin（2002）确证了 LLSV 的观点：从投资者保护的角度来解释金融制度的分类和变迁较之传统的银行市场观更为有效。Levin 发现，对外部投资者的保护程度能够较好地解释金融部门的发展，而法律制度执行投资者权利的司法效率与经济增加也有着强有力的正向联系。金融体系的制度改革和相对价值更多的是沿着投资者保护的轨迹运行的。

资本市场的发展对一国经济的增长具有极为重要的作用。已有的研究表明：对投资者特别是中小投资者权益的保护是建立发达的资本市场的关键要素。投资者保护通过影响金融市场，从而影响实物经济（Beck，Levin & Loayza，2000）。Rajan 和 Zingales（1998）[1]检验了世界各国的投资者权益和企业融资的关系，他们发现金融部门对金融依赖性产业具有特别的经济影响，发达的金融部门

---

[1] Rajan, Raghuram and Luigi Zingales, 1998, Power in a Theory of the Firm, *Quarterly Journal of Economics*, 113（2），387－432.

（机构和市场）能推动金融依赖性产业的增长。他们认为，金融部门对实物产业的经济推动源于融资成本的节约。发达的金融部门方便了金融交易（通过降低信息的不对称程度），能够激励外部资本供给者的投资意愿，并促成企业家积极寻求更低成本的外部融资，从而推动产业增长。Morck、Yeung 和 Yu（2000）[1] 发现：发达国家的股票市场很好地结合了公司专用性的信息，包含的公司信息质量也更高，从而有助于资金进行有效的配置。研究认为，金融发展改善了资源配置，投资者保护通过这个渠道有利于促进经济增长。另外，全球性的金融市场化潮流也显现出投资者保护的重要性。以金融自由化为标志的"金融革命"改变了企业的性质。发达的金融市场增强了企业家获取资本的能力和相对于资本家的谈判优势，致使企业理论中的权力由投资者流向了企业家（或职业经理）（Rajan and Zingales，2001）。[2] 投资者权利在企业框架中的弱化要求外部治理制度（法律和政治层面）给予外部投资者更多的保护。

1.2.2　区域发展意义

Lucas（1990）提出了一个困扰现代经济学家的困惑：资本为什么不从富裕国家流向贫穷国家。Lucas 计算出，印度的资本边际回报率是美国的 58 倍，但印度却无法得到足够的外国资本。而资本市场的自由化程度也不足以解释资本流动的地区偏好。Shleifer 和 Wolfenzon（2002）从"投资者保护"的角度解释了

---

① Morck, R., Yeung, B., Yu, W., 2000, "The information content of stock markets: why do emerging markets have synchronous price movements?" *Journal of Financial Economics* 58, 215－260.

② Rajan, Raghuram and Luigi Zingales, 2001, "The Influence of the Financial Revolution on the Nature of Firms," *American Economic Review*, Papers and Proceedings, 91（2），206－211.

"卢卡斯困惑"（Lucas Puzzle）：[①] 更好的投资者保护会导致更高的利息率，并抑制资本流向较弱投资者保护的国家，而发展中国家不足的投资者保护是制约资本流入的一个重要制度因素。我们认为：我国区域经济发展中的资本流动的非均衡现象以及地区之间的资本吸引度和金融市场化程度的差异很大程度根源于各地投资者保护的差异。而中西部地区相对贫乏的投资者保护是令资本裹足不前的重要制度因素。因此，用投资者保护的视角来研究中国地区发展的资本吸引度是一个相对有效的方法。

1.2.3 可持续发展的意义

亚洲金融危机反映了投资者保护的可持续发展意义。在亚洲金融危机之前，亚洲经济经历了一个快速增长的奇迹（又称"亚洲价值"）。马哈蒂尔（Mahathir，1998）宣称，亚洲国家的快速增长意味着亚洲的制度是好的。但是，亚洲金融危机的爆发却显现出亚洲经济的制度缺陷——较弱的投资者保护。正如JBBF（2000）所指出的，投资者保护的弱化是导致这种螺旋向下的恶性循环的重要制度因素；投资者保护机制是维系经济可持续发展的重要制度基础。在经济繁荣时期，投资者保护制度可能并不重要（较弱的投资者保护并没有妨碍亚洲奇迹的出现）；而当经济走向低谷时，投资者保护制度就显得尤为重要。较强的投资者保护机制可以限制宏观经济环境滑坡而引致的不良微观行为，并使经济机制尽快恢复受到伤害的宏观经济。因此，较强的投资者保护提供了可持续发展所必须的自我修复机制。

我们认为，投资者保护缺乏所产生的可持续发展问题广泛地

---

① Lucao（1990）提出了一个困扰现代经济学家的困惑（Lucao Puzzle）：资本为什么不从富裕国家流向贫穷国家（或从发达国家流向发展中国家）。Andrei Shleifer 和 Dariel Wolfenzonb，2002，"Investor Protection and Equity Markets". Journal of Financial Economics，vol. 66：pp. 3 – 27。

存在于中国的区域经济体系中。在地区经济发展中，投资者保护机制的不足是激励企业内部人（控股股东、经理和雇员等）在经济不景气时热衷于转移企业价值而非创造价值。而当地方政府和司法机关的管制和法律手段难以保证投资者权利的实施时，当地投资者在经济不景气时会遭受更大的投资损失。对资本损失的回避会促使他们将资本退出生产领域，并造成经济的进一步滑坡。因此，要提高我国各区域招商引资的能力和保持地区经济的可持续发展，关键要构建良好的投资者保护机制。就如 Rajan 和 Zingalesrn 所强调的，寻求开放的经济体系应致力于完善投资者保护的制度环境。健康的投资者保护是区域金融发展和经济增长的制度源泉。

1.2.4 政府质量意义

投资者保护的良好程度也一定程度上反映了政府的质量。良好的投资者保护取决于完善的投资者权利和执行这些权利的司法管制效率以及高质量的政府体系。LLSV（1999）调查了 152 个国家的政府质量。他们发现，更好的投资者保护常常伴随更高质量的政府。而衡量投资者保护的重要指标（诸如司法效率、法治质量和投资者权利等）也是衡量政府质量的重要评价指标。因此，对投资者保护的差异性研究也有助于评价地区政府的行政和司法质量，对于政府的效率改善和制度完善具有重大的政策意义。

1.3 投资者保护理论研究

1.3.1 投资者保护理论产生的背景

投资者保护是近年来研究公司治理的核心内容，也是公司治理所要实现的基本目标之一，立足于研究所有权和控制权之间的相互关系来剖析股东行为，进一步阐述防止内部人（管理层和控股股东）对外部投资者（主要指中小股东、非控股股东、小债权人和大债权人）的掠夺（expropriation）或侵害，甚至是掏空（tunnelling）公司。

投资者保护研究源于公司治理中的委托代理问题，传统的公司治理理论与实践将重点放在公司所有者与经营者之间的委托代理关系上。Jensen 和 Meckling（1976）指出，当外部投资者对公司进行投资时，他们就面临着风险，其投资回报往往难以兑现。从这个角度上讲公司治理在很大程度上就是如何外部保护投资者的合法权益和解决委托人与代理人之间关系的一整套机制。在他们的契约分析框架中是用剩余索取权来定义企业所有权和投资者权利。当股东和经理人员的利益出现冲突时，首先想到的是如何约束和激励经理人员的行为，使之符合股东利益最大化的要求，进而减少两权分离的代理成本。这也是 20 世纪 70 年代末到 90 年代初公司治理研究的出发点和目标，无论是公司董事会的设置还是经理人员的薪酬体系设计，无论是银行主导的公司治理还是市场主导的公司治理，都强调对经理人员的萝卜加大棒策略。由于当时重点在于激励和约束经理人员，外部投资者保护没有受到应有的重视。

随着上市公司股权结构和公司治理结构的多元化，利益主体的差异和不同程度的激励方式产生了不同股东之间利益的分歧和整合，这种分歧与整合所形成的新委托代理关系——内部人与外部投资者的关系，从而产生新的矛盾。内部人会通过各种手段，如价格转移、资产剥离、转移公司的合作机会、把可能不合格的家族成员安置在管理岗位上等方式来掠夺或侵害外部投资者的利益与权利。以 Hart 为代表的新产权理论开始关注新委托代理关系下的投资者及其保护问题，打破以往研究公司治理的固定模式。Grossman 和 Hart（1988a）将研究的重点集中于投资者所拥有合约规定的控制权和实际剩余控制权上，他们指出投资者之所以能取得收益是因为其拥有的权利；Hart（1995）提出由于剩余索取权的分配主体很多情况下不清且数量较多，转而用剩余控制权来定义投资者的权利，其中指出企业未破产时，股东享有公司的决策权（控制权），一旦处于破产状态，债权人就接管公司的控制权。在 Hart 的剩余控制权分析框架中，外部投资者改变过去的被动状态，可以主动捍卫自身的权利。新委托代理关系的出现对投资者保护理论的研究也产生了一定程度的冲击。一般而言，控股股东由于期望得到控制权共享收益而能够比较有效地监督管理者，从而提高企业的经营业绩。Gorton 和 Schmid（1996）就证明持有大宗股票的银行改善了德国公司的业绩。但是，如若控股股东的目的在于谋求私人利益，则会直接导致掠夺行为的出现。Shleifer 和 Vishny（1997）通过比较世界上各个主要资本市场上市公司的股权结构，指出在大股东有效控制公司的同时，他们更倾向于利用控制权侵占中小股东利益，以谋取控制权的私人收益。Bebchuk（1999）指出在中小投资者利益保护薄弱的国家，控股的主要动机在于侵占其他股东利益以获取控制权私人利益。Johnson 和 LLS（2000）在《掏空》一文中将掏空（tunelling）定义为控股股东为了自身利益将资产和利润转移到公司外部的行为。并指出掏空主要有两种表现形式：第一种是大股东可以通过自我交易将企业资源转移为私有，这些自我交易不但包括在世界各国都受到法律禁止的行为，如直接的偷窃和舞弊；也包括资产销售和签订各种合同，如以对控制股东有利的形式转移定价、过高的管理层报酬、债务担保、对公司投资机会的侵占等。第二种形式，控制股东可以不必从企业转移任何资产而增加自身在企业的份额，如通过股票发行稀释其他股东权益、冻结少数股权、内部交易、渐进的收购行为，以及其他旨在反对中小股东的各种财务交易行为。Fiedman、Johnson 和 Mitton（2003）提出了与掏空截然不同的另外一种掠夺行为——支撑，所谓支撑是指大股东为了长期的利益，不止单向谋取公司利益，在必要的时候，如为了保持公司不被摘牌、为获得股权融资资格等，他们也会向公司输送资源以维持公司的业绩，这种方向的利益输送被称之为支撑。根据 Fiedman、Johnson 和 Mitton（2003）的观察，只有将控股股东这两种行为（掏空、支撑）结合起来分析才可以完整地解释新兴市场中上市公司的融资行为。

在新的委托代理关系下，内部人对外部人利益的损害或侵占现象层出不穷，手段也越来越高明，因此，La Portal 等（1999）和 Claessens 等（2002）通过分析认为，世界上多数国家的公司代理问题是控股股东掠夺中小股东的问题，而高管与外部股东的委托代理问题反而居于次要的地位。分析框架的转变使得我们把视线从经理人员（高管）转到了外部投资者身上——如何设计出有效的机制来防止出现内部人（控股股东）对外部投资者的掠夺行为。研究进一步深入，也揭示了掠夺产生的原因及其根源性问题。Classens 和 Lang 等（2000）发现，在所有国家和地区，所有权与控制权分离的状况，控股股东都普遍持有超出现金流权利的投票权（通过金字塔和交叉持股），最大股东可以通过控制相对较少现金流来控制公司的运营。Bebchuk 等（2000）认为，现金流权和控制权相分离的情况下，在公司投资项目、公司规模扩张以及公司控制权转移三方面存在代理成本，控制股东可能为了掠取控制权私人收益对中小股东进行利益侵占。La Portal 等（2002）、Claessens 等（2002）进一步发现，终极控制股东所持有的现金流权与公司价值成正方向关系，但终极控制股东的控制权与现金流权的偏离度越大，则公司价值越低。这也影射出终极控制权股东才是导致掠夺或侵占发生的最重要原因。为有效抑制控股股东的掠夺或剥削行为，Pagano 和 Roel（1998），Gomes 和 Novaes（1999），Bennedsen 和 Wolfenzon（2000），Bloch 和 Hege（2001）从不同角度提出了多重大股东的公司治理机制，通过股权制衡来建立一个有效的大股东治理机制。另外，只有投资者的权利得到了很好的保障，投资者才愿意把资金投入企业，才会形成一个均衡的所有权结构和良好的公司治理机制。随着新委托代理关系的出现，投资者保护理论的研究对象发生了根本性的转变，理论研究也不断深入和向前发展。

1.3.2 投资者保护理论及其发展

投资者保护源于公司治理中的委托代理问题。随着上市公司股权结构和公司治理结构的多元化、利益主体的差异和不同程度的激励方式产生了不同股东之间利益的分歧和整合，这使得代理问题从股东与经理人之间逐步转变为大股东（控股股东）与中小股东之间（LLSV，1999a），从此投资者保护理论的研究对象和重点发生了转变。

1.3.2.1 契约论

在新制度经济学盛行的时期，人们认为只要契约是完善的，交易者都是理性的，社会就可以完全基于契约运行。人们相互之间由于私有权得到保护而有订立完备契约的激励。代表人物是 Coase、Stigler 等。Hayek（1954）指出只要私人之间订立完备的契约，市场经济就可以有效的运作，国家法律制度不是必要的。Coase（1961）和 Stigler（1964）都指出，最优的政府就是不制定任何法律法规的政府。在投资者保护问题上，契约论认为只要契约是完善的，执行契约的司法体系是有效的，那么投资者与公司签订契约就可达到保护自己利益的目的。因此无须专门立法来保护投资者的权益，因为在证券市场的交易过程中，交易的双方都是完全理性的。为了提升股价，同时为了避免由于误导或者欺诈投资者带来的惩罚，股票的发行者会有自动披露正确信息的动机（张烨，2004）。契约论指出作为投资者会充分搜集各种信息并选一些信誉好的公司投资，使自己免受欺骗，而这种情况下证券法律法规是无关紧要的，而制定了反而有可能干扰市场机制运作增加成本。Easterbrook 和 Fischel（1991）认为，只要财务契约履行良好，金融市场就不需要法律管制，而法律管制某些时候会对证券市场的发展起到阻碍作用。上述投资者保护的实现是以完备契约、有效执法和完全理性为前提的，而事实上随着公司权利主体增加和交易的日益复杂，人为制造的信息不对称、投资者由于专业和精力所限无法签订完备契约、法庭执法无激励等因素造成了不完全契约，使得完备契约论实现投资者保护的能力受到质疑。Grossman 和 Hart（1988）的文章证明了这一点。

20 世纪 90 年代以来，由于完备契约论存在不可克服的缺陷和缺乏现实性，无法保障投资者的利益。对投资者保护理论的研究出现了分岔，一部分学者坚持了完备契约论的精神，设计了不同的机制来克服不完全契约和适应证券市场的要求，主要有以下四个方向的研究：第一是政府干预（Government Intervention）：政府可以施加行政干预惩罚掠夺股东利益的公司。Johnson（2000）指出法律是不完善的，必要时要修改法律规定以促进契约的完善和资本市场的发展。Berglof 和 von Thadden（1999）发现欧洲国家通过实行强迫性契约来要求公司善待投资者，掠夺投资者的公司将会失去优惠政策待遇。实现这些的前提要求是政府必须廉洁和执行必须有效，而许多国家的财政和公共管理水平并不能保证政府本身的有效和廉洁。第二是所有权集中（Ownership Concentration）：高度集中的外部投资者所有权可以构成对管理层的强有力约束，从而保护投资者。Shleifer 和 Vishny（1995）的调查显示相对集中的所有权结构是有效保护投资者利益的手段之一。Gorton 和 Schmid（1996）对德国的实证研究表明股权集中度越高，公司利润越大。但是高度集中的所有权结构就会出现控股股东，而控股股东拥有控股权溢价①，形成对中小股东的掠夺。Glaeser、Johnson 和 Shleifer（2001）指出在缺乏相应的监管和法律下，大股东会掠夺公司利益，而不完备的契约无法约束这种行为。第三是市场声誉（Reputation Building）：良好的市场声誉能够使公司获得更多的投资，增强投资者的信心。Dimond（1991）将这种由于良好声誉而额外获得的融资能力称为"声誉资本（Reputation Capital）"，并指出声誉对风险资本家在市场上募集风险资本有重大影响。这种自发的信誉机制和所有者的个人品质在经济良好时期缺陷并不明显，但在经济危机或者萧条时期如亚洲金融风暴等则充分暴露出这种无约束力的契约机制无法保障投资者的利益。第四是交叉挂牌（Cross-listing）：公司可以通过交叉挂牌选择到投资者保护好的市场上市，从而提高投资者保护效率。Reese 和 Weisbach（2001）用数学模型证实了大多数海外公司选择在美国上市的主要原因是为了获得更好的投资者保护程度。O'Connor（2006）也证明交叉挂牌上市使美国公司有较高的信誉，加强了投资者保护程度。不过，由于上市成本、各国法律的约束等原因使得不可能所有的上市公司都能通过此机制保护投资者的利益。

1.3.2.2 法律论

另一部分学者则选择通过法律来实现投资者利益的保护，Coffee（1989）和 Djankov（2003）都认为在证券市场上需要有

---

① 控股权溢价指持有控股股权的大股东利用自己的控制权获得的与其持股比例不相称的额外利益。

专门的法律来保障投资者的利益。LLSV 四人掀起了从法律和监管的角度研究投资者保护理论的研究浪潮，他们认为投资者保护是指法律对投资者的保障程度以及相关法律监管的有效执行程度。他们研究主要着眼点是以中小股东、债权人为主体的投资者，研究公司治理的外部法律环境对投资者保护的影响，主张法律渊源的不同会导致投资者保护程度的差别，进而在微观层面上出现不同的公司治理结构、在宏观层面上出现不同的金融市场监管模式和程度，从而影响一国金融市场的发展和经济的增长。许多学者针对 LLSV 的系统理论，并结合一国实际进行研究或者理论验证，提出了许多新的观点和结论。学术界将 LLSV 与之后学者们从法律和管制角度研究的投资者保护理论统称为法律论。法律论的系统研究路径可以归纳为：首先是投资者法律保护程度和差异（法律渊源和执法质量）；接着是从微观和宏观两个层面研究——微观是投资者保护与公司治理结构，宏观是投资者保护与金融市场监管；然后是探索投资者保护的根源，最后是金融发展和经济增长。

1. 法律制度视角下的投资者保护研究

法律论的代表人物 LLSV（1998）以 49 个样本国家作为研究对象，按法律渊源（普通法系、法国法系、德国法系和斯堪的纳维亚法系）分类比较了这些国家的投资者权利（股东和债权人）。按照 LLSV 的分析，投资者权利的法律保护主要有三方面：一股一票（one share-one vote）、抗董事权（anti-director right）和强制股利（mandatory dividend）。其中抗董事权又包括六项权利：通信表决权、代理表决权、累积表决权、少数股东反对权、优先认股权以及临时股东会召集权。LLSV 的统计分析结果表明，英美法系下的国家，一股一票方面的平均分值与抗董事权的平均分值远大于法国大陆法系下的国家、德国大陆法系下的国家和斯堪的纳维亚法系下的国家，而强制股利只存在于法国民法系下的国家。他们发现，普通法系的国家较之民法系的国家能提供更强有力的投资者保护，因此法系根源是一个强有力的决定投资者保护的解释因素，而有效的法律法规能有效能提高投资者保护的程度，提高投资者信心，增加了公司的融资能力。法律制定确实能弥补不完备契约的缺陷，但是仅仅只有法律制度就可以实现投资者保护了吗？有学者指出法律的有效执行比法律制定本身对投资者保护和资本市场发展影响更为重要。Acemoglu、Johnson 和 Robinson（2000）通过对一些曾沦为殖民地的国家进行研究指出，法律制度确实对市场环境的改善有作用，但是由于这些国家主要是沿袭宗主国的传统，因而在执法效率和程度上传统远远比法源来得重要。LLSV（1999a）分类衡量了 49 个国家的法治化程度（主要从司法效率、腐败程度、掠夺风险和会计准则评级等方面进行考察）。他们发现，在很多方面普通法系国家较之民法系国家具有更高的执法质量，因此，他们指出较高的执法质量和效率能弥补法律制定本身的缺陷。

此外，法律制度本身的演进和改进也能弥补其自身存在的一些缺陷。Gonnaioli 和 Shleifer（2007）通过建立一个基于控诉的立法模型，发现具有政治动机的法官会扭曲法律使得其实施无效率，但是司法观点的多样化却能加强法律制度的演进，并提高执法的正确性。同时，他们发现了"Cardozo 理论"：即使法官有个人动机，但是从总体而言，法律的演进是有利的，因为它能消除司法偏见，使得法律实施更加有效率。因此，普通法系的演进有利于司法效率的进一步提高，也能更加有效地提高投资者保护的程度。另一方面，Enriques 和 Volpin（2007）通过对欧洲大陆 3 个国家（法国、德国和意大利）15 年来公司法改进的研究也发现了同样的证据。他们发现，15 年来这三个国家通过对公司法的制定加强了公司内部治理的机制、授予了股东更多的权力、提高了（公司）信息披露的要求、并增强了公共法律实施的水平。特别地，强调授予中小股东更多的权利和提高信息披露的质量，被认为是对抗大股东滥用权利的最有效方法。而且，从公司法的演变过程的观点来看，欧洲大陆的公司法经常被描述成一种"持续改革的状态"（Noack 和 Zetzsche，2005）。因此，如果欧洲大陆想解决由于大股东占统治地位而造成的基本问题（控股股东和中小股东的代理关系），一种有效的方法就是必须持续对公司法进行改进。

2. 基于公司内部治理的系统研究新进展

亚洲金融风暴的教训，不完备契约的不足和国家干预的加大，法律投资者保护研究深入到公司层面（Firm-level）的公司治理结构中，主要可以分为股权结构（大股东行为）、企业绩效与价值、股利政策三个主要方面。

（1）投资者保护与股权结构、大股东行为

LLS（1999）研究发现，公司股权结构存在着显著的全球差异，与具有较好投资者保护环境的经济体相比，其他经济体相对较少的企业是分散持股的。还有，这些样本公司大多数被家族和国家控股，其控股股东基本上通过金字塔式持股、交叉持股和管理参与拥有超出其现金流量权力的控制力量，从而获得控制权收益。Johnson 和 LLS（2000）将这种控股权溢价形成的大股东向外转移公司资产和利润的激励和行为称为"Tunelling"（掏空或利益输送），他们发现许多掏空是合法的，法律范围内允许的掏空以多种形式存在；而且民法系国家比普通法系的国家容许更多掏空的存在。Claessens 等（2000）发现东亚公司控股股东都普遍持有超出现金流权利的投票权，而且，所有权和控制权的分离在家族控制的企业尤为突出。他们指出，东亚公司的股权结构不仅赋予了控制股东管理防御的地位，也提供了其剥削小股东的激励。长期的利益输送会最终损害大股东在该公司的利益，所以在必要的时候，如为了保持公司不被摘牌、为获得股权融资资格等，大股东也会向公司输入资源以维持公司的业绩。Fiedman、Johnson 和 Mitton（2003）称这种逆向的输送为"Propping"（支撑），他们发现，支撑行为大多发生在亚洲新兴"裙带资本主义"国家，而在普通法系国家较少发生。不管是掏空行为还是支撑行为都是大股东为了谋求自身利益输送所采取的不同方式而已。

　　有没有办法约束大股东的行为呢？一种观点认为应引入法律约束：Lemmon 和 Lins（2001）认为通过法律制定以及法律执行就能够缓解大股东的剥削动机。但由于控股股东有财力以及激励去游说政府机构和官员给予优惠的待遇，甚至获得法律制定上的倾斜，进一步损害了市场的公平性和投资者保护的利益。另一种观点是引入其他大股东组成的控制联盟体，形成制衡关系：Pagano 和 Roell（1998）分析了公司最佳股权结构的设计，指出股权制衡就是一种代理成本与监督成本的权衡，在一定程度上能够达到保护小股东利益的目的。但 Gomes 和 Novaes（2005）指出多个大股东分享控制权的股权制衡增加了控股联盟中的大股东们对控制权私人收益的兴趣，小股东们不能再依靠他们来监督公司决策的制定与执行了。虽然研究认识到利益输送对公司和投资者造成极大的损害，但由于其手段的隐蔽、法律的滞后，各国法制和行业特点的不同，加上掠夺的动机的影响因素太多，研究难度比较大，很多研究只着重实证检验，缺乏普遍性。

　　（2）投资者保护与公司绩效和价值

　　LLSV（1999b）对 27 个富裕国家 539 家公司的实证研究发现，更强的投资者保护能够阻止内部人对外部股东的侵夺，能给予投资者较好保护的公司具有更高的 Tobin's Q，有助于企业价值的提高。在投资者保护较弱的环境中，企业价值的提高更多地依赖于控股股东的现金流权利；相反，在投资者保护较强的环境中，公司治理的改进并不太依赖于控股股东的治理行为和现金流权利的权益激励。也就是说，一国法律对小股东保护越好，公司的绩效越高，该国上市公司的企业价值越高。Mitton（2002）对东亚五国 398 家企业的研究后也发现：企业层面的投资者保护差异对企业在金融危机中的绩效（市场表现）存在着强有力的影响。较强的投资者保护伴随着较好的企业业绩。之后的许多实证研究也都证明了投资者保护与企业价值之间存在正相关关系。在微观层面上，Maury 和 Pajuste（2005）利用芬兰的上市公司的数据检验了多个大股东的特征对企业绩效影响的重要性。检验发现，大股东之间股权分布越均衡（投票权的分配越平等），则企业的绩效越高，对家族企业来说，结论更加显著。同时，文章发现，大股东类型也影响企业的价值，当股东的性质相同时，大股东间容易互相勾结，譬如股东来自一个家族，可以更容易通过合谋来掠夺其他股东的财产，降低企业价值。之后的许多实证研究也都证明了投资者保护与企业价值之间存在正相关关系。

（3）投资者保护与股利政策

LLSV（2000a）运用横截面的数据考察了 33 个国家 4000 家公司不同水平的股利政策，从投资者保护的视角检验了股利的两个代理模型：结果代理模型和替代代理模型。LLSV 的证据支持了股利的结果代理模型，认为股利是小股东有效施压迫使内部人吐出现金的结果。同时，通过检查公司股利政策和投资者保护以及法律渊源的关系，他们发现，在较好投资者保护的国家，公司普遍支付更高的股利。而且，法系归属和股东权利对公司股利支付具有显著的解释力。普通法系和较强的投资者保护对股利政策具有正向作用。

另外，较强的投资者保护也容许高成长性的公司支付较低的股利。这意味着，当投资机会好的时候，得到更好保护的股东愿意等待递延性股利。Faccio 等（2001）从股息的侵占角度分析了股权结构相似的东亚和西欧上市公司发现，在欧洲，大股东有助于限制控股股东对小股东的剥削行为，并迫使公司支付更高的股利。而在东亚，控股股东以外的大股东却典型地与控股股东合谋掠夺小股东，他们把这种差异解释为西欧更发达的资本市场能够为投资者提供更好的市场保护。这都说明了投资者法律保护与股利的支付呈正比例关系。

3. 基于金融发展的研究新进展

（1）投资者保护与金融市场宏观流动性

LLSV（1997）比较了 49 个样本国家的金融市场公共化程度，探索了投资者保护与金融市场宏观流动性（macro-liquidity）之间的经验关系。他们运用对投资者保护的法律和法律执行的效率来衡量这 49 个国家的投资者保护程度，他们发现，具有较强投资者保护的国家（普通法系国家）伴随着较大规模的公共金融市场。民法系（拥有较弱的投资者保护）对公共金融体系的发展具有负面影响，投资者权利和法治效率则对金融发展具有正向作用。同时，间接证明了公共金融市场的发展与经济增长的正相关关系。LLSV 的结果显示，投资者保护能促进金融市场的发展，并伴随更发达的金融体系。对于投资者保护与金融市场发达程度的关系的理论解释主要关注于其对应的微观层面。投资者保护机制强化了股东的权利，并提高了执行该权利的法治效率。得到更好保护的投资者更愿意和更放心地通过远距式的（arm's-length）金融市场（权益和债务市场）进行投资，从而促使金融市场的发达。还有，较强的投资者保护机制（往往伴随较高质量的会计制度）有助于缓解金融市场参与者之间的信息不对称程度，从而提高了金融市场的微观流动性（micro-liquidity）。更高的市场流动性所导致的更低的资本成本促进了投资的扩张，改善了金融市场的微观结构，最终导致了金融市场宏观流动性的提高。Brockman 和 Chung（2003）在对香港股票交易所的研究中找到了投资者保护与企业流动性（市场微观流动性）之间的经验证据。他们考察了1996—1997年间在 SEHK 上市的33家香港 Blue-Chip 和66家中资企业（32家 red chip 和34家 H-股）的买卖差价（bid-ask spread）和交易深度（depth）。他们发现香港公司股票较之中资股票具有更高的企业流动性（更窄的差价和更深的交易）。他们的发现也为投资者保护对产权流通的积极效应提供了进一步的证据。

（2）投资者保护与证券市场的监管

Coffee（2000）指出现实生活中金融的发展总是先于法律的制定而存在的，法律变革总是滞后而非领先于金融发展，法律改革需要大量公众股东相应利益需求的支持。虽然 Becker（1968）认为在法律设计达到最优时，由法庭来执法是最优的制度。然而，法庭的运作需要较高的交易成本而且法庭执法缺乏相应的激励，其执法效率不一定能够保证契约的顺利履行。因此，法律的不完备性注定法庭不可能通过法律审判来达到最优的投资者保护。Glaser，Johnson 和 Shleifer（2001）指出在金融市场中，通过政府监管而非法庭的执行可以达到投资者保护的次优状态。Pistor 和许成钢（2002）也指出当法律不完备且违法行为会导致重大损害时，将执法权分配给监管者而非法庭将是最优的。其实，在普通法系国家，法官除了可以通过法条进行审判之外，还可以根据法理精神进行秉公执法，从而能有效降低法律的不完备性。而在大陆法系国家，法条没有明确禁止的行为是不需要承担责任的，那就给了控股股东进一步掠夺外部投资者和规避惩罚的激励，而此时市场或行业的监管作用必须充分发挥，弥补短期内法律的缺陷。所以，监管可以看做是对法律不完备性的一种补充。

在金融发展过程中，投资者法律保护要求在法律不完备时，政府必须对新出现的有损市场机制发挥作用的问题进行有力的监管和控制。Shleifer 和 Wolfenzon（2002）提出了一个在弱投资者保护环境下投资者保护与资本市场发展的建立在资金供给和需求均衡上的模型，其研究指出投资者法律保护水平较高，在公司层面上能提高公司股票的市场价值、扩大公司销量或资产价值、增加股利支付、降低所有权集中程度等等；同时，在国家层面可以有助于社会福利的提高、促进金融市场健康发展。Daouk、Lee 和 Ng（2005）从不同的角度研究了证券市场监管和资本市场的关系。他们关注了4个和证券市场监管有关的因素：会计披露透明度、内部交易法执行、卖空限制和公共机构腐败，并发现在这四个方面监管做得好的国家的投资者保护要好于做得不好的国家。

（3）投资者保护与金融发展、制度变迁

Levin（2004）总结前人一系列的研究指出对外部投资者的保护程度能够较好地解释金融和证券市场的发展，而法律制度执行投资者权利的司法效率与长期经济增长也保持着强有力的正向联系。LLS（2006）检验了证券法对49个样本国家证券市场发展的影响，没有发现公共法律执行对证券市场产生有利影响的证据，但却发现了法律通过信息披露和责任规则促进私人契约的执行对证券市场产生有利影响的有力证据。同时，他们的研究显示公司法和证券法赋予对投资者的保护影响证券市场，而且证券法通过降低私人契约和诉讼的成本而非规定了公共规则的执行作用于证券市场。而另一方面，Pistor 等（2000）在分析24个转轨经济国家投资者保护水平与该国证券市场发展规模的关系后发现，执法效率是解释一国证券市场发展规模的一个重要变量，制约转轨经济国家金融市场发展的一个重要因素是执法效率的低下。回归分析表明，执法效率比法律条文的质量对金融市场的发展水平有更强的解释力。该研究结果指出了转轨经济国家从中央计划经济向市场经济转变的一个根本问题，即转轨的成功需要国家的角色完成由经济活动的直接协调者向公正的公断者的转变。而投资者对执法效率缺乏信心表明，这种转变尚未完成。在这种环境下，要加强证券市场的投资者保护水平，改进和完善法律条文最多只是部分的解决方法。投资者法律保护实现了从企业层面的外部人权益保护到国家宏观层面的法制和监管制度保护的含义的扩大，为以后投资者保护的研究开辟了新的道路。

4. 基于对经济增长影响的研究新进展

（1）投资者保护通过影响公司治理来实现对经济增长的间接作用

LLSV（2002）认为，较好的投资者保护能够更有力地激励公司由内部人进行更有效的管理，并寻找更佳的投资机会。而较弱的投资者保护则会诱使公司内部人致力于对外部投资者的财富剥削，并使公司错失良好的投资机会。因此，较强的投资者保护机制会导致更高的公司价值（源于更高效率的投资和管理）。他们在对全球 27 个国家 539 家公司的比较中发现，能给予投资者较好保护（法律渊源和股东权利）的公司具有更高的 Tobin's Q（更好的投资价值和经营绩效）。LLSV 的研究结果表明，更好的投资者保护能鼓励公司把握尽可能多的投资机会，创造更多的价值（带来更高的公司价值），并从微观上提供了经济增长的动力。Wurgler（2000）发现，经济结构中的国家持股以负面影响着资本配置的效率。这一发现为公司结构对资源配置乃至经济增长的实质影响提供了间接证据。

（2）投资者保护通过影响金融市场来实现对经济增长的间接作用

越来越多的理论和经验研究已经冲破了传统的金融市场无关论的观点。Rajan 和 Zingales（1998）争辩道，金融部门对金融依赖性产业具有特别的经济影响，发达的金融部门（机构和市场）能推动金融依赖性产业的增长。他们认为，金融部门对实物产业的经济推动源于融资成本的节约。发达的金融部门方便了金融交易（通过降低信息的不对称程度），能够激励外部资本供给者的投资意愿，并促成企业家积极寻求更低成本的外部融资，从而推动产业增长。Levin 和 Zervos（1998）也确证了股票市场和银行发展对滞后经济增长的显著推动作用。另外，Morck 等（2000）认为，发达股票市场具有更多的信息含量，在传播市场信息方向更有效率。他们发现，落后的股票市场具有较高的同步性（synchrony）；而发达的股票市场能够更好地传递企业专有性的信息。他们认为导致市场同步性的根本原因是：较弱的投资者保护以及由此产生的不良公司治理机制。股票市场的价格同步性湮灭了企业专有性的价格信号，从而使股票市场丧失了应有的信号传递功能和筛选功能。因此，发达股票市场的信息优势能改善市场的资源配置功能，并促使更高的社会资源配置效率。Beck 等（2000）指出，金融发展作为经济增长的源泉来自三个途径：第一，提高储蓄率；第二，帮助这些储蓄更有效地转化为现实投资，并培养资本积累；第三，金融家能够通过发达的金融部门对企业家的现实投资实施控制；伴随着这些控制和监督，金融发展迫使资本流向更具生产力的领域，从而提高资源配置的效率。所有这三个途径都能够对经济增长施加重大的影响。Wurgler（2000）调查了 65 个国家的金融市场。他发现，金融发达国家在资本配置的效率上较之金融落后的国家要高。发达的金融体系能够更有效地根据产业间投资机会结构的变化来安排产业间的资本流动。在拥有发达金融部门的国家，产业投资随着产业投资机会的增加而增加（随着其减少而减少）。他还观察到，金融部门的资本配置效率与股东的法律保护正向相关。一个可能解释就是，较强的投资者保护能够管制衰落产业的过度投资。

（3）投资者保护通过影响资本和物质生产部门来实现对经济增长的间接作用

Rui Castro 等（2005）发现生产资本产品的企业比生产消费产品的同僚面临更高的同质性风险。在他们建立的不完全投资者权益保护的资本积累模型中，这一不同将导致两部门之间产生不同的投资回报收益。此外，投资者保护水平越低，则差异程度越大。而且这一差异将使得完全竞争分配的无效率，并扭曲投资物品部门和生产物品部门之间的资源配置。这意味着那些法律制度越不健全的国家越是贫穷，同时还面临投资物品相对较高的价格和投资贫乏。因此，从这个角度而言，投资者保护的强弱将会影响国家对资本和物质生产部门之间资源配置的选择，从而影响国家经济增长。

5. 企业层面的公司治理和国家层面的投资者保护之间关系研究新进展

近些年来有不少学者开始研究公司层面的公司治理和国家层面的投资者保护之间的关系。Klapper 和 Love（2004）通过对 14 个新兴市场公司治理的数据分析发现国家层面的投资者法律保护水平不同，公司层面的公司治理也存在很大的不同。尽管公司在一定程度上可以独立地提高他们对投资者及小股东权利的保护，但公司治理不能完全弥补有效法律制度的缺失。研究发现公司治理与信息不对称和不完全契约具有相关性，这种相关性在法律制度不完善的国家表现得更为明显。最后他们还指出，在法律体系不健全即对投资者保护水平较低的国家，公司层面的治理机制供给更为必要。同时，即便公司治理在投资者保护上更为重要，政策制定者还必须不断完善法律体系。Mitton（2004）对19个国家360多个公司的股利与成长性研究后指出，公司治理与股利支出的正相关关系主要限于对投资者保护较完善的国家，意味着企业层面的公司治理与国家层面的投资者法律保护之间的关系是互补的，而非之前认为的是替代的。Doidge、Karolys 和 Stulz（2007）发现了对于那些投资者保护较弱的国家，国家层面的投资者保护和企业层面的公司治理是互补的一些证据。因此，公司治理和投资者法律保护都能使股东获得更大的利益。

6. 投资者保护的根源性问题

对于投资者保护的根源性问题的研究归纳起来主要有三种：

第一种是法律根源研究。主要是 LLSV（2000b）总结了各个法系之间投资者权益和执法质量等投资者保护维度的差异，更为系统地阐述和总结了他们早期关于法律与公司融资之间关系的一系列观点。他们进而探讨了生成这些投资者保护差异的可能根源（法律、政治和经济等），指出强的投资者保护伴随着有效的公司治理、深化的金融市场、分散的股权以及资本在公司间的有效分配。在许多国家控股股东剥削少数股东和债权人的现象非常之普遍。为此，需要一套公司治理机制来保护外部投资者不受内部人的掠夺，这套公司治理机制的关键部分就是法律保护制度（包括立法与执法）。下面就是 LLSV 统计的不同法系国家投资者保护的国际比较（如表 1-1），从而也通过分析阐述了投资者保护程度对资本市场的影响，主要以资本市场价值/GNP、公司数/百万人、公开发行数/百万人和债务/GNP 来表示资本市场的发展程度（如表 1-2）。

表1-1　不同法系国家投资者保护的国际比较

变　　量	法 律 渊 源				
	普通法 18 个国家	法国民法 21 个国家	德国民法 6 个国家	斯堪的纳 维亚民法 4 个国家	世界平 均水平 49 个国家
A栏:对股东保护的测量值					
董事权利指数	4.00	2.33	2.33	3.00	3.00
代理权的分派	39%	5%	0	25%	18%
会前不受阻的股份	100%	57%	17%	100%	71%
投票的累加/代表的比例	28%	29%	33%	0	27%
小股东受压制	94%	29%	50%	0	53%
对新证券的优先权	44%	62%	33%	75%	53%
召集会议的股本(ESM)比例	94%	52%	0		78%
B栏:对债权人保护的测量值					
债权人指数	3.11	1.58	2.33	2.00	2.30
有担保的资金没有自动中止	72%	26%	67%	25%	49%
首偿的有担保债权人	89%	65%	100%	100%	81%
对重组的约束	72%	42%	33%	75%	55%
重组中的管理没有中止	78%	26%	33%	0	45%
C栏:对执法的测量法					
司法体制的效果	8.15	8.54	8.54	10.00	7.67
腐　败	7.06	5.84	8.03	10.00	6.90
会计标准	69.92	51.17	62.67	74.00	60.93

资料来源: La Porta-Lopez-de-Silanes. A. Shleifer. R. Vishny, 2000（b），"Investor protection and corporate governance", *Journal of Financial Economics* 58，3-27.

表1-2　投资者保护与资本市场

	资本市场 价值/GNP	公司数/ 百万人	公开发行 数/百万人	债务/GNP
普通法系	60%	35.45%	2.33%	68%
法国法系	19%	11.89%	0.28%	56%
德国法系	46%	16.79%	0.12%	97%
斯堪的纳维亚法系	30%	27.26%	2.14%	57%
世　　界	40%	21.59%	1.02%	59%

资料来源: Johnson Simon and Andrei Shleifer, 2001, "Privatization and Corporate Governance", Manuseript, Harvard Business School.

第二种是政治根源研究。公司财务的政治理论争辩道，投资者保护的强弱程度是政治程序的产物。Bebchuk 和 Roe（1999）的"路径依赖"理论认为，现有的公司内部人集团为了维护其既得利益，会通过政治游说寻求有利于自己的投资者保护机制。在公司股权普遍分散的国家，大众主义思潮（populism）容易生成保护外部投资者的社会氛围和价值观，并促成能够有效遏制内部人侵害的政治管制，而政治集团则会通过立法过程构建较强投资者保护的法律系统和环境。相反，在股权集中的国家，经济资源的集中控制创造了控股股东寻求政治保护的激励和力量。控股股东较之小股东显然具有更强的政治游说力量，极易形成不利小股东的政治、管制和法律制度。"路径依赖"理论强调历史性的公司治理结构和投资者保护机制的持续性影响，现有投资者保护多为过去投资者保护的延续。Bebchuk（1999）的"租金保护"理论也指出，公司内部人会通过政治寻租活动保护公司控制的私人租金。

第三种是文化根源研究。North（1990）阐释了文化背景对制度变迁和经济绩效的影响。Stulz 和 Williamson（2003）探讨了文化、投资者保护和金融发展之间的理论和经验关系。他们研究了 LLSV（1998b）文章中 49 个样本国家，以宗教和语言作为文化的近似计量，考察了文化与投资者权利以及法治质量之间的实证关系。他们发现，英语国家比非英语国家能够提供更好的股东权利，而新教国家比天主教国家能更好地保护债权人的利益。基督教国家比非基督教国家具有更高质量的执法（更高程度的法治化、更少腐败和更小的政治剥削等）。同样，新教国家比天主教国家也具有更高质量的执法（表现在司法效率、腐败、政治剥削和会计准则等方面）。他们的回归分析还显示，英语对股东权利具有显著的正向效应，天主教对债权人权利具有显著的负向效应。而且，天主教对多项执法质量变量具有显著的负向效应。他们最后发现，一个国家对国际贸易的自然开放消除了宗教对债权人权利的影响。Stulz 和 Williamson 声称，文化通过投资者保护影响金融发展。

1.4 中国投资者保护理论的研究发展

中国是大陆法系国家，又实行过计划体制，在市场经济发展的过程中"政府统制"发挥着重要的影响，在 20 世纪 90 年代随着现代公司制度的建立和中国证券市场的起步发展，双轨制和国有股一股独大的局面使得中国公司治理存在较多问题，投资者信心不足，证券市场动荡、投机严重使得企业无法正常融资。中国投资者保护理论的研究在这个既严峻又充满机遇的背景下展开。研究领域主要集中在以下几个方面：

1.4.1 公司治理与投资者法律保护

1.4.1.1 公司治理与中国的股权结构

主要着眼于公司层面的公司治理问题，研究我国上市公司的股权结构、公司价值与公司治理关系。许小年（1997）对沪深两市的上市公司的经验研究结果表明，国有股比例越高的公司，绩效越差。法人股比例越高的公司，绩效越好。个人股与企业绩效基本无关；孙永祥、黄祖辉（1999）的经验研究发现，随着第一大股东所持股权比例的增加，托宾 Q 值开始下降；但是之后白重恩等（2005）在修改实证变量和缺失变量偏差修正时运用主元因素法编制出公司综合治理评价指标（G 指标）时得到的实证结果表明第一大股东持股比例对托宾 Q 值的影响与孙永祥、黄祖辉（1999）得到的结论正好相反。同时，白重恩等的实证研究还得到治理水平高企业市场价值也高，投资者愿意为治理良好的公司付出相当可观的溢价的结论，进一步给了上市公司治理好自身的激励和动力；陈晓和江东（2000）通过对三个行业的分析来考虑不同竞争环境下股权结构多元化对净资产收益率的影响，得到的结论认为，不同类型的股东在公司治理结构中发挥的作用是状态依存的，股权结构的多元化对公司绩效的正面影响取决于行业的竞争性；陈小悦、徐晓东（2001）对深交所1996年到1999年除金融性行业以外的上市公司股权结构与企业绩效之间的关系所进行的经验研究表明，在公司治理对外部投资者利益缺乏保护的情况下，流通股比例与企业业绩之间负相关，在非保护性行业第一大股东持股比例与企业业绩正相关，国有股比例、法人股比例与企业业绩之间的相关关系不显著；孔翔、陈炜（2005）根据深沪两市竞争性行业837家上市公司2004年的年报数据实证研究得出第一大股东持股比例与公司经营绩效呈正向关系，提出"一股独大"反而有利于改善中国上市公司的经营绩效，进一步验证了陈小悦、徐晓东（2001）的"非保护性行业第一大股东持股比例与企业业绩正相关"的结论。

基于我国当时国有股一股独大、所有权高度集中的国情，多数研究公司治理的学者都重点关注股权结构与公司治理、企业价值的关系，但是就目前来讲，学术界没有定论，特别是对于集中的股权结构是否能促进公司治理的完善和企业价值的提高这点上。同时，宾国强、舒元（2003）研究了1995年到2001年的上市公司面板数据后指出公司业绩与非流通股比例呈明显的U形关系，非流通股独大或独小没有对公司业绩产生不利影响，适度混合的股权结构对公司业绩的影响反而是最不利的，因此提出把股权分割当成是中国股市问题的核心是具有误导性的，我国股市问题的关键在于缺乏有效的投资者保护机制。

1.4.1.2 大股东行为对企业价值、公司治理的影响

不管集中的股权是否对公司治理有利，大股东利益输送行为造成的投资者利益损失则是毋庸置疑的。唐宗明、蒋位（2002）分析了大宗国有股和法人股转让事件中的转让价格后发现样本公司的平均转让价格高于净资产近30%，随着转让股权比例的上升，转让价格也随之上升，控制权的溢价说明了掌握控制权可以通过剥削小股东获得收益；而周勤业、夏立军等（2003）证明了这种侵害中小股东利益的情况是相当普遍的。张祥建、刘建军等（2004）在研究了大股东的终极控制与掠夺行为后认为金字塔式控股结构和交叉持股造成了大股东对小股东掠夺的强烈动机，这与 Johnson 和 LLS（2000）等结论一致。大股东的利益输送同样会使企业价值下降、融资困难，谢玲芳、朱晓明（2005）与邓建平、曾勇（2006）等同样认为控制权越大而现金权或股权制衡程度越小，企业价值会降低。但大股东类型对企业价值是否产生影响仍存在分歧。

1.4.1.3 投资者法律保护的实践与公司治理的深入

由于集中的所有权与大股东行为在研究上的分歧和在现实中无法得到很好的解决，人们开始借助于在外国盛行的 LLSV 法律论来解决问题。

对于 LLSV 的理论能否运用到中国，改善中国公司治理的现状，学者们进行了许多实证和经验研究。胡汝银和司徒大年（2002）在分析投资者保护的国际比较与分析时比较详细地介绍了 LLSV 的系列指标，陈述了 LLSV 的结论；郑振龙、林海（2001）以 LLSV 经验数据进行扩展量化分析，对股东权利、债权人权利进行国际比较，强调了 LLSV 的结论以外的诸如法国大陆法系对投资者保护的补偿措施、限制性措施、法定储备资本金

比率等措施的作用，然后结合了中国的实际，提出了保护我国中小投资者的根本措施是给予广大普通投资者参与公司相关经营决策的方便和权利；许琳（2006）基于 LLSV 的理论实证检验了我国中小投资者法律保护发展对公司上市后长期业绩的影响。研究表明，随着我国中小投资者法律保护的发展，公司上市后长期业绩表现不佳的"异象"有所缓解。这些都表明投资者法律保护与我国公司治理的改善具有正向关系。

为了对股权结构问题的解决提供借鉴，学者们研究了中国的股权结构与投资者法律保护的关系，指出了中国投资者法律保护比较薄弱。毕先萍、李正友（2004）借鉴家族企业继任模型，研究投资者保护对公司股权结构安排产生影响的作用机理，投资者保护程度是决定公司股权结构安排的重要因素，而股权集中可以看成是法律保护的一种替代品；王克敏、陈井勇（2004）建立了在投资者保护程度不同的条件下，股权结构对公司绩效和代理成本影响的模型并进行实证检验，研究结果表明股权结构对公司绩效作用的强弱受到投资者保护程度的影响，表明大股东的存在可能是投资者保护的一种替代机制。他们结合了中国股权实际都发现投资者法律保护与中国股权结构高度集中存在显著的关系，更进一步推断中国股权集中的原因是中国薄弱的投资者保护。在这点上与外国学者对世界其他国家的研究结论一致。为了解决股权结构的问题，也为了规范我国证券市场，恢复投资者信心和企业融资畅通，提高我国投资者法律保护是必须的。

1.4.2　投资者法律保护在宏观经济层面的作用

1.4.2.1　投资者保护与政府监管和证券市场的发展

由于我国法律体系的不完备性，法庭执行效率较低，因此，政府为了实时处理证券市场上出现的新问题，适度的介入和监管市场是非常必要的。王俊（2004）通过讨论政府干预和监管指出对投资者进行有效和平等的保护是一个追求公平理念的政府的分内职责，是政府监管的伦理基础，并重点讨论了投资者保护的具体内容，从反欺诈、反歧视待遇、社会救济和公司治理结构等方面对投资者保护给予了全面的说明；杨贵宾和王晓芳（2004）通过构建一个资本供需均衡模型来分析我国投资者保护、证券市场与经济增长之间的关系，研究表明，提高投资者保护水平能够降低管理层对公司股东的掠夺或侵害，提高公司价值，使更多的公司能够通过证券市场融资，提高证券市场配置资源的效率，促进证券市场发展，进而推动长期经济增长。何旭强、朱戎（2005）构造了基于微观机制的非对称信息下投资者保护与证券市场发展的最优激励模型，指出随着投资者保护程度的提高，侵害投资者权益所支付的成本上升，股权融资规模增加，证券市场发展加快。所以，政府的有效监管和良好的投资者法律保护能真正的保护投资者的利益。

1.4.2.2 投资者保护与机构投资者、投资者保护基金的发展

中小投资者个体的力量薄弱，加上中国现行投资者保护水平比较低，无法对控股股东实施有效的监督。赵向琴、朱孟楠（2005）认为外部投资者的利益往往受到上市公司内部人和政府官员的双重侵害，分散式的股权不利于防止内部人阻止政府官员对公司侵害。政府的过度干预使得投资者的保护面临更加严峻的形势。高永辉、李小毛（2003）提出了解决这些问题的方法：机构投资者以强大的组织力量对抗侵害，实现投资者的自我保护；中国证监会也下了文件①逐步建立投资者保护基金，证券投资者保护基金制度从本质上讲是证券市场信用遭受破坏时的一种市场化风险处置机制，也为投资者保护建立了一道防范风险和侵

---

① 2005 年 6 月 30 日证监会、财政部、人民银联合发布了《证券投资者保护基金管理办法》（下称《管理办法》）。

害的保护网。机构投资者和投资者保护基金可以认为是相对薄弱的法律保护与难以到位的监管机制对投资者保护的一种补充，成为保护投资者免收控股股东的侵害和利益输送的一种力量（罗党论、唐清泉，2005）。

1.4.3 股权分置改革与投资者保护

随着证券市场的问题进一步恶化，公司造假事件层出不穷，股权分置①扭曲了资本市场定价机制，无法实现对控股股东的有效激励和保护中小投资者的利益。为了实现全流通，改革现有制度，2005 年，中国证监会制定了《上市公司股权分置改革管理办法》，启动了股权分置改革工作，目的是保障投资者特别是公众投资者的合法权益②。中国证监会这一改革措施为的是实现股票的全流通（包括国有股和国有法人股），这将会使得我国一股独大的股权结构开始发生变化，进而影响公司治理和投资者保护以及证券市场的结构。唐国正、熊德华和巫和懋（2005）从理论和实证两方面分析了股权分置改革试点在保护公众投资者权益方面的政策内涵，运用不对称信息理论和行为金融学理论解释了四个首批试点公司股权分置改革方案的公众投资者支持率的差异。他们指出改革初期的措施没有支持公众投资者的历史诉求，几乎没有保护他们免受改革带来的流通股供给冲击的权益和公司层面改革的潜在不利影响。证监会对试点出现的问题进行了调整，希望使措施更能保护投资者的利益。刘林、郝洪（2006）站在投资者保护的立场上，从不完全契约和法律保护的角度出发，提出了公司治理的创新模式。他们认为，只要实行了新的竞

---

① 股权分置是指 A 股市场的上市公司股份按能否在证券交易所上市交易被区分为非流通股和流通股。

② 《国务院关于推进资本市场改革开放和稳定发展的若干意见》2005 年 8 月 23 日。

争机制和有投资者保护基金等机构的保护，控股股东就只能在股权融资的收益与控制权损失间进行权衡，增加了控股股东的掠夺成本，有效保护投资者利益。但刘成彦、陈炜（2006）指出如果缺乏有效的制度和法律规范，大股东可能由原来对上市公司的控制变成对公司和二级市场双重控制。因此必须控制控股股东的行为，制定完善的保障措施以保证改革顺利进行。

1.4.4　直接投资与投资者法律保护

随着我国改革开放和外资引进的不断深入，外商直接投资对我国经济发展起到了重要作用，投资者法律保护的研究从间接投资者开始向直接投资者拓展。白重恩、路江涌和陶志刚（2004），他们利用企业层面数据研究分析中国内地44个城市的投资环境对外资企业效益的影响，实证研究发现，投资环境（尤其是法制环境）对外资企业的效益有显著的正向影响，即投资环境较好、投资者保护较好的地区，外资企业会实现更高的利润水平。这类研究尚在起步阶段，且多集中于对投资引资环境、外资超国民待遇等方面，较少涉及直接投资者本身的研究。

1.5　投资者保护理论的评价及其前景

契约论和法律论的分歧在于是否需要法律来干涉证券市场的发展。契约论主张完善的契约与完备的市场足以实现投资者保护而无须法律的介入，而法律论则倡导以法律制定和执法规则来达到对侵害投资者利益者的惩罚与约束。完全依靠信誉和自觉的市场主体使得完备契约论无法实现保护功能而加入政府干预、集中所有权、市场声誉、交叉挂牌四个主要的不完备契约因素来解决不完全信息、有限理性等问题，自由契约精神能最大限度地发挥市场主体的自主性以减少扭曲，但现实中由于投资者专业和精力所限、法庭机构缺乏激励等因素致使效果并不如意；依靠制定完备法律法规和落实执法质量和效率的法律论则通过从法律渊源探究法律制定与执法效率的区别解释了公司治理的国别差异，法制精神能最大限度地纠正市场的侵害行为，但法律本身的滞后性与不完备性使得必须加入政府监管来有效弥补法律空白和提高执行效率，投资者保护上升到国家层面，并与金融市场健康与经济增长密切联系，但是政府的过度进入与干预产生的新问题又削弱了投资者保护的程度。尽管法律论的研究视角与范式主要集中于投资者保护的法系根源性问题，具有一定的局限性，在对公司治理、市场监管与投资者保护等关系的研究上尚无统一定论，但其独辟蹊径的视角却开辟了一条从法律制度根源性的角度研究公司治理的全球差异性、金融体制的形成和演变以及投资者保护如何作用于经济增长的有效方法。

此外，尽管法律论的研究视角与范式有其局限性，对公司治理、市场监管与投资者保护等关系的研究尚无统一定论。但基于我国的国情，引入这种创新的法律论解决公司治理问题，完善市场监管和发展成为许多学者研究的方向，方向主要集中四个方面在：第一，投资者法律保护在公司治理的运用，包括股权集中、一股独大与大股东行为的解释与约束等因素对公司治理、公司绩效的关系；第二，投资者法律保护在宏观经济与金融市场监管的作用，主要立足于对证券市场的监管和规范、机构投资者的培养和保护以及对投资者保护基金的运营和发展等方面的研究；第三，我国股权分置改革下的投资者法律保护进程、内在机理、影响因素、创新机制等；第四，将投资者保护的研究从间接投资者的金融市场扩展到直接投资的实业市场，与外商直接投资研究进行结合。结合中国特色市场经济环境中对 LLSV 理论进行理论验证和实践，进一步深化了我国投资者保护理论的研究。

通过国内外学者们的共同努力，投资者保护理论研究的内涵与外延都得到了很大的扩展。投资者法律保护实现了从公司层面的外部人权益保护到国家宏观层面的法制和监管制度保护的含义的扩大。而中国投资者保护的研究开始从着重公司治理与股权结构的关系，依靠对控股股东的约束逐渐转变到完善政府监管和培养投资者保护组织上；对投资者的定义已经由原来的上市公司的中小股东扩展为以中小股东、非控股股东、小债权人和大债权人为主的广义的外部投资者，并随着研究的深入，外部投资者的保护进一步包含了处于非控股地位的机构投资者，使得投资者的范畴由自然人或法人发展到自然人或法人的集合体，理论和对象的广度和深度进一步拓展。另外，关注运用资本从事实业经营的直接投资者的保护成为投资者法律保护的新兴热点，虽然研究范式和机制尚不成熟，但我们有理由相信把对直接投资者的保护研究纳入到整个投资者保护理论体系中将大大促进该理论的进一步完善和成熟。

2 投资者保护：中国的实践

2.1 我国资本市场的发展现状

2.1.1 资本市场的概念与分类

资本市场又称长期资金市场，是金融市场的重要组成部分，作为与货币市场相对应的概念，资本市场着眼于从长期限上对融资活动进行划分，它通常指的是由期限在 1 年以上的各种融资活动（包括资本借贷和证券交易）组成的市场。是提供一种有效地将资金从储蓄者（同时又是证券持有者），包括机构和个人手中转移到投资者（即企业或政府部门，它们同时又是证券发行者）手中的市场机制。资本市场主要由银行中长期信贷市场和证券市场构成。由于银行中长期信贷属于银行资产业务，通常资本市场专指证券市场。

证券市场（狭义的资本市场）是政府公债、公司债券和股票及其衍生产品等有价证券发行与流通的场所。从宏观上来分，资本市场可以分为储蓄市场、股票市场、长期信贷市场、保险市场、融资租赁市场、债券市场、其他金融衍生品种市场等。其中股票市场与债券市场又形成了资本市场的核心。从证券的流通上看，证券市场包括两类相互衔接的市场：与实体经济相联系的发行市场和与虚拟经济相联系的流通市场。

目前，一国（地区）经济的发展与资本市场的建立与发展存在着密切的联系，资本市场在一国（地区）经济繁荣中扮演着越来越重要的角色，而资本市场的发展也进入了鼎盛时期。1997 年汇丰银行计划在全球资本市场上通过增发新股的形式融资 30 亿美元，从而满足自身业务扩张的需要，这一项融资活动仅仅花了 8 个小时；而在 1606 年，荷兰的东印度公司融资 650万荷兰盾，相当于现在 320 万美元，却历时 4 年时间。直到 20世纪 70 年代，全球的资本市场基本上是以国为界限的，而到了80 年代，许多工业发达国家开始放松对资本管制和外汇管制，跨国融资和资本购并日益频繁，特别是 20 世纪八九十年代以来，信息技术的发展，使得资本在国与国之间的流动更加自由，从而更加促进资本市场的繁荣与发展。

2.1.2 我国资本市场的现状

我国资本市场虽然起步较晚，但随着我国改革开放政策的进一步实施，走上了一条高速发展之路。就股票市场而言，截至2006 年 12 月，我国证券市场拥有 1434 家境内上市公司，市价总值 89403.90 亿元，流通市价 25003.64 亿元，总股本 14897.57 亿股。[①] 中国证券市场在促进我国经济发展，完善市场体系，优化资源配置，促进生产要素重组中发挥了重要的作用。

图 2-1 统计了 2000—2006 年间我国上市公司在证券市场上股票筹资的变化情况，图中显示 2000—2002 年呈现下降趋势，但2002 年以后出现稳步回升，而且由于 2006 年中国工商银行在上海

---

① 统计资料来源：中国证券监督委员会网站：www.csrc.gov.cn。

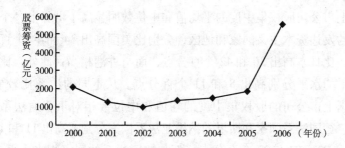

图2-1 2000—2006年我国上市公司股票筹资

资料来源：作者根据中国证券监督委员会网站提供的数据整理获得，网址：www.csrc.gov.cn。

和香港上市，引发了股票筹资的大幅度上升，上升幅度高达197.16%。综合来看，我国证券市场上企业股票筹资的势头良好。

然而，据2005年末的资料显示，与发达资本主义国家相比，我国上市公司的股权集中度偏高，折射出我国不利于小股东利益的股权结构模式，这制约了我国资本市场的发展。金融法律论（"Law and Finance"流派）从投资者保护的角度解释了上市公司的股权集中度，研究发现，股权集中度与投资者保护程度成反比，因此，他们认为股权的高度集中是弱投资者保护的一种反映，强的投资者保护伴随着分散的股权结构。[①] 而统计数据表明[②]，我国

① 参见：La Porta, R., Lopez-de-Silanes, F., Shleifer, A., Vishny, R., 1998a, "Law and Finance", *Journal of Political Economy*, vol. 106, pp. 1113 - 1155; La Porta, R., Lopez-de-Silanes, F., Shleifer, A., Vishny, R., 1997, "Legal determinants of external finance", *Journal of Finance*, 52, 1131 - 1150。

② 资料来源：世界各国数据（除中国外）来自 La Porta, R., Lopez-de-Silanes, F., Shleifer, A., Vishny, R., 1998a, "Law and Finance", *Journal of Political Economy*, vol. 106, pp. 1113 - 1155。该文中 LLSV 统计了各国 10 家最大的非金融类企业，每一家企业前三大股东的持股比例之和的均值和中位数。全世界平均为 LLSV 统计所有国家（49 个国家）的平均。中国数据为作者根据色诺芬数据库提供的数据进行的计算整理统计，其中覆盖了2005年中国境内的所有 A 股一般上市公司，也即中国数据为2005年的统计数据。

的上市公司股权集中度的平均值和中位数明显高于世界上各个主要的发达资本主义国家和地区，分别比美国高出 34 和 44 个百分点，比日本高出 36 和 42 个百分点，而与香港相当；此外，比世界平均水平分别高出 8 和 11 个百分点。从不同的法系比较看，我国上市公司的股权集中度的均值和中位数相对于普通法系国家、德国法系国家和斯堪的纳维亚法系国家分别要高出 11 和 14、20 和 23、17 和 23 个百分点，而与法国法系的国家相当。再者，在区域比较上，我国上市公司的股权集中度的均值和中位数相对于世界上五大发达资本主义国家[①]的平均值分别高出 26 和 33 个百分点，比亚洲"四小龙"[②] 的平均值分别高出 18 和 20 个百分点。这表明相对于世界上大多数发达资本主义国家和地区，我国的上市公司的股权集中度偏高，不仅高于普通法系国家、德国法系国家和斯堪的纳维亚法系国家，而且与五大资本主义国家相差巨大，同时也远远大于亚洲"四小龙"，这在一定程度上折射出我国上市公司不利于小股东利益的股权结构模式。

此外，随着经济发展水平的提高和 2005 年 4 月股权分置改革的正式启动，我国上市公司股权集中度出现下降的趋势[③]，但是，在 2005 年末，大股东持股比例（均值）仍是第二大和第三大股东持股比例之和（均值）的 2.9 倍，股权集中没有明

---

① 五大资本主义国家包括：美国、日本、德国、英国、法国。

② 亚洲"四小龙"包括的国家和地区有：韩国、中国香港、新加坡和中国台湾。

③ 该经验数据印证了 Classens 和 Lang 等（2000）的研究结论：他们调查了 9 个东亚国家 2980 家公司的所有权与控制权的分离状况。他们发现，在所有国家和地区，控股股东都普遍持有超出现金流权利的投票权（通过金字塔式和交叉持股），而在单个公司层面上，控制权的集中度在不同国家中随经济发展水平的提高而降低。参见：Claessens, Stjin, Simeon Djankov, and Larry Lang, 2000, "The separation of ownership and control in East Asia corporations", *Journal of Financial Economics* 58, 81 – 112。

显改变。① 因此，通过股权分置改革降低我国上市公司"一股独大"现象的任务仍任重道远。

2.1.3　我国资本市场发展的制约因素

吴晓求指出我国资本市场的发展将经历三个阶段：奠基阶段、市场化阶段和国际化阶段。而中国的资本市场目前正处于"市场化阶段"，是中国资本市场发展进程中承前启后的重要阶段。由于这一阶段我们所面对的是传统的历史惯性与市场化内在需求之间的剧烈冲突，所以唯有创新才能不断地化解这些矛盾和冲突，才能使中国资本市场的可持续发展具备坚实的基础，才能推动我国经济蓬勃快速发展。

从目前我国资本发展的水平来看，我国资本市场的发展还远远不能满足经济发展的需要。有许多因素制约着我国资本市场的发展。

2.1.3.1　政府和国有资本过度参与、渗透了金融和非金融领域

在资本市场上，政府最基本的责任是维护市场的秩序，确保市场的公开、公平和公正。但是政府以立法、执法者的身份介入市场，绝不等同于可以随意干预市场，而是必须促使政府与企业之间、企业与投资者之间从权利与义务达到对称状态，体现了权利与义务相对称这一市场经济最本质的要求。然而我国的资本市场从发展之初就被纳入了行政化的轨道。市场经济所要求的权利与义务相对称的原则并没有能够得到真正的贯彻，政府通过行政机制和行政手段，对股票发行、上市和流通进行全程的行政干

---

① 2000—2005 年间，第一大股东持股比例（均值）与第二大和第三大股东持股比例（均值）之比的各年份值分别为：2000 年为 3.9∶1；2001 年为 3.8∶1；2002 年为 3.6∶1；2003 年为 3.3∶1；2004 年为 3.1∶1；2005 年为 2.9∶1。而且，第一大股东持股比例在各年份都超过 40.4%。

预，在相当程度上扭曲了资本机制和市场机制。政府在股市中扮演的角色和所起的作用是很微妙的，它既是股市的监管者，又是上市公司的审批者，而股市中绝大多数上市公司都是国有企业，这无疑又表明政府既为上市公司的最大股东，还是股市的参与者。所以企业上市不是一种纯粹的市场行为，在很大程度上是政府行为，于是在股市上出现了一大批低效益的国有企业。市场规则的公平性就没有了保证，最终制约了这个市场的发展壮大。

2.1.3.2 未能认清资本市场的真正内涵

国有资本控制资本市场，并且在观念上把资本市场的基本功能定位于"为国企筹资"。这种"功能错位"造成的直接后果是：一大批效益不好、业绩差的国有企业在政府的直接介入和干预下，被"包装"上市，而这些原本不合格的"上市公司"由于无法产生盈利或盈利偏低，其股票大多不具备长期投资价值，投资者只能在股市追涨杀跌中进行短期投机操作。直接可能导致两种结果：一是投资者对资本市场失去信心，促使其远离这一市场，转而投向其他领域，而缺乏投资者广泛参与，资本市场就如无源之水，必将枯竭；二是过度投机蕴藏着巨大的风险，极有可能引发金融危机。在市场经济条件下，资本市场的最主要与最核心的功能是资源的配置和再配置。通过具有独立意志和利益的经济主体之间的竞争，来形成市场价格，并通过市场价格来引导社会资金的流量、流向、流速和流程，从而完成资源优化和合理组合的配置过程。因此，资本市场的基本功能除了筹资以外，还有资源配置和价值发现的功能，三者是相辅相成的。如果市场失去了价值发现和资源优化配置的功能，片面强调它的筹资功能，把股市事实上变成了"圈钱"的场所，结果必将是毁掉这一市场。

2.1.3.3 资本市场的运行机制存在极大的缺陷

首先，没有形成有效的资源配置机制。在我国资本市场上缺乏产权关系明确的市场主体、缺乏通过正常竞争而形成的市场价格、缺乏市场主体间通过价格而形成的有效竞争，从而使得在资源配置问题上缺乏了核心动力。其次，对资本市场的运行缺乏有效的约束机制。特别是对于国有企业的股份制改造上市，主要的变化只体现在两个方面：一个方面是把名称改为股份有限公司，并建立了与之相应的组织结构和会计制度，并按规范披露企业信息；另一个方面是"圈钱"，即按高水平的溢价募集来巨额社会资金。而我国国有企业大都是国家股"一股独大"处于绝对的控股地位，国有股的产权虚置和剩余索取权缺位直接导致了行政部门的许多行为超越了市场规则的界限。第三，激励机制作用不大。我国上市公司中普遍存在着激励机制不健全的现象。在激励机制方面，在发达的市场经济国家，上市公司普遍实行经营者的即时薪酬（工资和年度奖金）和长期薪酬（股票期权和限制性股票等）相结合的激励制度。实践表明，财产关系是社会经济中最核心的关系，财产规则是社会经济中最基本的规则，只有建立在明晰的财产关系与明确的财产规则基础上的利益关系与利益规则才能建立起有效的约束机制与激励机制。否则，上市公司的市场凝聚力与市场竞争力也会遭到削弱。

2.1.3.4 对资本市场的监管不力

从市场的角度来看，保护投资者利益特别是中小投资者的利益应该是资本市场立法的基本出发点和立足点。因此，相关的法律体系必须对政府行为、企业行为、个人行为和市场行为进行全面的规范，从而使资本市场真正成为高度透明和公正、公平、公开的市场，从体制上提升市场的凝聚力、辐射力和运行效率。然而，事实上，我国资本市场制度存在较大缺陷，市场秩序上存在着诸多的漏洞和比较大的违法"空间"，许多国有企业都是通过行政的手段主导股票上市。管理层的监管规则不健全，并且对资本市场注重调控，而非监管，这种职能越位使得我国资本市场的有序化程度大大打了折扣。

2.2 我国法律制度下的投资者保护

投资者是证券市场的主体，保护投资者的合法权益是《证券法》的立法宗旨，也是证券监督工作的首要任务。我国目前虽然没有专门针对证券投资者保护制度的国家立法。但是，相关的法律、法规及行政规章中却包含了投资者保护的内容。

2.2.1 法律规定

我国《宪法》第十三条规定，公民的合法私有财产不受侵犯，国家依照法律规定保护公民的私有财产。

我国投资者法律保护的基石是《证券法》和《公司法》。《证券法》是我国规范证券市场秩序，维护投资者利益的基本大法，是衡量证券市场上种种行为合法与否的重要准绳。随着法制建设和监管体制建设的不断完善，我国证券市场规范化建设取得明显进展。以《公司法》、《证券法》为核心，包括250多件法规和规章的证券市场法律法规体系初步形成。

1993年我国颁布了《公司法》，并在1999年对《公司法》进行了修正，里面明确了股份公司股东大会、董事会、监事会、经理的权利和职责，并对股份有限公司的股份发行和转让作了详细的规定。1999年7月1日，《证券法》正式实施。这部法律是在总结1990年至1998年我国资本市场发展初期实践活动和监管经验的基础上产生的。《证券法》第1条明确规定，投资者的合法权益应当予以保护；第 63 条明确规定：发行人、承销的证券公司的记载、误导性陈述或者有重大遗漏，致使投资者在证券交易中遭受损失时，发行人、承销的公司应当承担赔偿责任，发行人、承销的证券公司的负有责任的董事、监事、经理应当承担连带赔偿责任。

2005 年 1 月 27 日，十届全国人大常委会第十八次会议上表决通过了新《公司法》、新《证券法》，并于 2006 年 1 月 1 日起正式实施。新《公司法》、《证券法》是证券市场进入新的发展阶段、保护证券投资者合法权益的根本性保障。新《公司法》健全了对股东尤其是中小股东利益的保护机制，增加异议股东的股份收购请求权；赋予股东解散公司请求权；建立股东直接诉讼制度；建立股东代表诉讼制度以及建立因收购而导致退市情况下中小股东的退出机制。新《证券法》也加大了对投资者特别是中小投资者合法权益的保护力度，主要通过建立健全五种制度加强对投资者的保护：确立证券投资者保护基金制度；加强对上市公司监管；完善对证券公司的监控；建立对投资者的损害赔偿制度；制定证券投资咨询业虚假信息归责制度。

2.2.2 司法解释

为了保护当事人的合法权益，维护证券市场正常交易结算秩序，在 2004 年 11 月 9 日我国最高人民法院曾下发了《关于冻结、扣划证券交易结算资金有关问题的通知》，对保护证券投资者权益发挥了重要作用。

2002 年 1 月 15 日，最高人民法院发布了《关于受理证券市场因虚假陈述引发的民事侵权纠纷案件有关问题的通知》；2003年 1 月 9 日，最高人民法院又下发了《最高人民法院关于审理证券市场因虚假陈述引发的民事赔偿案件的若干规定》，在这两个司法解释里面都规定，股民可以就虚假陈述提出诉讼。

2.2.3 行政法规及部门规章

2002 年 1 月 7 日中国证监会与国家经贸委联合发布了《上市公司治理准则》（以下简称《准则》）。这是我国第一个全面、系统的规范上市公司行为的重要文件。该《准则》的出台，使上市公司治理及规范运作有章可循，并有利于转变上市公司理念，推动上市公司全面建立现代企业制度，提高上市公司质量，增强投资者信心，从而夯实我国证券市场进一步规范发展的基础。当时的《公司法》和《证券法》在公司治理方面的规定过于原则化、简单化，而《准则》的出台将使上市公司的治理有章可循。《准则》的规定具体明确，操作性强，而且在个别地方有重大突破。如《准则》在第 14 条中规定："上市公司不得为股东及其关联方提供担保"。在第 31 条中规定："股东大会在董事选举中应积极推行累积投票制度。控股股东控股比例在 30%以上的上市公司，应当采用累积投票制。"

中国证监会、财政部、中国人民银行联合发布的《证券投资者保护基金管理办法》，对投资者保护基金运作的相关事宜做出了详细的规定。中国证监会根据《证券法》等法律法规制定并发布的一系列规章和规范性文件，其中对证券投资者利益保护均做出了相关规定。

由此可以看出，在过去短短几年时间里，我国已经在立法和司法上对投资者保护的规定有了较大的飞跃，法律体系已经初步建立。然而我国作为新兴证券市场，还存在新兴市场共有的问题，如立法不完善，司法上实践经验不足，同时民事赔偿制度不健全等欠缺。

因此，我国需以法律的有效性为核心原则，以实现诉讼成本最小化和诉讼拖延最小化为目标。需要建立恰当的实体法和程序法架构，发展以投资者主动行为为基础的法律自我实施机制，包

括集体诉讼和代表诉讼机制，同时还要完善民事赔偿机制的配套
建设，包括全面建立个人财产申报和个人破产制度。

2.3　我国证券市场的信息披露制度

2.3.1　信息披露制度概述

信息披露制度，也称公示制度、公开披露制度，是上市公司
为保障投资者利益、接受社会公众的监督而依照法律规定必须将
其自身的财务变化、经营状况等信息和资料向证券管理部门和证
券交易所报告，并向社会公开或公告，以便使投资者充分了解情
况的制度。它既包括发行前的披露，也包括上市后的持续信息公
开，它主要由招股说明书制度、定期报告制度和临时报告制度组
成。信息披露是投资者了解上市公司、证券监管机构监管上市公
司的主要途径，也是各国证券法律制度的重要原则。

2.3.2　我国上市公司信息披露存在的问题

2.3.2.1　信息披露的非主动性

我国不少上市公司把信息披露看成是一种额外的负担，而不
是把它看成是一种应该承担的义务和股东应该获得的权利，因而
往往不是主动地去披露有关信息，而是抱着能够少披露就尽量少
披露的观念，这种认识上的偏差使上市公司在信息披露上处于一
种被动应付的局面。产生这种现象的根本原因是上市公司在其经
营管理方面存在着较多的不愿让公众知道的暗点，从而对信息披
露产生一种害怕和回避的心理。

2.3.2.2　信息披露的非严肃性

尽管证券监管部门对上市公司的信息披露制定了不少的规

定，但许多上市公司信息披露的随意性很强，不分时间、场合、地点随意披露信息，更有甚者未经监管部门批准，擅自决定公布涉及国家经济决策方面的重要信息，或是为造市而制造大量小道消息。这严重地破坏了上市公司信息披露制度的严肃性，不利于投资者公平享有上市公司有关信息的权利，也不利于提醒投资者注意公司的新变化。

2.3.2.3 信息披露的滞后性

上市公司的经营过程是一个动态的过程，由于存在信息不对称，投资者不可能像公司一样清楚公司经营的变化，所以上市公司应毫无拖延地依法披露有关重要信息。目前《公开发行股票信息披露实施细则》中规定：股份有限公司提供的中期报告，应于每个会计年度的前 6 个月结束后，60 日内编制完成，年度报告应于每个会计年度结束后 120 日内编制完成。可见，此规定给上市公司提供了宽松的时间，信息披露不及时，期间容易造成不合理的内幕交易和操纵市场，也影响投资者获取信息的及时性，影响投资者的正确决策。

2.3.2.4 信息披露的非充分性

信息披露不充分是上市公司对其应披露的信息不做完全披露，而是采取避重就轻、断章取义的手法，故意夸大部分事实，隐瞒部分事实，误导投资者，而通常被隐瞒的部分大多是与公司发展有重大关系的。他们对重大事件不予以公告，有些对投资者有用的资料也未在财务报表予以说明，使投资者未能充分了解上市公司的全面情况，误导了广大投资者的判断和决策。

主要表现在以下几方面：一是对关联企业间的交易信息披露不够充分；二是对企业财务指标的揭示不够充分；三是对资金投资去向及利润构成的信息披露不够充分；四是对一些重要事项的披露不够充分；五是借保护商业秘密为由，故意隐瞒重要企业会计信息。

2.3.2.5　信息披露的虚假性

《会计法》、证券法规、证监会都明确禁止公司编制虚假会计报表，然而公司管理部门为了公司的信誉、股票市价、管理业绩的评价和筹资的方便，在编制财务报表时往往采取操纵行为，弄虚作假，虚增利润，粉饰会计报表，暴露不真实的会计信息。

这是目前上市公司信息披露中最为严重和危害最大的问题。很多上市公司为了达到自己所希望的利润目标，而对公司财务指标进行人为操纵和控制，这必然导致投资者要么不相信所披露的信息，无法做出投资决策，要么相信了并不真实的信息，做出错误的判断和决策。这不仅对投资者是一种损失，对整个社会的资源配置也是一种浪费，从而使证券市场的资源优化失去应有的作用。上市公司信息披露的失实倾向于夸大利润，减少负债，美化公司形象以达到类似得到配股资格的目的，给投资者以经营状态良好、盈利能力较强的假象。

2.3.3　我国证券信息披露的制度规范

2.3.3.1　完善企业法人治理结构，健全现代企业制度

上市公司之所以在信息披露方面存在如此多的问题，很大程度上是因为其法人治理结构的不完善，内部人控制严重，激励约束机制弱化。只有健全企业法人治理结构，才能强化其进行信息披露的责任，弱化其利用信息的不对称牟利的动机。另一方面，企业治理结构的完善，也有利于改善企业的经营效益，减少其对信息披露的畏惧和逃避心理。

2.3.3.2　完善信息披露的监管体制

目前我国对信息披露的监管责任主要在政府管理部门，从立法到执法都由政府管理部门运作；证券交易所直接受证监会指导，处于一线监管位置；行业协会所起的作用较少。今后应参照

国外成功的经验，明确几个监管主体的任务和方向，逐步完善由证监会、证券交易所、行业协会共同构成，功能互补的监管体系。其中作为证券市场立法和执法主角的证监会应集中精力查处内幕交易及其他违反信息披露法规的案件，产生应有的威慑作用；而证交所信息披露监管的核心是通过上市规则和上市协议书来制约上市公司遵守信息披露规则，负责日常的信息披露工作；证券业协会则要充分发挥作用，制定内部自律性管理规则，对违规成员进行相应的处罚。

2.3.3.3　健全信息披露的有关法规制度

从我国目前法律制度的健全程度看，争议较多的是缺乏民事责任的具体规定，投资者在法律上寻觅不到维护自身权益的具体措施。因此，建议制定专门的法律法规来规范上市公司的信息披露制度，加强对信息披露的监管，明确其违规行为所要承担的责任。美国和我国台湾对上市公司的虚假信息披露都规定要承担民事责任，这是我们可以借鉴的。例如在发行阶段，明确规定投资者若因信息虚假而遭受损害，具有解除合同及请求补偿损失的权利。在交易市场上，可参照各国证券法的规定：受害者购买该证券实际支付的数额扣除请求损害赔偿时的市场处分价格，或请求赔偿前受害者已处分该证券的价格。若负赔偿责任者能够证明原告所受损害的全部或部分是违反信息披露以外的原因引起的，则对该损害的全部或部分责任不负赔偿责任。

2.3.3.4　改革会计信息披露制度

第一，加强注册会计师队伍的建设，提高会计信息的质量。注册会计师要保持独立性，严格遵守准则及执业规范指南，证监会应加强对注册会计师及事务所的审查，形成约束机制及例行制度；同时尽快界定注册会计师的法律责任。第二，加快具体会计准则的出台与实施，提高会计准则的可操纵性。会计准则是实行监督的主要手段之一。第三，建立注册会计师惩戒制度。建议明确赋予注册会计师行业管理机构以惩戒权；尽快建立注册会计师惩戒委员会；尽早出台《注册会计师惩戒规则》。

2.4 我国证券监管机制与投资者保护

2.4.1 证券监管的基本目标和主要内容

证券市场真正的基础是投资者的信心。只有投资者的合法权益得到充分的保护，市场本身才能得以发展。因此，保护投资者是证券监管的基本目标和主要内容。《证券法》第一条明确规定，证券法的立法宗旨之一是保护投资者的合法权益。中国证监会作为执法机构，其监管范围主要包括以下四个方面：

（1）在市场准入方面，依法核准或审批股票、债券和基金等证券品种，为投资者提供符合法定条件的合格产品。证券产品的审核是以强制性的信息披露为基础，监管机构并不负责产品的质量，投资者应当自行承担风险。但证监会会要求发行人提供真实、准确和完整的信息，确保投资者根据公开披露的信息做出投资判断。

（2）在中介机构方面，依法对中介机构及其从业人员的资格进行管理，只有经认可的中介机构和从业人员才能提供相关的服务。近年来，我国进一步完善了中介机构的监督检查制度，如建立证券公司高级管理人员的谈话提醒制度，加强对证券从业人员的监管。

（3）在上市公司监管方面，依法要求上市公司履行持续信息披露义务，及时纠正上市公司的违规行为。现在，证监会建立了一套较为完整的披露体系，确保投资者能够及时获得真实、准确、完整的信息。同时，对上市公司的治理结构做出强制性要求，进一步推动上市公司治理结构的完善。

（4）在违法违规的查处方面，依法立案调查违法违规行为并进行行政处罚。证监会将日常监管与事前防范有效的结合，及时发现违法违规线索，纠正并处罚证券市场的违规行为，对市场参与者起到了威慑作用。

总之，我国证监会通过上述监管行动，规范了证券市场的发展，最大限度地降低了投资者因欺诈、内幕交易和操纵市场带来的风险，有力地保护了投资者的权益。

2.4.2 中国证监会保护投资者权益的实践

近年来，中国证监会为保护投资者的合法权益，采取了多方面的措施：

（1）进一步加强证券法制建设，努力构建一个公平、透明的市场。《证券法》颁布实施后，中国证监会根据《证券法》的规定发布了一系列规章和规范性文件，使市场规则更加完善。同时，规则的制定程度也更加透明，规章发布前先咨询公众的意见，让投资者参与规则的制定工作。

（2）进一步完善股票发行核准制。为从源头上切实保护投资者权益，证监会采取了多种措施，如完善首次发行股票和上市公司发行新股的信息披露制度，要求发行人在当地媒体公开拟提出发行申请的计划，加强对募集资金投向的监管。同时又改革股票发行方式，实行向二级市场投资者配售的制度，有效保护投资者的利益。

（3）进一步加强上市公司的监管。在进一步强化上市公司信息披露的基础上，积极推动上市公司治理结构的完善。证券市场的监管实践表明，目前上市公司存在的种种问题和上市公司治理结构不完善有着较大的关系。我国证监会采取了多种措施完善上市公司的治理结构，如推行累积投票制、建立独立董事制度和董事会专门委员会等。此外，还对上市公司的担保行为、关联交易、资产重组等做出明确规定。通过上述措施，防止上市公司损害投资者的利益。

（4）进一步推动市场化进程。中国证监会在强化中介机构监管的同时，进一步推动证券市场的市场化进程。实践证明，市场化有利于竞争，而充分的竞争最终有利于证券投资者。2002年5月，中国证监会做出了实行浮动佣金制的决定，将证券市场的市场化进程向前推进了一大步，大大降低了投资者的交易成本。

（5）加大查处违法违规行为的力度。证券市场存在的各种违法违规行为，在本质上损害了投资者的权益。中国证监会增设了稽查二局，组建了9个大区稽查局，进一步完善了覆盖全国的稽查体系，充实了稽查力量，对证券违法违规行为的处罚力度大大加强了。

（6）建立与投资者沟通的渠道。中国证监会建立了专门的信访处和热线电话，指派专人处理和接待投资者的来信来访来电，对投资者反映的问题交与相关职能部门尽快处理。此外，证监会还启动了专门的投资者教育计划。通过这一计划的实施提高投资者的整体素质。

2.5　我国上市公司中小股东权益的保护现状

2.5.1　中小股东权益保护的主要规定

由于我国证券市场建立时间比较短，因此相关的对中小股东权益保护的规定还不是很完善，总结起来，我国当前关于中小股东权益保护的主要规定有以下几个方面：

一、独立董事制度；

二、投票制度和累积投票制度；

三、关于董事、经理、监事忠实和善管义务的规定；

四、股东表决权排除制度；

五、股东大会召集请求权和召集权；

六、股东的知情权和提案权；

七、股东的诉讼提起权；

八、两法修改提供根本保障。

2.5.2 中小股东权益受侵害的现状

近年来，上市公司违法、违规，大股东通过操纵公司，恶意侵害中小股东权益的事件屡有发生且愈演愈烈，手段和方式也是多种多样，严重地干扰了证券市场乃至整个资本市场的健康发展，挫伤了中小投资者的积极性，阻碍了市场经济发展的步伐。中小股东的权益受到侵害后，维权无路，经济上损失惨重而又无从得到赔偿。

2.5.3 中小股东权益受侵害的原因

从客观原因来看，我国证券市场从一开始就被赋予了为国有企业改制脱困的历史重担，而且为了突出公有制经济的主体地位，众多的上市公司都是国有控股，同时由于害怕国有资产流失，因此又不允许国有股上市流通。正是由于上述的"一股独大"，导致了不完善的公司治理结构，进而导致了大股东和内部管理者肆无忌惮地掠夺中小股东。此外，从上市公司国有股持有单位的最终所有权来看，国家是上市公司的第一大股东，而我们的绝大多数中介机构也是国家办的。作为"运动员"的国家，又怎么能当"裁判"，来制定游戏规则约束自己的手脚，又怎么能保护中小股东的权益不受侵害呢？

从主观原因来看，我国中小股东的总体投机意识太浓、投资理念存在偏差、投资决策不科学、文化水平偏低等，都在一定程度上加剧了中小股东权益得不到恰当的保护，从而纵容了大股东和内部管理者掠夺中小股东行为的发生。

2.5.4　我国上市公司的质量

10 多年来中国股市沉淀了大量劣质公司。统计数据显示，截止到 2004 年年末，以每股净资产计，资不抵债的上市公司已占上市公司总数的 2.27%，如果以调整后的每股净资产计，这一比例则上升为 3.96%。这类资不抵债的上市公司不仅威胁到股东利益，也威胁到债权人的利益，但这些上市公司的股票却仍然在股市中流通。股市中劣质公司沉淀的数量不断增加，投资者面临的风险也越来越大，造成我国证券市场缺乏吸引力和资源配置功能低下。

在我国上市公司中，还存在较多公司信息质量真实性、有效性不足的现象，其根本原因是由于较长时间存在一股独大和股权分置问题以及国有出资人职责不到位，使得我国上市公司股东和经营层的委托—代理关系成为一种不完备的契约，委托—代理关系模糊，代理问题更加复杂。加上非流通股和流通股股东价值取向存在差异，在公司治理结构中流通股股东又处于弱势地位，使得公司内外、经营层和股东之间产生了严重的信息不对称问题。

2.5.5　市场监管：适度与过度

在证券市场中，监管的力量应当受到充分的重视。监管过度必然会抑制创新，导致证券及金融创新供给不足；监管不足又可能放大证券市场的运作风险，损害市场稳定和投资者利益。因此，监管过度与监管不足都是不可取的，应采用一种适度的监管来保证投资者的利益。近年来，我国监管制度也得到一定的完善，主要体现在：监管理念、监管方式以及证券立法逐渐完善与加强。然而，还存在以下一些问题：

（1）从横向上看，证券监管政出多门，部门之间权力重叠，监管机构缺乏独立性。我国政府部门内部涉及证券业务的行政部门不是一个，而是多个。多个部门管理同一个事务存在的问题主要表现在：各部门在管理权力方面表现为界限重叠，在责任方面表现为界限不清。证券市场高风险、高流动、高效率的自身特性需要独立和统一的监管，以迅速应对突如其来的市场变化，化解和减少市场风险。证券监管权力的分散不利于监管的实施，也有违效率原则。

（2）从纵向上看，目前还是过于重视政府监管，忽视自律作用，监管机构仍然习惯于对市场的直接控制。政府集中监管在证券市场创设之初就带有浓厚的行政色彩，政府集中监管往往体现为监管机构对市场进行全面而直接的控制。同时，监管机构忽略了证券交易所的自律管理功能。同样，在证监会强势监管之下，作为法定的自律组织的中国证券业协会，在市场发言的机会不多，对证券经营机构自律管理的作用也没有充分发挥。对证券公司和其他中介机构的自我风险控制作用，也不够重视。事实上，自律组织及市场参与主体始终置身于市场来解决证券市场确实存在而政府监管所不能够及的"死角"，往往更具有效率。另外，在证券发行中，实质审核、证券承销的通道制度等方面都还存在证券监管机构对证券市场的过度干预。

2.5.6 独立董事制度的作用

在我国大股东作为控股者在公司中享有垄断优势，在缺乏合理的监督和约束机制下，其本性决定了他有追求自身利益最大化而忽视甚至牺牲中小股东利益的倾向。因此，必须设立独立董事制约大股东，保护中小股东的合法利益，以完善董事会机制和公司法人治理结构。同其他法律途径或者监管途径相比，独立董事制度是规范上市公司治理、保护投资者、做强资本市场一条有效的途径。

然而，在我国由于普遍存在一股独大，同时又有流通股与非流通股的区别，中间的矛盾很复杂和激烈。独立董事制度形同虚设，并未在我国发挥应有的作用，表现为：

（1）独立董事的独立性难以体现

我国对独立董事独立性的界定主要表现在两个方面：一是独立于大股东，二是独立于经营者。而我国上市公司股权的集中程度相当高，董事会成员的70%左右来自于股东单位，董事长兼任总经理的现象非常普遍，控股股东与中小股东的利益冲突十分激烈。在这种情况下，证监会要求独立董事独立于大股东和经营者，实际情况是很难如愿的。由于独立董事受董事会或大股东的"信托"行使权力，因此在执行职责的过程中很可能会迎合董事会大多数成员的意见而丧失独立性和公正性。而独立董事与中小股东之间的信托没有基础，他们很难代表中小股东的利益监督和制约公司管理层。

（2）独立董事的权责利不对称

由于我国对独立董事缺乏明确的定位，及考虑目前独立董事自身的工作条件，独立董事所承担的责任并不得当。第一，独立董事在董事会中属于弱势群体（占1/3以下），不能在董事会中起主导作用；第二，大部分独立董事是兼职，每年规定15个工作日，难以深入了解公司的经营和财务状况，很难及时发现公司经营上的问题和风险；第三，独立董事要想有效地发挥作用，只能依靠内部人提供信息或者依靠中介机构的意见做出判断，在目前上市公司管理透明度低、提供信息不真实、中介机构服务质量不佳的情况下，独立董事做出准确判断的难度较大。

（3）独立董事与监事会等机构的关系有待理顺

我国实行的公司治理结构接近东方法系，即采用同时设有董事会和监事会的双层模式。而独立董事是在英美法系的基础上产生的，由于在单层模式中，没有对董事会有效的监督机构，才产生了独立董事。因此在我国就出现了既有董事会又有监事会的状况。这就牵涉到监督权力的分配和协调问题，如果相互之间推卸，多人监督就等于无人监督。独立董事制的某些职能和我国现行的监事会的职能还有重叠处，那么在履行职责时，很可能某一方会产生"搭便车"的思想，在出现问题时相互推卸责任，从而很可能将仅存的一些监督绩效降低为零。

（4）具备担当独立董事素质的人才稀缺

目前我国上市公司的独立董事多是技术型专家，这主要是缺乏具有专业水准和敬业精神的高素质人才。在存量方面，目前还不能获得足够数量的独立董事人选。在增量方面，已有的和潜在的独立董事人选也没有机会得到专业培训与教育。独立董事最主要的作用在于完善公司法人治理结构，仅仅有精通公司主营业务技术的专家担任独立董事是远远不够的，尤其在我国股权结构还很不合理的情况下，上市公司不仅需要技术专家对公司的发展战略提出建议，更需要独立董事对公司的法人治理、资本运作、企业管理发挥监督与制衡作用，从而达到完善法人治理结构、保护中小投资者利益的目的。

（5）宏观运行环境还不成熟

在发达国家，独立董事的工作动力来自于两个方面：一是声誉，二是相应的激励机制。而我国目前既没有形成成熟的声誉机制和评价机制，也没有让独立董事获得与所承担的责任和义务相对应的报酬，去激励独立董事监督董事会和经理层。与此同时，约束独立董事及保障独立董事的权利和义务方面，也还没有建成一套完善的法律法规体系。

2.5.7　机构投资者的作用

机构投资者是金融服务业的重要组成部分，发展机构投资者对促进我国资本市场健康稳定发展、完善我国金融体系和实现国民经济发展的远景目标具有十分重要的意义，是建立现代金融体系以及社会主义市场经济体制的客观要求。2004年颁布的《国务院关于推进资本市场改革开放和稳定发展的若干意见》将"鼓励合规资金入市，大力发展机构投资者"作为促进资本市场稳定发展的一项重要政策。近年来，我国机构投资者发展迅速，初步形成了以证券投资基金为主，保险资金、合格境外机构投资者（QFII）、社保基金、企业年金等其他机构投资者相结合的多元化发展格局，为促进资本市场的规范、健康和稳定发展发挥了重要作用。截至2008年3月份，基金管理公司数量达到60家（其中中外合资基金管理公司29家）。截至2007年11月，证券投资基金资产总规模已达16312亿元。截至2006年年底，批准QFII机构50家，批准外汇投资额度80.45亿美元；批准1家基金管理公司进行QDII试点，首只产品已开始募集；保险资金间接入市782亿元，直接入市434亿元；全国社会保障基金持有股票资产市值近300亿元；企业年金入市工作已进入实质性操作阶段。

（1）发展机构投资者的积极作用

第一，发展机构投资者有利于改善储蓄转化为投资的机制与效率，促进直接金融市场的发展。直接融资和间接融资的协调发展是一国经济健康运行的客观要求，也是各种类型企业多渠道、低成本筹集资金的市场基础，是平衡债权约束和股权约束、形成有效企业治理结构的必要条件。目前，我国间接融资比例仍然过高，直接融资的发展相对滞后，造成大量储蓄资金流向商业银行体系。另一方面，储蓄资金的分配也不平衡，民营企业和中小企业的融资渠道不通畅。发展机构投资者可以为分流储蓄开辟多样化的渠道。通过开发满足市场需求的金融产品，机构投资者可以有效动员与集合储蓄资金投向股票市场、债券市场和货币市场等金融市场，是推动直接金融市场发展、扩大直接融资比重的主要力量。

第二，发展机构投资者有利于促进不同金融市场之间的有机结合与协调发展，健全金融市场的运行机制。机构投资者可以在不同金融市场进行资产配置，平衡各金融市场之间的资金流动与分配，促进不同金融市场之间的有机结合与协调发展。并且，由于机构投资者具有较强的信息分析和处理能力，他们的需求和投资选择有助于提高货币政策调控金融市场的灵敏度，改善货币政策传导机制，促进利率市场化进程，健全金融市场的运行机制。

第三，发展机构投资者有利于分散金融风险，促进金融体系的稳定运行。目前，我国企业的融资过多依赖信贷市场，使金融风险向商业银行集中，不利于我国金融体系的安全稳定。发展形式多样、分工协作、互为补充的机构投资者可以丰富承担金融风险的市场主体，弱化因金融资产过度向银行集中形成的系统性风险。而且，机构投资者基于实体经济的风险特征开发各种金融产品替代信贷资产，使风险分散在各类金融工具上，促进金融体系的稳定运行。

第四，发展机构投资者有利于实现社会保障体系与宏观经济的良性互动发展。对现收现付的公共养老制度进行改革，建立起以包括企业年金为主的企业补充养老金和个人自愿储蓄性养老金在内的多支柱养老保障体系，是我国社会保障体系改革的方向。许多国家的成功经验证明，基金积累制的养老金制度在明确养老的个人责任、提供工作激励的同时，成为带动经济增长的引擎，养老金制度的功能也从以社会保障为中心转变为促进社会保障与宏观经济的平衡发展。在基金累积制的养老制度下，机构投资者的作用不可或缺，在许多发达国家，养老金是机构投资者中最重要的组成部分。通过发展专业的机构投资者，把国家、企业和个人累积的养老金投资于各种金融产品，一方面可保证养老金的偿付能力和养老的替代水平，另一方面可引导巨额的长期资金投入企业发展和国家基础建设，实现国民经济和居民福利的协调发展。

（2）机构投资者发展存在的主要问题

经过多年的努力，我国机构投资者的发展取得了一定的成绩。但与国民经济和金融体制改革的长远目标相比，我国机构投资者的发展仍明显滞后，主要问题是：机构投资者整体资产规模仍然较小，各类投资者结构的发展不平衡，长期机构投资者的发展滞后。这种发展不平衡的投资者结构还不能适应当前国民经济增长方式调整、金融体系改革和资本市场全流通环境等新形势的要求。

第一，机构投资者现状难以适应经济发展的新形势。

从世界金融体系演化的趋势看，随着经济的发展和国民财富的积累，国家金融体系开始由以银行为中心的金融体系向以金融市场为基础的金融体系演进。资本市场在金融体系中逐渐由次要市场变成主要资源配置市场，资本市场也由早期的以个人投资者为主体演变为以机构投资者为主体，出现资本市场机构化的趋势。随着中国经济发展进入新阶段，中国经济增长方式将需要由过去的粗放型增长向集约型增长转变，金融体系也需要由以银行为主导的模式向以金融市场为主导的模式转变。在新的发展阶段，现代企业制度建立、国有金融企业的股份制改造、经济增长方式的转变、经济结构战略性调整、产业结构优化和升级、高新技术产业发展和创新型国家建设对中国资本市场和金融体系的发展提出了更高的要求。从各国金融资产结构看，2005年美国股票、债券、银行资产占全部金融资产的比例分别为35%、47%和18%，德国的资产结构近年来发生重要变化，这一比例分别为12%、47%和41%。而我国银行贷款占社会总融资的90%，风险高度集中在银行系统。我国目前的资本市场规模和机构投资者状况，还难以适应发展直接融资、促进金融结构调整和金融体系改革的需要。

第二，股权分置改革后的新形势对机构投资者发展提出了更高要求。①

近年来，机构投资者发展迅速，对遏制市场非理性投资，减小市场波动，促进市场稳定发展发挥了积极作用。但是，随着股权分置改革的推进、全流通的实现和大盘股不断上市，机构投资者已远不能适应新形势的需要。据统计，股权分置改革前，机构投资者持有股票规模占流通市值的比例不到20%；股权分置改革后，流通市值将随着全流通的实现逐步放大，机构投资者持有股票的规模占总市值的比重将迅速下降到10%以下。

第三，机构投资者的资金来源不稳定，缺乏养老金等长期资金。

养老金已经成为现代金融体系中极为重要的组成部分，对资本市场、保险市场及货币市场都具有举足轻重的作用。它目前已

---

① http://www.gsec.gov.cn.

经成为全球资本市场最大规模的机构投资者，其资产超过全球GDP 的 50% 。

我国养老保障制度改革正稳步推进，以国家基本养老、企业年金和个人自愿储蓄养老为三大支柱的养老体系框架已初步构建。但国家基本养老面临较大财政困难，全国社保基金来源不足；由于缺少支持企业年金积累与投资的统一税收优惠政策及相关配套法规，企业年金发展受到很大制约；个人自愿性储蓄养老制度尚缺乏明确的制度保障。随着我国经济体制改革的不断深入和人口老龄化问题的日益严重，养老体系的现状不仅制约了金融结构调整，也不能适应建立和谐社会的总体要求。

第四，扩大规模，调整结构，大力发展机构投资者。

今后相当长时期内，机构投资者的发展任重而道远。参照国际发达市场经验，根据我国的现状，发展机构投资者的主要任务是在进一步扩大规模的同时，调整机构投资者的结构，鼓励以养老金为代表的长期机构投资者进入资本市场，形成多元化、多层次和相互竞争的专业化机构投资者队伍。具体包括：第一，进一步发展投资基金，加强基金管理公司在组织方式、资产管理方式、投资避险机制、收益分配方式和产品开发等方面的创新，拓宽基金销售渠道，健全商业银行基金销售体系，促进金融资产管理的市场细分，推动投资基金的产业升级，加强行业人才储备，提高基金业的自主创新能力与核心。第二，继续鼓励境外长期资金投资境内资本市场，稳步扩大 QFII 规模，鼓励境内机构参与全球资产管理，稳步推进 QDII 试点。第三，继续积极发展其他机构投资者，推动保险资金、养老金加大投资资本市场的力度。第四，继续改善机构投资者发展的外部环境，完善促进证券投资基金、企业年金等机构投资者发展的具体税收政策，强化机构投资者风险监管机制。

2.6 保护投资者合法权益的途径

2.6.1 学习和借鉴国际经验

十多年前，我国在建立和发展资本市场方面没有实践经验。我国首先是学习和借鉴国际经验，归纳整理出主要的经验教训和应该注意的问题，并在全国证券业首次大会上以"股票市场的风险与管理"为题做了介绍。从国际经验中我国深刻地体会到，保护投资者特别是中小投资者合法权益，是资本市场稳定发展的前提，是证券监管的宗旨。当时，相应的提出了一些措施，如要完善立法、严格执法、依法保护；上市公司质量是证券市场稳定发展的基石；增强透明度；严格监管；发展机构投资者；等等。

十多年来，我国在保护投资者合法权益方面采取了一系列措施。最突出的表现在：完善立法和严格执法步伐加快；严格监管，打击造假和内幕交易等违规违法活动取得重大成果；强化信息披露、增强透明度以及机构投资者等方面也有明显进步。

随着市场的发展和改革的深化，我国暴露了体制转轨过程中的深层次问题，也遇到了发展中的新问题，需要从多方面采取措施加以解决。

2.6.2 保护投资者利益的重中之重

保护投资者合法权益是一个世界性的主题。在我国这样的新兴市场上，更要关注投资者合法权益的保护，让市场参与各方和监管者都有保护投资者合法权益的观念，尊重和保护投资者的合法权益。只要投资者的合法权益得不到有效保护，投资者就不会对市场有信心，也就不会在市场上投资，证券市场也就不能存在。因此，大中小股东的合法权益都应当得到正当保护，而保护中小投资者的合法权益更是重中之重。这是我国应从国际证券市场借鉴的一条最重要经验。

因为在公司内部，中小股东进入不了公司董事会，在管理层任命上也没有什么发言权，在公司的经营决策上起不了什么大作用。大股东选定的管理层往往会更多的照顾大股东的利益。由于上市公司具有从市场上筹集资金的功能，如果关联交易得不到规范，上市公司就有成为大股东提款机的危险，而受到损害的是中小投资者的利益。

股票市场实际上是一个信息市场。在上市公司和股票市场信息的获取上，中小投资者也处于弱势的地位。如果上市公司披露的信息是假的，中小投资者只能根据虚假的信息进行投资，大股东作为内幕人员则往往是知道的。如果有内幕交易，中小投资者必然成为内幕交易的牺牲品。因此，提高市场的透明度，严格监管上市公司的信息披露是有效保护投资者合法权益的必要条件。

第二级市场上，打击市场操纵是保护中小投资者合法权益所必需的。庄家利用其资金的优势、持股的优势和信息的优势，单独或者与人合谋操纵股票的交易市场，制造虚假的交易价格和交易量，欺骗和引诱广大的中小投资者，获取不正当的利益或转嫁风险。中小投资者是庄家操纵行为的最大受害者。保护中小投资者的合法权益，一定是与打击庄家操纵股票市场价格相联系的。

2.6.3 保护流通股股东的合法权益

在证券市场上，中小投资者是"弱势群体"，其合法权益的保护应当受到格外的重视。在我国股票市场上，存在流通股和非流通股的区分，非流通股的股东主要是国有的持股单位和一些比较大的机构发起人，而中小投资者主要是购买流通股的股东。因此，在我国保护中小投资者的合法权益集中体现在保护流通股股东的合法权益上。

2.6.4 关键在于制约大股东的行为

（1）我国上市公司的大股东绝大部分都是国有股东，国有股东基本上处于"一股独大"的地位，同时，大股东又有政府的背景。因此，大股东往往是说一不二，中小股东在经营活动中毫无发言权。从保护中小投资者合法权益的角度来看，非常有必要引入一种机制对大股东的绝对优势进行有效制约。

现在证监会要求在上市公司中设立独立董事，目的也是为了保护中小投资者的合法的权益，但应当增加董事会中独立董事的人数，加大独立董事的权利，有时全部独立董事反对的重大决策不能简单地采用董事会多数通过的原则。同时，还应当进一步发挥监事会的监督作用，把监事会的职责落实到实处。在上市公司指引中，我国公司法规定成立监事会，在实践中经常发生监事会与董事会的审核委员会的活动重复和矛盾，监事会的作用也没能得到正常发挥。其实，治本的方法还是要深化国有企业改革，改变"一股独大"，真正转换机制。

（2）我国上市公司大股东利益和公司之间的矛盾中，最为典型的就是上市公司和大股东之间的关联交易。为了保护中小投资者的合法权益，就需要建立一种制度保护关联交易中的中小投资者的合法权益，否则，关联交易就有可能变成向大股东输送利益。

（3）上市公司高管人员在内幕交易和虚假陈述方面的道德风险，会因为他们的地位不稳定、任期不确定和激励机制的缺乏而强化。如果上市公司的高管人员不能以合法的方式从上市公司中获得应有的待遇和报酬，就有可能与市场上的"庄家"勾结，通过操纵市场的方式获取非法利益。因此，处理好高管人员的稳定和待遇问题，对于保护中小投资者合法权益具有重要作用。

2.6.5　必须制约政府主管部门的行为

我国证券市场最大的特点在于，它脱胎于公有制和计划经济，带有很多计划行政和国有企业的特征。大股东是国有的又有政府背景。他们持有的股份是不流通的，大股东的利益与股票价格是脱节的，这就造成大股东与中小股东利益的不同。中小股东，尤其是小股东的利益主要通过流通股的市场价格得到体现，而大股东的利益主要通过每股净资产来衡量。因此，在上市公司做出重大决策和政府做出决策的时候，就不能从大股东单方面的利益出发，要更多的考虑中小股东的合法权益，更多的考虑流通股东的利益。这既是政府和大股东应有的观念，也是大股东和政府的责任。

2.7　投资者保护中存在的问题与对策

随着我国证券市场的快速发展和上市公司数量的不断增加，保护投资者的合法权益，尤其是中小投资者合法权益的任务显得更加艰巨。尽管证监会采取了种种措施保护投资者的合法权益，但证券市场各种损害投资者权益的行为仍时有发生。目前主要存在以下问题：

（1）证券立法还需进一步完善。从投资者保护的角度看，现行法律法规对法律责任的规定不够明确，如董事的责任规定，缺乏董事注意义务的规定和相应责任。

（2）监管机构执法权限和资源不足，加大了对证券违法违规的查处难度。证券法赋予了监管机构一定的调查权限，但由于调查权力有限，尚不足以迅速、有效的遏制和打击证券违法违规行为。而且，证券监督机构现有资源在一定程度上也影响了执法效率。

（3）相关民事诉讼机制还不够完善。监管机构对证券违法违规行为的查处主要是追究违规人的行政法律责任，不涉及投资者的民事赔偿。因此，民事赔偿机制的建立非常重要。但是，由于我国相关民事诉讼机制还不够健全，法院方面立案、审理的条件还没有完全具备，加之证券投资者往往较为分散，投资者通过司法救济手段获得赔偿较为困难。

（4）缺乏投资保护的专门机构。实际上，证券监管保护的是投资者的整体利益，不能解决投资者的具体民事权利受到损害的情形。因此，有必要设立一个专门的机构保护投资者的合法权益。目前，我国尚没有建立保护投资者权益的专门机构，这在一定程度上也影响了对投资者权益的有效保护。

针对上述问题，有必要采取以下对策：

（1）进一步完善证券立法，特别是完善责任体系。我国公司、证券法律已基本形成一个较为完整的体系，但还存在一些问题，主要是法律责任规定不够明确，影响了法律的有效实施。此外，还可以考虑对投资者保护问题进行专门立法，进一步加强对投资者的法律保护。

（2）赋予监管机构必要的执法权限，进一步提高执法效率。目前，中国证监会还不具有国外监管机构普遍拥有的执法权限，如对违法行为当事人的强制传唤权，查询资金账户等权力，在一定程度上影响执法的效力。此外，监管机构的执法行动往往需要其他机关的配合，如监管机构需要冻结当事人资金账户，应当向法院提出申请。但如果法院方面不能及时做出裁定，就会影响监管机构的执法行为。因此监管机构和法院等机构应当建立必要的协调机制。

（3）完善证券民事赔偿制度。目前，投资者民事赔偿诉讼机制已经启动，各地有不少案件已经进入诉讼程序，但民事赔偿机制还不够完善，尚不足以有效的保护投资者的权益。此外，应当考虑建立股东代表诉讼、集团诉讼制度，以更有效的利用诉讼机制维护投资者的合法权益。

（4）建立专门的证券投资保护机构。中国证监会一直努力推动建立一个保护投资者的专门机构，这一机构将承担以下职责：开展投资者权益保障的宣传教育；受理投资者投诉，并及时向证券监管部门反映问题、提出建议；通过购买每家上市公司少量股份，以上市公司股东的名义依法对上市公司或其大股东、董事、监事、经理侵害股东权利或公司权益的行为提起民事诉讼；作为共同诉讼代表人，或者接受其他投资者委托，或者支持受侵害的投资者，依法对上市公司或其大股东、董事、监事、经理侵害股东权利或公司权益的行为提起民事诉讼。在各方面的支持下尽快建立这一机构，将把我国投资者保护事业推向一个新的阶段。

（5）发挥自律组织的作用，建立市场诚信体系。中国证监会作为法定的监管机构，负有保护投资者的法定职责。同时，还要充分发挥证券交易所、证券业协会等自律组织的监管作用，建立有效的保护投资者的监管体系。此外，还要强调上市公司及其高级管理人员、中介机构及其从业人员的诚信自律，只有这样，才能全面有效的保护投资者的权益。

3 投资者保护与董事会制度：公司治理（一）

3.1 董事会制度

3.1.1 董事会

公司董事会制度是伴随着现代公司的产生与发展而不断发展、完善的。特别是由于所有权与经营管理权的分离必然引起董事会的诞生。而董事会的建立是为了解决委托代理问题而在大型组织内部演进出来的一种符合市场经济原则的内部组织或制度。由于委托代理问题的存在，为了利用所有权和控制权分离的收益，减少分离的成本，大型公司逐渐演进出了董事会等制度规范，另一方面，也催生了委托代理理论。

代理理论主要讨论在委托代理关系中出现的两个问题：代理人和委托人之间存在着部分目标的不一致；当代理人和委托人有不同的风险偏好时，分享风险的问题可能会发生。代理理论的关键思想是代理关系，其实质是：委托人如何通过一套监督和激励机制促使代理人采取合适的行为，最大限度地增加委托人的利益。

　　代理理论的其中一个原假设是代理人具有理性，即经理追求自身的效用最大化而不是公司利润的最大化。Fama 和 Jensen（1980）、Williamson（1984）指出，公司治理机制特别是董事会能协调这些代理冲突和保护投资者的钱财，董事会可以确保经理人员不是他们自身绩效的单一评估者，董事会任免经理人员以及指定经理人员报酬计划的法律责任是控制利益冲突的关键要素。协调委托人和代理人之间利益的机制可以分为内部机制和外部机制两类。内部机制包括与公司绩效相关的经理人报酬政策、增长的经理人的持股权和增加董事会获得关于经理层行为的个人信息和公共信息。外部机制包括产品市场和劳动力市场（Fama，1980；Williamson，1984）和恶意接管（Kosnik，1987）。所以代理理论强调，董事会作为经理行为的监督者的目的是使代理成本最小化，进而使股东利益最大化。

　　基于代理理论，使股东财富最大化和减少代理成本是董事会的关键任务。所以，评估 CEO 的工作业绩和公司的整体业绩、制定经理层的任免与报酬就成为董事会的关键职能（Fama and Jensen，1983）。在代理理论中，董事会的战略角色是重要的（Mizruchi，1983）。Tod Perry（1999）进一步深化了代理理论，他们指出，公司中存在两个层次的代理成本，除了 Jensen 和 Meckling 提出的来自所有权与控制权分离带来的成本外，公司中还存在着董事会与股东之间的代理成本，这里股东成了委托人，而董事会则是代理人，这种成本也称为"监督监督者"的成本。虽然如此，但是董事会仍是监督经理的一个成本最低的内部资源。

　　因此，董事会被看做是由市场诱导并演进出来的经济组织，它的中心任务就是要协调好所有者与经营者之间的利益矛盾，并最有效率地对委托代理关系进行控制。

3.1.2 董事会的职能

代理理论认为董事会是一种控制工具，是一部分管理者控制另一部分管理者的主要手段。作为公司董事会的主要职能是监督管理者的行为。换句话说，就是评价 CEO 以及整个公司的经营业绩，挑选、解聘及奖励 CEO，并监督公司的战略决策与执行程度。因此，为了控制可能发生的潜在的代理问题，公司将决策制定和执行权授予 CEO，决策控制权授予董事会。所以，CEO 对战略决策的执行负有首要责任，董事会则负责批准和监控决策的执行。当 CEO 牺牲股东利益追求自身利益时，董事会是最重要的控制机制。如果两职合一，CEO 将获得更大的权力基础，此时董事会的监控作用受到削弱。所以依据代理理论，董事长（主席）与 CEO 的两职合一将使董事会的独立性受损，并削弱董事会的控制作用，从而导致 CEO 的权力膨胀，诱发损害公司利益的行为。Fama 和 Jensen（1983）、Mizruchi（1983）指出，经理人员对董事会的控制导致了董事会在其法定的治理职能上的无能，特别是 CEO 通过他掌握的权力来影响董事会的结构和董事任期（Mace，1971；Forster，1982；Geneen，1984）；制订董事会的议程和控制信息流（Aram and Cowan，1983）。因此，董事会的作用仅仅是 CEO 的一个工具而已。所以，在这个角度上，我们很难说清楚董事会的真正作用。

近年来，舆论与法律界不断就如何改进公司董事会的构成和职能提出不同的建议和主张，大多观点集中于"管理董事会"和"监督董事会"上，但是，目前强化公司董事会的监督职能已经成为了人们的共识。

3.1.3 董事会是一个内生的决定制度

对董事会存在的一个潜在的回答是，它仅仅是规则的产物，是公司法和证券市场的要求。企业应该建立董事会来满足各种需要：如董事会必须有若干个成员，董事会行动必须符合一些指定的规则，有不同的委员会，并且一部分董事有义务独立于管理层。

然而，这不是董事会的全部。董事会流行于全世界各种营利和非营利组织；更重要的是，董事会的存在先于这些规则。此外，如果董事会的存在只是满足规则的需要，那董事会将可能给公司造成"自重成本"（deadweight costs）（企业必须被动地适应规则的需要而产生的额外成本）。实际上，现有的证据表明相反：如果董事会是公司的自重成本，那么我们都期望董事会规模在制度规定的最小水平上，可是在现实中，董事会通常比法律要求的规模大得多。

独立于管理层的董事，不仅仅是法律上形式的要求，而且是出自于保护企业中小股东利益方面的考虑。一定数量的独立董事，能够对董事会起到一定的制约作用，形成一个内生的决定制度。

3.2　董事会治理：投资者保护的核心

现代企业由于公司财产权和管理权的分离，从而导致了委托—代理问题的出现，使得公司治理成为处理一系列权利关系的过程，即包括由所有权、控制权、治理权和经营权所构成的权利体系。这四项权利要素既相联系，又相区别，共同推动企业的运营。董事会作为公司的决策中心，如何界定其权能，即董事会的地位和功能，是能否形成科学、规范、合理的法人治理的关键。

在我国《公司法》中，上市公司治理形成"三会四权"（股东大会、董事会、监事会和经理层分别行使最终控制权、经营决策权、监督权和经营指挥权）的机制。其中，董事会的基本职能有三项：第一，任免公司经理；第二，行使战略决策权；第三，监督和控制公司的运营绩效。公司治理的三项内容实质上是董事会的三项基本权力，它们共同构成了董事会的权能体系，缺一不可。要建立一套有效的公司治理体系，最关键的是要让董事会真正担负起行使这些权能的职责，也就是要让董事会真正能够代表股东独立地行使治理职能，严格监控经理阶层的经营活动，最大限度地克服代理问题。然而现实中，董事会却未能真正起到独立行使权力的作用。抑或由于公众股东过于分散，董事会由大股东操纵，抑或由内部人控制，并未形成独立的董事会机制。独董未能给公司治理带来积极作用，甚至是破坏原来的有效机制，是一个值得研究的话题，这一节我们就董事会这一个内生的决定制度做一个分析，讨论其存在对公司绩效的影响。

3.3　董事会制度与绩效的经验研究及其选择

3.3.1　董事会研究的一般方程

有关董事会的理论文献相对缺乏，但是经验文献却很丰富，包括案例研究（Mace 1986 and Vancil 1987）。我们可以把大量的董事会研究概括为下列一个或多个方程：

$$a_{t+s} = fC_t + e_t$$
$$P_{t+s} = \beta\, a_t + \eta_t$$
$$C_{t+s} = \mu P_t + \xi_t$$

其中，C 表示董事会特征（结构或者规模），a 表示行动（如解聘 CEO），P 表示公司绩效（如 Q、ROA、ROE），t 表示时间（$s>0$），f，β，和 μ 为待估参数，e，η，和 ξ 表示残差。整个方程体系不是同时估计的，在收益方程上采用分布滞后模型（$s>0$）。从前两个方程，我们可以直接研究董事会特征和公司绩效的关系，即：$P_{t+s}=\beta\ (fC_t+\varepsilon_t)\ +\eta_t$。许多的研究直接估计了这个方程。确实，对这个方程的研究比研究各个方程要流行得多（特别是比第二个方程，董事会行动与公司绩效的关联）。

3.3.2 董事会制度与公司绩效研究评价

3.3.2.1 董事会结构和公司绩效

有关董事会的最广泛讨论的问题可能就是："更多的外部董事会增加公司的绩效吗？"（董事会结构一般用外部董事（没有担任管理职务）的比例来测量）。以往的研究一般用两种方法阐述了这个问题。第一种方法是考察了公司会计绩效和外部董事比例之间的相关性。MacAvoy（1983），Baysinger 和 Butler（1985），Hermalin 和 Weibach（1991），Mehran（1995），Klein（1998），Bhagat 和 Black（2000）都报告了公司会计绩效和外部董事比例之间的不显著关系。第二种方法源于 Morck（1998）的研究，即用托宾 Q 来测量公司绩效，它反映了诸如治理等无形因素的"价值增加"。Hermalin 和 Weisbach（1991）、Bhagat 和 Black（2000）用这个方法发现，和会计绩效一样，在外部董事比例和托宾 Q 之间也没有显著的相关性。最后，Bhagat 和 Black（2000）考察了董事会结构在长期股票市场和会计绩效上的影响，他们还是没有发现董事会结构和公司绩效的任何相关性。一个例外是 Baysinger 和 Butler（1985）的研究，他们发现，1970年的独立董事的比例和 1980 年的股票收益正相关。然而，正如Bhagat 和 Black（1999）所强调的，这两位作者只用了一个绩效测量变量，并且用来观察公司绩效提高来自董事会结构，10 年似乎不是一个合理长度的时间。

Hermalin 和 Weisbach（1998）提出，差的公司绩效导致董事会独立性的增加。在采用截面数据时，这种效果使得拥有独立董事的公司看起来更差，因为这种效应会导致以前绩效差的公司有更多的独立董事。Hermalin 和 Weisbach（1991）、Bhagat 和 Black（2000）试图通过建立联立方程组的方法来修正这个效应，他们特别采用了滞后的公司绩效。尽管修正了内生性，还是没有发现董事会结构和公司绩效之间的经验关系。

Rosenstein 和 Wyatt（1990）考察了增加外部董事当天的股价反应。他们发现，平均来讲，这些外部董事任命公布后，股价有统计上显著的 0.2% 的增加。在某些方面，Rosenstein 和 Wyatt 的方法相对前面提到的方法，在对董事会结构和公司最终价值之间的关系检验上更清晰。Rosenstein 和 Wyatt 的方法控制了公司特征效应，控制公司特征效应是很重要的，正如 Hermalin（1994）所预测的以及 Kole（1997）、Hermalin & Wallace（1998）所证实的：没有任何理由可以认为一个特别的董事会结构（如外部董事的百分数）对所有的公司都是最佳的。但是，Rosenstein 和 Wyatt 的方法也有一个潜在的缺陷。假设公司改变他们的董事会结构只是为了改善它的价值，那么所有的宣告变化应该对股价有正面的影响。如果这是正确的话，那么 Rosenstein 和 Wyatt 的结果并没有告诉我们外部董事价值的任何事情。另一方面，如果只有增加外部董事提升公司的价值，而其他的变化要么是中性的要么是降低公司的价值，那么我们需要问的是为什么这些可以发生？为什么公司不一直增加外部董事来提高公司的价值？Rosenstein 和 Wyatt 在他们随后的文章（Rosenstein and Wyatt, 1997）中阐述了这些问题。总之，他们没有发现在董事会中增加内部人有确定性的效应，在某些特定情况中，他们发现增加内部人可以提升股价。因此，最初我们所提到的 Rosenstein 和 Wyatt 效应仅仅反映了价值增加和变化之间的联系。

吴淑琨等（2001）的研究显示，非执行董事的比例增加有助于提高董事会的独立性和监督性，非执行董事的比例与法人股比例正相关，不同的行业对非执行董事的比例有影响，在采用总资产利润率为因变量时，非执行董事的比例与公司绩效正相关，但没有发现与行业有相关性。李有根等（2001）从中国上市公司的形成出发，把董事构成分为：法人代表董事、内部董事、专家董事和专务董事；并且注意到，法人股东董事具有改善公司治理的动机和能力，法人代表董事构成和公司净资产收益率之间有显著的倒 U 型关系，但并没有发现专家董事、专务董事、内部董事和公司绩效之间的相关性。于东智（2003）选用公司经行业水平调整后的净资产收益率和主营业务利润率作为公司绩效指标发现，独立董事的比例和两个公司绩效指标之间没有统计意义上的相关性。吴淑琨（2004）采用总资产利润率为应变量的研究表明，在考虑交叉反应后，非执行董事的比例与公司绩效正相关；两职状态与公司绩效之间缺乏显著性。李孔岳（2003）以沪市 56 家国有上市公司为样本，研究结果表明：当国有上市公司资产规模在 11 亿—12.2 亿元人民币时，董事会规模的合理区间是 8—11 人，董事会构成的合理区间是 20%—30%，此时公司的绩效最优。

综上所述，从代理理论的角度，国内外的董事会结构与公司绩效的实证检验发现董事会结构和公司绩效之间存在一定的关系，但是并没有一致的结论。为此，我们提出原假设 1：

原假设 1：国有上市公司独立董事比例与公司绩效正相关；非国有上市公司独立董事比例与公司绩效正相关。

3.3.2.2 董事会规模与公司绩效

Jensen（1993）、Lipton 和 Lorsch（1992）提出，小规模的董事会比大规模董事会有效。他们认为，当董事会变得太大时，代理问题更加突出，并且董事会变得越来越具有象征性，参与管理过程越来越少。Yermack（1996）从实证上检验并支持了这个观点，他用美国的公司作为样本，控制其他可能影响托宾 Q 的变量，考察了托宾 Q 和董事会规模之间的相关性，证实了 Yermack 的发现。Eisenberg（1998）的研究表明，以小规模和中等规模的芬兰公司作为研究样本时，也有相似的结论。这些研究给出了一幅很清晰的画面：董事会规模和公司绩效负相关。

另外一种测量董事会规模重要性的方法是市场参与者是怎样看待董事会规模的。Gertner 和 Kaplan（1996）考察了相反杠杆收购（reverse leveraged buyouts）为样本的董事会，他们认为，这些公司更倾向于选择价值最大化的董事会，Gertner 和 Kaplan 发现，在这些样本中，董事会比其他相似的公司的董事会要小。Wu（2000）研究了 1991—1995 年董事会规模的演化，她发现，在整个时期内，平均来讲董事会的规模在减小，减小的原因至少可以部分地由积极的投资者诸如 CALPERs 的压力来解释。市场参与者可能认为小规模董事会比大规模董事会能更好地监督董事会。

虽然这些结果很能打动人心，但是还是带来这样的问题：如果大董事会会破坏公司的价值，为什么我们还会看到大董事会的存在？或许大董事会不好是因为大规模董事会在监督管理层的过程中增加了董事的搭便车行为。但是为什么市场还容许大董事会存在？为什么经济的达尔文主义的优胜劣汰机制没有淘汰这种不合适的组织形式？这些疑问引出了这样一个问题：是应该评估均衡现象还是非均衡情形？把这些关于董事会规模和公司绩效的合理解释分类，对未来的研究很有意义。

于东智（2003）选用公司经行业水平调整后的净资产收益率和主营业务利润率作为公司绩效指标发现，董事会的规模与公司绩效呈现出显著的倒 U 型二次函数关系，极点大概在 9 个。孙永祥（1999）对董事会作为一种公司机制进行了理论和实证研究，发现董事会规模与公司绩效呈显著正相关关系。孙永祥、章融（2000）在对 1998 年 518 家 A 股上市公司董事会规模和托宾 Q、ROA、ROE 之间的关系实证研究后发现，我国上市公司董事会规模与公司绩效之间存在负相关关系，即董事会规模越小，公司绩效就越好。李孔岳（2003）以沪市 56 家国有上市公司为样本，研究结果表明：当国有上市公司资产规模在 11 亿—12.2 亿元人民币时，董事会规模的合理区间是 8—11 人，此时公司的绩效最优。

国外的实证研究结果表明董事规模与公司绩效之间负相关，但为什么市场中还存在大的董事会？国内的经验研究结论不一致，有认为是二次函数关系的，有认为是负相关的。从代理理论出发，董事会作为公司治理中的一种代理成本，市场选择的结果应该是董事会规模有一个极值点。所以我们得到原假设 2：

原假设 2：国有上市公司董事会规模与公司绩效呈倒 U 型的二次函数关系；非国有上市公司董事会规模与公司绩效呈倒 U 型的二次函数关系。

3.3.2.3 两职状态与公司绩效

Jensen（1993）指出，在单一领导结构（CEO、董事长两职合一）下，当 CEO 的个人利益与高级管理层的利益比与股东的利益更加一致的时候，管理层操纵董事会的力度就增强了，这可能导致管理层的投机行为和无效行为，这些行为会损害股东的利益。只有当董事长独立于管理层，才能使董事会的监控更加公平。他还指出，当 CEO 与董事长两职合一时，公司的内部控制机制就失效了，因为董事会不可能履行其对 CEO 的评价与替换职责。Fama 和 Jensen（1983）认为将公司的决策权、控制权集中在一个人身上，董事会对高级管理层的监控作用就大大削弱了，因为，这等于是自己在监督自己。Brickley（1997）认为，CEO 与董事长职务的分离将会造成监督董事长的成本，董事长与CEO 之间信息共享的成本，以及公司承诺 CEO 如果连任就可以兼任董事长的激励成本。这些成本可以抵消公司由于 CEO 与董事长职务分离所得到的监控优势。通过对不同领导权结构的公司业绩的考察后，他发现采取单一领导结构的公司的业绩和采取双重领导权结构的公司业绩没有显著差异。Rechner 和 Dalton（1991）检验了 1978—1983 年间财富 500 强中领导结构保持不变的公司的领导结构与会计业绩的关系，他们发现双重领导结构的公司总是比单一领导结构公司的业绩好，Nikos Vafeas 和 Elena Theodorou（1998）考察了英国 1994 年 250 个公司的样本，发现两职分离与公司绩效不存在相关性。

吴淑昆、席西民（1998）以沪市 188 家上市公司为样本进行分析，他们发现，对中国现阶段的上市公司来说，两职是否合一与其绩效之间并没有显著的联系，只有公司规模与两职状态之间呈现正相关，即公司规模越大就越倾向于采取两职合一。于东智、谷立日（2002）选取 1997—2000 年部分上市公司数据进行分析，结果表明：领导权结构与公司绩效之间并不存在显著的线形关系。公司绩效的决定因素是很复杂的，不能用单一的两职设置来衡量，两职分设并不是解决公司绩效问题的万能药。于东智（2003）选用公司经行业水平调整后的净资产收益率和主营业务利润率作为公司绩效指标发现，董事会两职状态和这两个公司绩效指标之间没有统计意义上的相关性。吴淑琨（2004）采用总资产利润率为应变量的研究表明，两职状态与公司绩效之间缺乏显著性。李孔岳（2003）以沪市 56 家国有上市公司为样本，研究结果表明：当国有上市公司资产规模在 11 亿—12.2 亿元人民币时，让副董事长兼任公司总经理似乎更好，此时公司的绩效最优。

从现代管家理论角度出发，由于我国上市公司中的国有上市公司和非国有上市公司的产权主体有很大差别，董事长和总经理的任命机制也不一样，国有上市公司行政色彩要浓一些，而非国有上市公司要市场化一些，经理人相对更加追求自身的人生价值和职业道德。因此有了原假设 3：

原假设 3：国有上市公司两职状态与公司绩效无显著关系；非国有上市公司两职状态与公司绩效显著相关。

3.3.2.4 董事持股激励与公司绩效

Morck（1986）等以 371 家财富 500 强公司 1980 年的截面数据为样本，检验了全体董事会成员的持股比例之和与托宾 Q 之间的分段线性关系。他们发现二者之间存在显著的非单调联系，具体是：在 0%—5% 的持股比例区间，托宾 Q 值与董事的持股权正相关；在 5%—25% 的持股比例区间，托宾 Q 值与董事的持股权负相关；大于 25% 的持股比例时，二者可能进一步正相关，但在该区间的联系却不具有统计显著性。Kaplan（1989）、Smith（1990）都认为，持股权对公司绩效具有激励作用，他们发现，在经理层融资收购之后，公司绩效显著上升。Gerely 等（2001）以 1988—1998 年这 11 个年度为研究区间，利用 289 家公司的数据对董事激励计划议案的市场反应进行了经验评估，结果表明这个反应在统计上并不显著。他们还发现，市场反应取决于 CEO 是否在选择董事的过程中起作用。这些发现强调了公司治理与董事激励计划有效性之间的联系。

就笔者所查阅到的文献来看，国内现有的一些研究绝大部分都是以全部高级管理人员的持股比例之和作为研究对象，而并没有考虑董事和高级经理人员的异质性。如，袁国良等（1999）对100家上市公司的高级管理层（包括董事、监事、高层经理）的持股比例之和与公司经营业绩之间的相关性进行回归分析，结果表明，上市公司的经营业绩与管理层持股比例之间基本不具有相关性；而且在非国有控股上市公司，高级管理人员持股比例与公司经营业绩之间的相关性也很低，他们认为中国上市公司独特的股权性质是造成高级管理层股权激励不明显的重要原因。魏刚（2000）以791家A股上市为研究样本，对全部高级管理人员（包括董事）的持股比例与净资产收益率之间进行截面回归分析，结果显示，高管人员的持股数量与上市公司的经营绩效并不存在显著的正相关关系。李曾泉（2000）以799家上市公司为样本，研究了董事长的持股情况与公司绩效之间的关系，结果表明，董事长的持股比例与公司绩效之间存在微弱的正相关关系。他认为，持股制度虽然可以有利于提高公司业绩，但大部分公司经理人员的持股比例都很低，甚至为零，因此这种激励方式不能发挥其应有的作用。沈艺峰和张俊生（2002）发现，相对于对应的样本公司而言，82家ST上市公司的董事会成员的持股数和持股比例太低，这可能是ST公司董事会失败的原因之一。于东辉、于东智（2003）的研究发现，国内上市公司中的全部董事持有的微量的本公司股份不会对公司绩效产生显著的正向影响；他们还发现，在董事持有本公司股票的公司中，董事会中持有本公司股份的人员占全部董事会成员人数的比例与公司绩效正相关。他们认为，在目前的制度环境下，要使"董事持股"这种治理措施起到应有的作用，必须加大董事持股比例的份额，只有这样，才能使其在目前尚未形成有机统一的治理体系中发挥应有的作用。

依据"董事持股权的激励效应"理论，公司给予董事一定的股权是一种激励制度安排，使得董事的努力程度和自己持有的股权、公司绩效联系在一起。因此，我们对国有上市公司和非国有上市公司做出如下原假设4和原假设5：

原假设4：外部董事持股与公司绩效正相关。

原假设5：内部董事持股与公司绩效正相关。

3.3.3 回归方程的选择

3.3.3.1 董事会结构和公司绩效关系的代表性回归模型

（1）April Klein（1998）采用样本容量461的截面数据考察了董事会结构（外部董事比重、内部董事比重）与公司绩效的关系，他建立的模型如下：

公司绩效 = f（内部董事比例，外部董事比例，董事控制变量，干扰项）

公司绩效：总资产收益率，市场收益率，詹森生产力

董事控制变量：董事持股，董事质量

此外，他还采用 OLS 估计检验了董事会委员会结构与公司绩效的关系。

（2）Nikos Vafeas, Elena, Theodorou（1998）采用英国250家公司1994年截面数据考察了董事会结构与公司绩效的关系，他建立的模型是：

公司绩效 = f（非执行董事比例，独立非执行董事，灰色非执行董事，外部董事股权，内部董事股权，研发/总资产，净收入/总资产，资产负债率，总现金分配/股权，销售额的对数，行业变量，干扰项）

公司绩效：（股权资本 + 总负债）/总资产

此外，他还采用 OLS 估计检验了董事会委员会结构与公司

绩效的关系。

（3）于东智（2003）采用经行业水平调整后的净资产收益率（*AROE*）和主营业务利润率（*ACPM*）作为绩效指标，以1997—2000年作为面板数据考察了独立董事比例数与公司绩效的关系，模型如下：

$$P_{it} = a_i + \beta_1 IND\_R_{it} + e_{it}$$

（4）吴淑琨等（2001）采用*ROA*（净利润/总资产）作为绩效指标，加入了公司资产规模、负债率、是否更换总经理或董事长、总经理和董事长的两职状态、行业等控制变量。以1999年476家上市公司为样本的截面数据。模型如下：

$$ROA = B_0 + B_1 T\_ASSETR + B_2 R\_DETB + B_i SCEODUAL + B_5 YN\_CEO +$$
$$B_6 YN\_CHAIR + B_j SI\_FIRM + B_{22} P\_NEXED + e$$

（5）吴淑琨（2004）的模型为：*ROA* = 董事会独立性（非执行董事比例、董事长和总经理两职状态）+ 控制变量（总资产的对数、董事长和CEO是否发生更换、行业变量、年度变量），采用1997—2000年深市和沪市面板数据。

（6）李有根等（2001）采用净资产收益率（年度净利润除以股东权益，*ROE*）和总资产收益率（年度净利润除以总资产，*ROA*），以1998—1999年91家上市公司作为面板数据。模型如下：

公司绩效 $= b_0 + b_1$ 董事会构成 $+ b_2$ 董事会构成$^2 + e$

董事会构成表示为：法人代表董事比例、内部董事比例、专家董事比例和专务董事比例

本研究认为，国外有关董事会结构与公司绩效的关系经验研究相对比较成熟，他们不但考察了董事会结构（如执行董事和非执行董事）与公司绩效的关系，还考察了董事会委员会结构

（各种董事在委员会中的席位）与公司绩效的关系，采用的绩效指标也具有多样性。国内有关董事会构成与公司绩效的经验研究的模型比较大的差异主要是因变量、控制变量、数据类型的选择。有的模型只采用一个因变量，有的采用几个；控制变量有的没有，有的比较多；此外有的模型还采用了二次函数，最后得出的经验结论也不一样，由于治理模式的不同，国内的经验研究对董事会委员会结构和公司绩效的关系还涉及得很少。

本研究建立的检验独立董事与公司绩效的关系的回归方程如下：

$$Y_i = C_i + \beta_1 IND\_R_i + \beta_2 LN(Assets_i) + \beta_3 DR_i +$$
$$\beta_4 SHARE\_C_i + e_i \qquad (3.1)$$

3.3.3.2　董事规模与公司绩效关系的代表性回归模型

（1）David Yermack（1996）采用托宾 Q 为公司绩效指标，选取 1984—1991 年美国 452 家大公司作为样本，考察了董事会规模与公司绩效的关系，他建立的模型如下：

托宾 $Q = f$（董事规模对数，总资产收益率当年、前一年、前两年，总资产对数，总资本/销售额，商业部门数量，董事会结构，高管持股，年度虚拟变量，行业虚拟变量，干扰项）（OLS 和固定效应估计）

托宾 Q = 市场价值/重置价值

此外，他还考察了公司绩效对董事成员的任命、离职、董事会规模变化的影响。具体方程如下：

（董事成员的任命、离职、董事会规模变化）= f（股票收益、当年、前一年，公司规模的变化，CEO 退休年龄虚拟变量，新任CEO 任期虚拟变量，行业虚拟变量，干扰项）（泊松极大似然估计和 OLS）

解释变量里，除了股票收益（财政年度）外，其他的解释变量与 Hermalin 和 Weisbach（1988）的相似。

他同样采用了固定效应模型来估计董事会规模对财务率（销售额/总资产、总资产收益率、销售收益率）的影响，方程如下：

（销售额/总资产、总资产收益率、销售收益率）$=f$（董事规模对数，董事会结构，高管人员持股，商业部门数量，公司规模，年度虚拟变量，干扰项）

（2）Theodore Eisenberg 等（1998）在 Yermack（1996）对财富 500 强研究的基础上考察了在中、小企业中董事会规模与公司绩效的关系，研究中采用芬兰 1992—1994 年 879 个观测个体的面板数据。建立联立方程组（simultaneous equations）模型，使用完全信息极大似然估计法（Full-information maximum likelihood，FIML）。具体模型如下：

调整的总资产收益率 $=f$（董事会规模，外生变量）

董事会规模 $=g$（调整的总资产收益率，外生变量）

其中调整的总资产收益率、董事会规模为为内生变量；其他变量为外生变量（资产对数、资产的变化、公司寿命等）；

调整的总资产收益率 $=f$（每个公司的总资产收益率 – 行业总资产收益率中位值）×（每个公司的总资产收益率 – 行业总资产收益率中位值）的绝对值$^{1/2}$

此外，他还考察了公司绩效对董事成员的任命、离职、前两年董事会规模净变化的影响。具体方程如下：

（董事成员的任命、离职、前两年董事会规模净变化）$=f$（滞后两年总资产收益率，滞后两年董事规模，资产对数的变化，公司寿命，新任 CEO，破产虚拟变量，干扰项）（Negative binomial ML 和 Poisson ML 估计）

从以上模型可以看出，Eisenberg 和 Yermack 的分析手法非常相似，包括绩效指标对（托宾 Q、ROAadj）董事会规模的均值和中位值的变化；他们对不同规模的公司进行检验，得到的结论却一致：董事会规模与公司绩效负相关。

（3）于东智（2003）用 *AROE* 和 *ACPM* 作为绩效指标，以 1997—2000 年作为面板数据考察了董事规模与公司绩效的关系，模型如下：

$$P_{it} = a_i + \beta_1 \text{LN}(ND_{it}) + \beta_2 \left[LN(ND_{it}) \right]^2 + e_{it}$$

LN（ND_{it}）：t 年度 I 公司董事人数的自然对数

（4）孙永祥（2001）采用托宾 Q、总资产收益率、净资产收益率为绩效指标，考察了董事会规模与公司绩效的关系，模型如下：

公司绩效（托宾 Q、总资产收益率、净资产收益率）= LN（董事会规模）+ 总资产收益率 + 总资产的对数 + 非执行董事占比 + 多元化经营数量 + 管理层和董事持股比例

和国外研究得出的有关董事会规模与公司绩效负相关的一致结论不同，国内对董事会规模与公司绩效的关系的经验研究结论各不相同，原因在于模型异质性比较强。

本研究建立的检验董事会规模与公司绩效的关系的回归方程如下：

$$Y_i = C_i + \beta_1 \text{LN}(ND_i) + \beta_2 \left[LN(ND_i) \right]^2 + \beta_3 \text{ LN}(Assets_i) + \beta_4 DR_i + \beta_5 SHARE\_C_i + e_i \tag{3.2}$$

3.3.3.3　两职状态与公司绩效关系的代表性回归模型

（1）Nikos Vafeas，Elena，Theodorou（1998）采用英国 250 家公司 1994 年截面数据考察了董事会两职状态与公司绩效的关系，他建立的模型是：

公司绩效 $= f$（CEO 是否非执行董事虚拟变量，研发/总资产，可控净收入/总资产，资产负债率，总现金分配/股权，销售

额对数，行业变量，干扰项）（OLS）

公司绩效：（股权资本+总负债）/总资产

（2）于东智（2003）采用经行业水平调整后的净资产收益率（*AROE*）和主营业务利润率（*ACPM*）作为绩效指标，以1997—2000 年作为面板数据考察了两职状态与公司绩效的关系，模型如下：

$$P_{it} = a_i + S\beta_i d\_LDQ_i + e_{it}$$

$$d\_LDQ_1 \begin{cases} = 1 \ 总经理兼任董事长 \\ = 0 \ 否则 \end{cases}$$

$$d\_LDQ_2 \begin{cases} = 1 \ 总经理与董事长完全分离 \\ = 0 \ 否则 \end{cases}$$

以总经理兼任副董事长和董事的公司为基底。

（3）于东智（2002）采用的绩效指标为 1997—2000 年 4 个年度的平均净资产收益率（*ROE*）和平均主营业务利润率（*CPM*）来表示

$$\text{LN}(Pit) = A_1 + D_0 d\_LDQ\_sg + e_1$$
$$\text{LN}(Pit) = A_2 + G_0 d\_LDQ\_sv + e_2$$

其中，*sg* = 回归斜率/行业收入的均值（资源丰度）；

sv = 回归斜率的标准差/行业收入（动态性）。

当总经理兼任董事长时 *d_LDQ* 等于 1；当总经理兼任副董事长和董事时 *d _ LDQ* 等于 0.5；当总经理与董事完全分离时*d_LDQ* 等于 0。

（4）吴淑琨、席酉民（1998）以净利润率（净资产/总资产）、总资产利润率 *ROA*（总利润/总资产）、权益利润率（*ROA* ×权益总资产率）、每股收益（净利润/总股本）为绩效指标，根据 1997 年 188 家公司的截面数据对两职状态与公司绩效的影响进行了 Kruskal-Wallis 非参数检验；

$$CEO\text{-}DUAL \begin{cases} = 1 & \text{两职完全合一} \\ = 0.5 & \text{两职部分合一} \\ = 0 & \text{两职完全分离} \end{cases}$$

本研究认为国外在两职状态对公司绩效的研究上比较深入，考虑了董事会委员会设置对公司绩效的影响，他们对两职状态的研究还涉及了采用毒丸政策后公司股价的反应 Jerilyn W. Coles（1998）。国内经验模型都充分考虑了 CEO-DUAL 这个虚拟变量，但一个共同的特性是都没有区分国有与非国有上市对公司对绩效的影响。所以我们建立的检验两职状态与公司绩效的关系的回归方程（3.3）为：

$$Y_i = C_i + S\beta_i d\_LDQ_i + \beta_2 \mathrm{LN}(Assets_i) + \beta_3 SHARE\_C_i + e_i \quad (3.3)$$

$$d\_LDQ_1 \begin{cases} = 1 \text{ 总经理兼任董事长} \\ = 0 \text{ 否则} \end{cases}$$

$$d\_LDQ_2 \begin{cases} = 1 \text{ 总经理与董事长完全分离} \\ = 0 \text{ 否则} \end{cases}$$

以总经理兼任副董事长和董事的公司为基底。

3.3.3.4　董事持股与公司绩效的关系代表性的回归模型

（1）Randll Morck，Aandrei Shleifer 和 Robert Vishny（1986）考察了董事持股与公司绩效之间的关系，采用托宾 Q 和利润率作为公司绩效指标，以财富 500 强公司 1980 年的截面数据为样本。具体的模型为：

托宾 $Q = f$（行业虚拟变量，研发/总资产，广告费用/总资产，长期负债率/重置价值，董事持股比例虚拟变量，干扰项）

$$BOARD05 \begin{cases} = 1 \text{ 董事持股比例总和在 } 0\text{—}5\% \text{ 之间} \\ = 0 \text{ 否则} \end{cases}$$

$$BOARD20 \begin{cases} = 1 \text{ 董事持股比例总和在 } 5\%\text{—}20\% \text{ 之间} \\ = 0 \text{ 否则} \end{cases}$$

$$BOARD99 \begin{cases} = 1 \text{ 董事持股比例总和 } > 20\% \\ = 0 \text{ 否则} \end{cases}$$

*BOARD*00：没有董事成员的持股超过 0.2% 为基底；用 5% 作为一个分界点，Morck 用了"arbitrary"一词来代替理论依据，选 20% 作为分界点是参考了 Weston（1977）的观点。

（2）于东辉、于东智（2003）重点参考了 Morck 的文章后考察了董事的持股权与公司绩效的关系。他们以净资产收益率（*ROE*）、经济增加值（*EVA*）、股票累计非正常收益率（*CAR*）为因变量，采用 1998—2001 年面板数据 672 家公司的固定效应模型（对平行数据进行检验，通常有固定效应和随机效应两种技术方法，如果研究者仅以样本自身效应为条件进行推论，适合选用固定效应模型；如果以样本对总体效应进行推论，则采用随机效应模型）。具体的模型为：

$$P_{it} = a_i + x_1 P\_DRS_{it} + x_4 P\_DS_{it} + x_5 DR_{it} + x_6 \mathrm{LN}(Assets_{it}) + e_{it}$$

P_DRS_{it}：i 公司在 t 年度的董事持股数占公司全部股份的百分比；

P_DS_{it}：在 i 公司中，持有本公司股票的董事占公司全部董事的百分比；

DR_{it}：i 公司在 t 年度的资产负债率；

$\mathrm{LN}(Assets_{it})$：i 公司在 t 年度的总资产的对数；

x_1、x_4、x_5、x_6 为系数；e_{it} 为误差项。

本研究认为，我国上市公司董事持股比例很低，而且很多上市公司的董事持股为零，持股比例能超过 5% 的极少，所以设定分段虚拟变量对中国的上市公司意义不大，得出的结论不一定适合中国的上市公司。于东辉、于东智建立的模型很好地考虑了中国上市公司董事持股数极低的实际情况，用 *P_DRSit*、*P_DSit* 代替了 *Morck* 模型里的 *BOARD*05、*BOARD*20、*BOARD*99；此外他们采用了面板数据，这也是一个改善。但他们并没有考虑国有上市公司和非国有上市公司的异质性。由此，我们建立的检验董事持股与公司绩效的关系的回归方程如下：

$$Y_i = C_i + \beta_1 O\_DRS_i + \beta_2 LN(Assets_i) + \beta_3 DR_i + \beta_4 SHARE\_C_i + e_i \qquad (3.4)$$

$$Y_i = C_i + \beta_1 I\_DRS_i + \beta_2 LN(Assets_i) + \beta_3 DR_i + \beta_4 SHARE\_C_i + e_i \qquad (3.5)$$

3.4　上市公司董事会特征与绩效实证分析

3.4.1　研究设计

3.4.1.1　数据选择

我们以 2003 年截面数据为研究对象，所使用原始数据全部来自上市公司的年度报告，国有上市公司样本容量为 236，非国有上市公司样本容量为 69。数据来源包括：巨潮网等，统计过程利用 Eviews5.1、Spss13.0 和 Excel 完成。

3.4.1.2　变量定义与计算方式

（1）绩效指标

国外的经验研究采用的绩效指标比较多样化，主要有托宾 Q、ROA、ROE、MB、MR、JP（Jensen Productivity）、$Sale/assets$、$Return\ on\ sales$ 等。国内的经验研究则主要集中在：ROA、ROE、MBR（市值与账面价值之比）、托宾 Q（公司的市场价值与公司资产的重置价值的比例；但是这个指标并不符合中国股票市场的显示，因为中国上市公司的股票价格是在交易流通股的基础上形成的，而且公司资产的重置价值也难以估算，所以这个绩效指标的使用一直受到人们的质疑）、$AROE$ 和 $ACPM$ 被于东智

（2003）在董事会、公司治理与绩效一文里采用；EVA（经济增加值）、CAR（股票累计非正常收益率）、CPM（主营业务利润率）等。从国内经验研究的现实情况和成本—收益角度出发，本研究采用的绩效指标（因变量 Y_i）如下：总资产收益率（年度净利润除以总资产，用 ROA 表示）、净资产收益率（年度净利润除以股东权益，用 ROE 表示）。

（2）自变量

两职状态的虚拟变量：我们设置虚拟变量 d_LDQ 来反映公司的两职设置状况。当总经理兼任董事长时 d_LDQ 等于 1，否则等于 0；当总经理与董事完全分离时 d_LDQ 等于 1，否则等于 0；以总经理兼任副董事长和董事的公司为基底。

独立董事比例数：独立董事是指在上市公司年报中明确披露其身份为独立董事的董事成员。我们用 IND_R_i 来表示 i 公司独立董事的比例数，它等于独立董事人数除以公司全部董事人数。

董事会规模：我们用 i 公司年度报告中披露的公司董事人数 ND_i 的自然对数 $LN（ND_i）$ 来表示当年度的董事会规模。

董事持股比例：O_DRS_i 表示 i 公司的外部董事持股数占公司全部股份的百分比；I_DRS_i 表示 i 公司的内部董事持股数占公司全部股份的百分比。

（3）控制变量

资产规模：用 $LN（Assets_i）$ 表示 i 公司的总资产的对数。

财务杠杆：用 DR_i 来表示，它等于 i 公司的总负债除以总资产。

股权集中度：用 $SHARE\_C_i$ 表示，它等于持股比例前五名的股东持股比例之和。

3.4.1.3　研究方法的选用与回归方程的设计

我们通过描述性统计与推断性统计（OLS 并经过异方差修

正）两个层次的统计方法来检验本研究提出的原假设，设计了以下几个方程来检验上述原假设：

方程（3.1）用来检验原假设 1；

方程（3.2）用来检验原假设 2；

方程（3.3）用来检验原假设 3；

方程（3.4）用来检验原假设 4；

方程（3.5）用来检验原假设 5。

$$Y_i = C_i + \beta_1 IND\_R_i + \beta_2 LN(Assets_i) + \beta_3 DR_i + \beta_4 SHARE\_C_i + e_i \tag{3.1}$$

$$Y_i = C_i + \beta_1 LN(ND_i) + \beta_2 [LN(ND_i)]2 + \beta_2 LN(Assets_i) + \beta_3 DR_i + \beta_4 SHARE\_C_i + e_i \tag{3.2}$$

$$Y_i = C_i + S\beta_i d\_LDQ_i + \beta_2 LN(Assets_i) + \beta_3 SHARE\_C_i + e_i \tag{3.3}$$

$$Y_i = C_i + \beta_1 O\_DRS_i + \beta_2 LN(Assets_i) + \beta_3 DR_i + \beta_4 SHARE\_C_i + e_i \tag{3.4}$$

$$Y_i = C_i + \beta_1 I\_DRS_i + \beta_2 LN(Assets_i) + \beta_3 DR_i + \beta_4 SHARE\_C_i + e_i \tag{3.5}$$

3.4.2 实证研究结果

3.4.2.1 描述性统计分析

（1）独立董事的比重情况

在国有和非国有上市公司中独立董事的均值很接近，为 3.32 和 3.18 个，但是在有的国有上市公司中独立董事为零，他们并未引进独立董事；非国有上市公司独立董事的标准差要比国有上市公司的标准差小 0.257，这说明国有上市公司独立董事的数量落差要大些，非国有上市公司的独立董事数量更加平稳；此外非国有上市公司独立董事的比重要比国有上市公司的独立董事比重大，非国有上市公司独立董事的比重也相对平稳（见表 3-1）。

表 3 – 1　董事会特征状况

	样本数量		平均值		中位值	
	国　有	非国有	国　有	非国有	国　有	非国有
独立董事人数	239	69	3.32	3.1765	3	3
独立董事比例			0.3192	0.344	0.3333	0.3333
董事规模（总人数）			10.4	9.456	9	9
外部董事持股比例			0.000057	0.00167	0	0
内部董事持股比例			0.00076	0.0181	0	0.000014

	最小值		最大值		标准差	
	国　有	非国有	国　有	非国有	国　有	非国有
独立董事人数	0	1	8	6	0.947	0.6898
独立董事比例	0	0.077	0.4444	0.571	0.0581	0.0543
董事规模（总人数）	5	6	19	17	2.32	2.154
外部董事持股比例	0	0	0.0071	0.1112	0.00046	0.0136
内部董事持股比例	0	0	0.1312	0.703	0.00863	0.1001

（2）董事会规模

非国有上市公司的董事会规模比国有上市公司的规模要小，均值分别为 9.456 和 10.4，并且非国有上市公司的董事会规模差异比国有上市公司的董事会规模要小，标准差分别为 2.154 和 2.32（见表 3 – 1）。

（3）外部董事持股比例

非国有上市公司和国有上市公司的外部董事持股比例都很低，平均值依次为 0.0000573 和 0.00167，相对于公司总股本来讲是极小的。从本研究收集的样本观测值来看，大多数公司的外部董事持股为零，但是在非国有上市公司中，有些公司的外部董事（关联董事）持股较大，因此，非国有上市公司外部董事的持股比重要比国有上市公司的异质性更强，从表 3 – 1 可知，非国有上市公司外部董事持股比重的标准差为 0.0136，而国有上市公司外部董事持股比重的标准差却低至为0.000462。

（4）内部董事持股比例

除了内部董事持股比例的最小值为零相同外，非国有上市公司内部董事持股比例在其他各项指标上都要大于国有上市公司，特别是持股比例的均值差异更大，非国有上市公司为0.0181，而国有上市公司仅仅为0.00076；令人惊讶的是在非国有上市公司的内部董事持股比重中，最大值达到了0.7026，从观测样本来看，这主要是有些非国有上市公司的董事长兼总经理是公司的发起人和奠基者，因此持有公司很大比例的股份（见表3-2）。

表3-2 前五大股东持股情况

	平均值	中位值	最小值	最大值	标准差
非国有（前五大股东持股比例）	52.43	51.57	10.75	97.668	15.57
国有（前五大股东持股比例）	60.02	61.72	17.48	100	13.87

（5）董事长与总经理两职状况

从表3-3可知，大多数国有上市公司和非国有上市公司都选择了两职部分分离的治理形式，董事长兼任总经理的公司比重分别达到了0.787和0.667，两职分离和两职合一的公司仍然处于少数。

表3-3 董事长与总经理两职情况描述性统计结果

	总经理兼任董事长		总经理与董事长完全分离		总经理与董事长部分分离	
	国有	非国有	国有	非国有	国有	非国有
比 例	0.113	0.087	0.100	0.246	0.787	0.667
公司数	27	6	24	17	188	46
总 数	239	69	239	69	239	69

3.4.2.2 推断性统计结果

表3-4 董事会结构与公司绩效的回归分析

自变量	因 变 量			
	ROA		ROE	
	国 有	非国有	国 有	非国有
IND_R_i	0.030450	0.02884	7.766380	7.542625
	(0.033731)	(0.046994)	(5.527855)	(13.16434)
$LN(Assets_i)$	0.002016	0.002902	0.685847	0.212615
	(0.002211)	(0.003283)	(0.362384)	(0.919765)
DR_i	-0.000189	-0.052382 ***	0.026915 *	1.620880
	(0.000507)	(0.017248)	(0.083055)	(4.831625)
$SHARE\_C_i$	0.000731 ***	0.000561 ***	0.110973 ***	0.115280 **
	(0.000152)	(0.000190)	(0.024932)	(0.053300)
常 数	-0.058383	-0.043171	-16.66123 **	-6.785429
	(0.048631)	(0.075205)	(7.969584)	(21.06695)
样本数	239	69	239	69
调整的 R^2	0.103606	0.252928	0.107033	0.074784
F-statistic	6.761491	5.416934	7.011963	1.293250
(Prob-value)	(0.00)	(0.00)	(0.00)	(0.282086)
D-W	2.116382	2.296916	2.119154	2.333512

注：1. 括号内数值为标准误。

2. 国有：国有上市公司；非国有：非国有上市公司（下同）。

3. *** 为0.01水平显著，** 为0.05水平显著，* 为0.1水平显著。

4. D-W 值在2的附近表示不存在序列相关性或很弱的序列相关性。

表 3－5 董事会规模与公司绩效的回归分析

自变量	因变量							
	ROA				*ROE*			
	国有	国有	非国有	非国有	国有	国有	非国有	非国有
(ND_i)	0.0028 (0.0065)		0.0094 (0.0084)		0.3016 (1.0746)		1.964328 (2.3665)	
(ND_i^2)	-0.00012 (0.0003)		-0.000448 (0.0004)		-0.0077 (0.0475)		-0.085604 (0.1093)	
$LN(ND_i)$		0.0341 (0.1450)		0.1464 (0.1881)		-3.392 (23.781)		22.08 (52.79)
$\{LN(ND_i)\}^2$		-0.0067 (0.0311)		-0.0318 (0.0415)		1.0172 (5.095)		-4.5066 (11.64)
$LN(Assets_i)$	0.0019 (0.0023)	0.0019 (0.0023)	0.00247 (0.00333)	0.0026 (0.003)	0.6127 (0.3702)	0.6097 (0.3700)	0.066 (0.936)	0.0852 (0.938)
DR_i	-0.00018 (0.0005)	-0.00018 (0.0005)	-0.0530*** (0.0172)	-0.0534*** (0.0172)	0.0299 (0.0835)	0.0303 (0.0835)	1.229 (4.824)	1.0826 (4.833)

续表 3-5

自变量	ROA				ROE			
	国有	国有	非国有	非国有	国有	国有	非国有	非国有
$SHARE\_C_i$	0.0007*** (0.0002)	0.0007*** (0.0002)	0.0006*** (0.0002)	0.00058*** (0.0002)	0.1075*** (0.0251)	0.1074*** (0.0251)	0.1159** (0.055)	0.1166** (0.0544)
常数	-0.0873 (0.1760)	-0.0612 (0.0594)	-0.1933 (0.2231)	-0.0728 (0.0815)	-10.007 (28.88)	-14.675 (9.740)	-27.86 (62.62)	-11.47 (22.93)
样本数	239	69	239	69	239	69	239	69
调整的 R2	0.101	0.101	0.2559	0.2634	0.1024	0.1025	0.0751	0.081
F-statistic	5.235	5.25445	4.3336	4.50559	5.3185	5.3190	1.02295	1.1075
(Prob-value)	(0.00)	(0.00)	(0.00)	(0.00)	(0.00)	(0.00)	(0.411)	(0.365)
D-W	2.1146	2.1179	2.2743	2.2896	2.1015	2.104	2.305	2.311

注：1. 括号内数值为标准误差。
2. 国有：国有上市公司；非国有：非国有上市公司（下同）。
3. *** 为 0.01 水平显著，** 为 0.05 水平显著，* 为 0.1 水平显著。
4. D-W 值在 2 的附近表示不存在序列相关性或很弱或很弱的序列相关性。

表3－6　两职状态与公司绩效的回归分析

自变量	因　变　量			
	ROA		ROE	
	国　有	非国有	国　有	非国有
d_LDQ_i	0.002131	0.010988	0.489073	6.100992 **
	(0.006595)	(0.011055)	(1.082960)	(2.811202)
d_LDQ_i	4.49E－05	－0.008467	0.392073	－1.480741
	(0.007061)	(0.007166)	(1.159495)	(1.822105)
$LN(Assets_i)$	0.001979	0.001336	0.679928 *	0.224325
	(0.002220)	(0.003452)	(0.364476)	(0.877867)
$Share\_C_i$	0.000727 ***	0.000668 ***	0.109481 ***	0.134319 **
	(0.000154)	(0.000202)	(0.025285)	(0.051395)
常　数	－0.048004	－0.031968	－14.05241 *	－4.787230
	(0.047312)	(0.076357)	(7.769355)	(19.41638)
样本数	239	69	239	69
调整的 R^2	0.100386	0.168484	0.100165	0.151439
F-statistic	6.527	3.2419	6.5119	2.855
（Prob-value）	(0.00)	(0.017)	(0.00)	(0.030)
D-W	2.110508	1.898154	2.099090	2.290071

注：1. 括号内数值为标准误。

　　2. *** 为0.01水平显著，** 为0.05水平显著，* 为0.1水平显著。

　　3. D-W值在2的附近表示不存在序列相关性或很弱的序列相关性。

表 3 - 7　外部董事持股比例与公司绩效的回归分析

自变量	因　变　量			
	ROA		*ROE*	
	国　有	非国有	国　有	非国有
O_DRS_i	- 2.905071 (4.524715)	0.185743 (0.215763)	- 670.4792 (742.6999)	57.12315 (60.3461)
LN($Assets_i$)	0.001959 (0.002212)	0.002777 (0.003262)	0.670942 * (0.363073)	0.182736 (0.912216)
DR_i	- 0.000190 (0.000507)	- 0.055528 *** (0.017062)	0.026673 (0.083271)	0.731234 (4.772124)
$Share\_C_i$	0.000714 *** (0.000153)	0.000548 *** (0.000191)	0.106870 *** (0.025104)	0.111324 ** (0.053310)
常　数	- 0.046280 (0.046963)	- 0.028760 (0.071324)	- 13.58768 * (7.708574)	- 3.009305 (19.94852)
样本数	239	69	239	69
调整的 R^2	0.102066	0.257133	0.102626	0.082878
F-statistic	6.649	5.538	6.690	1.4458
(Prob-value)	(0.00)	(0.00)	(0.00)	(0.229)
D-W	2.119521	2.290774	2.112330	2.332803

注：1. 括号内数值为标准误。

　　2. *** 为 0.01 水平显著，** 为 0.05 水平显著，* 为 0.1 水平显著。

　　3. D-W 值在 2 的附近表示不存在序列相关性或很弱的序列相关性。

表3-8　内部董事持股比例与公司绩效的回归分析

自变量	ROA				ROE			
	国有		非国有		国有		非国有	
I_DRS_i	-0.1526 (0.2431)	-0.1518 (0.2428)	0.042 (0.036)	0.044 (0.030)	107.76 (39.35)	107.92*** (39.29)	34.25*** (9.144)	28.59*** (7.713)
$I\_DRS_i^2$	0.0647 (0.166)		0.0133 (0.147)		13.77 (26.79)		-42.97 (37.49)	
$LN(Assets_i)$	0.0022 (0.0022)	0.0021 (0.002)	0.0034 (0.0032)	0.003 (0.003)	0.5698 (0.363)	0.5501 (0.361)	0.701 (0.843)	0.632 (0.843)
DR_i	-0.00018 (0.0005)	-0.00018 (0.0005)	-0.051*** (0.0174)	-0.051*** (0.017)	0.0273 (0.082)	0.0271 (0.082)	4.403 (4.459)	3.378 (4.379)
$Share\_C_i$	0.00073*** (0.0002)	0.00073*** (0.0002)	0.0005*** (0.0002)	0.0005*** (0.0002)	0.1071*** (0.025)	0.1071*** (0.025)	0.092* (0.049)	0.089* (0.049)
常数	-0.0525 (0.0477)	-0.0505 (0.0473)	-0.044 (0.072)	-0.0446*** (0.0713)	-11.560 (7.716)	-11.1236 (7.657)	-15.27 (18.47)	-13.206 (18.43)
样本数	239	239	69	69	239	239	69	69
调整的 R²	0.1026	0.1020	0.273	0.2734	0.1286	0.1276	0.250	0.2344
F-statistic	5.326	6.643	4.743	6.0202	6.878	8.558	4.2009	4.8988
(Prob-value)	(0.00)	(0.00)	(0.00)	(0.00)	(0.00)	(0.00)	(0.00)	(0.00)
D-W	2.1362	2.1166	2.273	2.273	2.1253	2.1067	2.306	2.318

注：1. 括号内数值为标准误差。

2. *** 为0.01水平显著，** 为0.05水平显著，* 为0.1水平显著。

3. D-W 值在 2 的附近表示不存在序列相关性或很弱或附近的序列相关性。

3.4.3 实证研究分析与结论

3.4.3.1 推断性统计结果及分析

方程（3.1）的回归结果不是很理想（见表3-4），非国有上市公司和国有上市公司的独立董事解释变量的系数都和 ROA 正相关，但都不具有统计意义上的显著性；在改用 ROE 作为因变量时，结果仍然没有改变。由此，原假设1不成立。

方程（3.2）的回归结果都表明董事人数和公司绩效呈倒 U 形关系，在把董事人数换为董事人数的对数后，回归结果并没有大的改变，董事人数的对数和公司绩效依旧呈倒 U 形关系，但是不具有统计上的显著性。所以，原假设2不成立（见表3-5）。

方程（3.3）的回归结果在用 ROE 做因变量时，非国有上市公司总经理兼任董事长与公司绩效正相关，并且在 P<0.05 的显著性水平下显著；国有上市公司总经理兼任董事长与公司绩效正相关，但统计上不显著。因此，原假设3成立（见表3-6）。

方程（3.4）的回归结果表明，国有上市公司和非国有上市公司的外部董事持股比例与公司绩效不存在显著相关性，不同的是，国有上市公司外部董事持股比例与公司绩效负相关，而非国有上市公司外部董事持股比例与公司绩效正相关。所以，原假设4不成立（见表3-7）。

方程（3.5）的回归结果表明，国有上市公司和非国有上市公司内部董事持股的二次函数与公司绩效不存在显著相关性；但是在把解释变量换成内部董事持股比例时，国有上市公司和非国有上市公司的内部董事持股比例都在 P<0.01 的显著性水平下统计显著。因此，原假设5成立（见表3-8）。

3.4.3.2 统计分析结论

综上所述，国有上市公司和非国有上市公司的董事会结构（独立董事比例）与公司绩效不存在显著关系，与国外的大多数有关董事会结构与公司绩效之间无相关性的结论基本一致；然而，国内的研究在董事会结构上的划分标准不一样，得到的结论也不一致。国外的有关董事会规模与公司绩效具有代表性的比较一致的经验研究结果是负相关，小规模董事会比大规模董事会更有效，国内的研究结果是负相关或者是二次函数关系；如果董事会越小越好的话，那为什么在现实中还存在大的董事会呢？分析实证结果是董事会规模（国有和非国有上市公司）应该存在一个极值点，可惜不具备统计上的显著性。在两职状态与公司绩效的关系上，Jensen（1993），Brickley（1997），Rechner 和 Dalton（1991），Nikos Vafeas 和 Elena Theodorou（1998）的研究结果并不一致，国内的大多实证结果是领导权结构与公司绩效无统计意义上的相关性；本研究把上市公司分为国有上市公司和非国有上市公司分别进行检验，结果发现，非国有上市公司总经理兼任董事长与公司绩效显著正相关，国有上市公司总经理兼任董事长与公司绩效正相关，但统计上不显著。在董事持股激励效应上，考虑到中国上市公司（国有和非国有）董事持股较低的实际情况，我们分别考察了内部董事和外部董事持股的激励效应，结果发现，外部董事持股比例与公司绩效不存在显著相关性，国有上市公司和非国有上市公司的内部董事持股比例与公司绩效都在 $P < 0.01$ 的显著性水平下统计显著。

3.5 本章小结

3.5.1 基于研究结论的政策建议

（1）完善独立董事制度，保护中小投资者利益

利用横截面数据分析得到的结果是，国有上市公司和非国有

上市公司独立董事比重与公司绩效都不存在显著相关性。然而，现阶段人们对独立董事能显著提升公司治理效率仍然有所期望，独立董事未能对公司绩效的提高产生显著作用可能基于以下原因使独立董事制度的作用受到限制：首先，独立董事的知识背景和精力的限制。因为独立董事来自于不同于就职公司的行业和单位，有些独立董事是来自高校或政府机关，这些独立董事对任职的公司所在的行业不一定很熟悉，或者他们担任了多家单位的领导和独立董事职务，有限的精力不一定能参加全部的董事会会议，这样导致他们对就职公司给予的关注不够。其次，独立董事是否真正"独立"和"董事"。在国有上市公司中，国家持非流通股大多数在50%左右，有些甚至超过了50%，非国有上市公司中控股股东不管是法人持股还是自然人持股都有绝对的控制地位。这样，"内部人控制"就往往与大股东控制相重合了，因此独立董事的任命、推举和解聘无不体现了大股东的意旨，独立董事在一些情况下只是一个花瓶或者摆设。

引进独立董事不是简单引进几个有社会地位的名人或者"一个虚幻的名称"，而是要引进一种制衡机制与监督理念。独立董事引人的初衷是保护中小投资者的权益，从现行的中国上市公司的股权结构来看，独立董事更要起到中小投资者代理人的作用。虽然国有上市公司和非国有上市公司在产权主体上有很大不同，但是独立董事制度的作用是普遍适用的。

因此，我们建议：首先，改革独立董事任期与任职的公司数。应当在《公司法》中对独立董事的任职资格、所占比例、聘任、任期、工作时间和最多担任独立董事的公司数量等作出明确的规定。其次，建立"内部人控制"控股不控"独立董事"制度。"一股独大"和"内部人控制"实质上两者又具有极大的关联性，在我国上市公司中，独立董事都在任职的公司领取津贴并报销出席公司股东大会和董事会会议的差旅费，这样独立董事很难有违反控股股东意志的实质动作。《公司法》规定上市公司引入独立董事制度，也可以对独立董事的津贴支付制度改由第三方如证监会进行转移支付。

（2）董事会规模的界定

关于董事会规模与公司绩效的关系虽然在统计上并不显著，但是都表现出了倒 U 形的二次函数关系，也就是说，董事会的规模存在一个最佳的数量，太小和太大都没有使公司的绩效达到极大。依据代理理论，股东和董事会之间也是委托代理关系，使股东财富最大化和减少董事会与总经理之间代理成本也是董事会的关键任务，除了 Jensen 和 Meckling 提出的来自所有权与控制权分离带来的成本外，公司中还存在着董事会与股东之间的代理成本，这里股东成了委托人，而董事会则是代理人，这种成本也称为"监督监督者"的成本。董事会规模太小和太大起不到有效监督和战略决策的作用，从而使代理成本偏离最佳代理成本。于东智（2003）发现，董事会的规模与公司绩效呈现出显著的倒 U 型二次函数关系，极点大概在 9 个。李孔岳（2003）研究结果表明：当国有上市公司资产规模在 11 亿—12.2 亿元人民币时，董事会规模的合理区间是 8—11 人。从本研究收集的观测个体来看，大多数公司，包括国有上市公司和非国有上市公司，董事数量都是在 9 人上下波动。这说明，在市场化机制的运作下，大多数公司都选择了最有利于提高公司绩效的董事会规模，同样说明公司法中关于董事会规模的弹性区间的规定是比较合理的。由于我国的董事会没有像西方国家上市公司董事会设置专业委员会，因此，我们建议我国的上市公司董事会的规模可以采取奇数型设置，这样可以避免董事会作表决时的尴尬性，减少代理成本。因为，从本研究收集的样本公司来看，有一些公司的董事会规模为偶数，现列举一些（见表3-9）。

表3-9 部分上市公司偶数董事会规模

	深国商	深深房	一致药业	TCL集团	好时光	爱建股份	海鸟发展	九发股份	天成股份	朝华集团
董事会规模	8	10	8	14	8	14	6	12	12	12

注：以上数据来自2003年各公司年报。

（3）公司领导权的设置

从实证结果来看，非国有上市公司总经理兼任董事长与公司绩效显著正相关，国有上市公司总经理兼任董事长与公司绩效正相关，但不具有统计显著性。在中国的证券市场上，上市公司为避免由于经理人员不能行使对外代表的权力而引起与董事会之间的矛盾（根据中国《中华人民共和国公司法》第113条和119条的规定，董事长是公司对外的法定代表人，公司经理负责日常投资、生产、经营和管理决策），进而选择了两职兼任的领导权结构（在本研究采用的样本中，国有上市公司采取两职兼任的公司比重为0.113；非国有上市公司中两职兼任比重为0.087），但也带来了种种侵蚀股东利益的问题。为此，十五届四中全会通过的《中共中央关于国有企业改革和发展若干重大问题的决定》中明确提出，董事长与总经理原则上要实行两职分任，但是在本研究的经验分析中并未发现两职分离对公司绩效有显著影响。在绝大多数的国有上市公司中，国家（实际上由政府代表）作为最大股东在董事会中占有重要地位，一些主要的高级管理人员仍是由上级部门派出的。因此，政府管理企业的缺陷仍然无法消除，与此同时，国有企业的背景已经使许多上市公司的经理人习惯于政策的干预，其决策的制定也难以摆脱来自各方面的约束，并且在国有上市公司中，董事长和总经理的产生是政府任命多于股东的选任和经理市场的竞争，董事会的监管作用较弱。在这样的情况下，经理人以权谋私的动机大于自我价值实现的动机。因此，在国有上市公司中，两职合一所带来的弊端比较明显，会削弱公司的长期价值。要让经理人有更大的自主权，要发挥董事会的战略决策和监管效果，两职状态只是一种制度安排，政企分开才是国有上市公司改革的主要原则与根本。

非国有上市公司和国有上市公司在产权结构上比较相似，股权集中度比较高平均值分别达到了 52.43% 和 60.02%（见表 3-2）。但是产权主体却不一样，在非国有上司公司中，前十大股东中，第一控股股东为集体企业、民营企业、外资、有限公司，在国有上司公司中，第一控股股东为国有控股企业。因此，在非国有上市公司中经理人的选聘和国有上市公司不一样，在非国有上市公司中经理人更多是外部市场的聘任或者是公司自然人控股股东自己。因此，在这种情况下，按照现代管家理论，两职合一的领导权结构可以给予被束缚的总经理以更多的自主权，特别是更多的随机处置权，总经理的自律（Self-Regulation）约束加上对自身尊严、信仰以及内在工作满足的追求，会促使他们努力经营公司，刺激其自我价值实现的动力，更积极地考虑和负责战略规划的指定和实施，从而提升公司绩效。

（4）董事持股的意义

"董事持股权的激励效应"的理论假说得到了本研究经验证据的部分支持。外部董事持股对公司绩效的影响在国有上市公司和非国有上市公司中都不具有统计上的显著性，原因是在我国上市公司中，外部董事持股比例非常低（见表 3-1），而且许多公司的外部董事持股为零，在本研究样本中分别达到了 0.682 和 0.710（见表 3-10）。这样低的持股比例很难刺激外部董事因为担心持股损失而关注公司的发展，在现实中，外部董事持股中有些是独立董事象征性地持有极少量股权，而他们在任职公司中的收入是来自公司津贴。

表3-10　外部董事持股为零的公司比重

	外部董事持股为零公司数	样本容量	比　例
国有上市公司	163	239	0.682
非国有上市公司	49	69	0.710

注：以上数据根据2003年各公司年报公布的数据整理而成。

内部董事持股在国有上市公司和非国有上市公司中对提升公司绩效有显著影响。因此，在目前制度环境下，要使"董事持股"这种治理措施起到应有的作用，就必须加大董事持股比例的份额，只有这样才能使其在目前尚未形成有机统一的治理体系中发挥应有的作用。所以，在上市公司中可以推行内部董事持股制度，同时加大他们持股的绝对数额。

3.5.2　研究的局限性

国内关于董事会的研究虽然在过去取得了显著的进展，但是有更多的问题要解决，毕竟我国的董事会制度还不成熟，还有很长的路要走，还存在很多问题值得我们去研究解决。在这一点上，大量文献给出了大量事实和经验关系，绝大多数经验关系是针对大型的上市公司。我们期望在不久的将来，董事会研究更多地扩展到以下几个方面：

（1）把董事会的内部工作（inner workings）模型化。

（2）研究非营利组织（如私立学校、医院）的董事会，而不仅仅是大型的上市公司。

（3）结合投资者保护理论来研究中小企业的董事会制度。

（4）结合投资者保护理论来研究集团公司董事会。

（5）采用混合横截面数据检验我国引进独立董事制度前后公司绩效的变化，验证独立董事制度这种制度变迁对投资者保护的影响以及对中国经济的影响效果。

4 投资者保护与股权激励结构：公司治理（二）

4.1 股权结构概述

股权结构，在英语中是指"Ownership Structure"或者"Equity Ownership Structure"，国内有些学者把它译成"所有权结构"。所谓股权结构，简单地说，就是指公司不同性质的股份在企业总股本中所占的比例。由于特定的历史原因，中国上市公司的股权类型极为复杂。为了研究的方便，我们从不同的角度对中国上市公司的股权结构进行了定义：（1）股权的流动性结构，它指的是流通股和非流通股之间的比例关系。（2）股权的持有者身份结构，它指的是国有股、法人股、内部人持股、社会公众股之间的比例关系。（3）股权集中度，它指的是公司的股权被某一个或某几个股东持有的集中程度。（4）股权的市场分割结构。中国上市公司的股票按发行对象和上市地区，分为A股、B股、H股、N股。由于A股、B股、H股、N股分别在不同的分割的市场上交易和认购，因此，我们把它们之间的比例关系称为股权的市场分割结构。

对股权结构的研究可追溯至 1932 年 Berle 和 Means 对公司治理问题的研究。但自 1976 年 Jensen 和 Meckling 发表了著名的文章 "Theory of the firm: Managerial Behavior, Agency Costs and Ownership Structure"，阐述了不同股东在公司治理中所发挥的不同作用后，国外学者围绕股权结构在公司治理中的作用及效率进行了广泛而深入的研究。许多相关的研究是立足于对投资者利益的保护。中国学者近几年来，也对股权结构在中国上市公司治理中的作用及治理效率进行了大量的研究，但研究主要集中于股权的持有者身份结构和股权集中度在公司治理中的作用及效率上。

相关研究得出的结论层出不穷，但却很难形成较为一致的结论。有鉴于此，本书立足于投资者保护，对国内外有关股权结构中的股权制衡、股权多元化、外部治理机制的相关研究做了综述，并就股权结构中股权多元化的激励结构进行研究。

4.2 投资者保护下的股权结构研究

4.2.1 投资者保护与股权制衡

La Porta 等（1999）认为，多个大股东的存在是对法制保护不足的替代。如果某国的法律体系对小股东保护不足的话，分权控制的情况将比较常见（Gomes & Novaes，2005）。如果法律体系对小股东的保护不足的话，控股股东有激励去接受一些增加控制权私有价值但是对企业无效率的项目，将使得控股股东的控制权私人收益增加。与大股东持股相比，分权控制是在所有权相对分散条件下的大股东控制，因此，分权控制与大股东控制都会出现在对小股东保护不足的法律环境中。Francis Bloch 和 Ulrich Hege（2001）的结论则相反。他们通过模型分析认为，股权制衡经常存在于投资者保护水平比较高的环境中。在投资者保护水平低的情况下，控股股东持股数的增加减少了对投资者的保护；但在投资者保护水平比较高以及控制权竞争差异比较大的情况下，控股股东持股数的增加更利于对投资者的保护。

中国学者对于股权制衡与投资者保护关系的尚未有系统的研究。相关的研究有股权制衡与公司业绩的关系。但此方面的研究也不多，且研究结果是多样化的：黄渝祥等（2003）用股权制衡度表示股权制衡程度，定义为第二至第五大股东持股比例之和与第一大股东持股比例的比，认为股权制衡度与公司业绩是非线性关系，当股权制衡度取值于区间（2.13，3.09）时，股权制衡的效果最优，基本上肯定了股权制衡；朱红军、汪辉（2004）通过宏智科技案例研究，得到的结论是股权制衡结构不能提高我国民营上市公司的治理效率；也不比一股独大更有效率；陈信元、汪辉（2004）的研究表明股权制衡可以提高公司价值。赵景文和于增彪（2005）使用 A 股公司 1992—2001 年的数据，从经营业绩方面比较了股权制衡公司与"一股独大"公司，发现前者显著差于后者。"一股独大"并非坏事，用股权制衡来替代"一股独大"以改善"一股独大"公司的经营业绩的思路未必奏效。他们认为这很可能正是中国制度背景的表现所在。徐莉萍、辛宇与陈工孟（2006）利用 1999—2003 年的样本数据，考察了中国上市公司的股权制衡对公司经营绩效的影响，他们发现与股权制衡程度低（不存在外部大股东）的公司相比，股权制衡程度高（存在外部大股东）的公司有着更差的经营绩效，表明中国上市公司的外部大股东并没有发挥向控股股东和管理层提供有效监督进而改善公司经营绩效的职能，通过对大股东的股权性质的清晰界定，他们发现，不同性质的大股东对公司绩效的作用有着明显差别。

相对于股权制衡的理论研究而言，股权制衡的实证文章比较少，而且主要集中于股权制衡是否存在、与业绩的关系等方面。

（1）股权制衡的存在性。大量实证研究表明，在合资企业、非上市公司以及上市公司中，股权制衡现象都很普遍。Laeven 和 Levine（2004）在对西欧 13 个国家的 865 个企业的研究表明，大约 1/3 的企业拥有两个或者两个以上持股超过 10% 的股东，有 40% 的企业有一个大股东。Gomes 和 Novaes（2005）发现销售额超过 1000 万美元的美国非上市公司中，有 57.2% 有一个以上的大股东。Gutierrez 和 Ttibo（2004）对西班牙 1993 年到 2000 年的 20313 个非上市公司样本观察结果表明，股权制衡的企业占企业总数的 37.5%，并且各个年份分布非常稳定。

（2）股权制衡对企业业绩和股利政策的影响。相关的实证研究普遍认为，股权制衡提高了企业业绩促使企业实施对小股东更有利的股利政策。Lehman 和 Weigand（2000）的研究认为，第二大股东的存在，提高了德国上市公司的业绩。Faccio 等（2001）对欧洲不同国家的股利政策的对比发现，多重大股东有助于限制控股股东对小股东的剥削行为，并迫使公司支付更高的股利。

（3）股权制衡特征对企业价值的影响。实证文献中关于股权制衡特征的研究集中在不同股东持股量的差距以及股东类型的差别上。Laeven 和 Levine（2004）发现，只有当第二大股东持股数与第一大股东持股数相差很小时，企业价值才随着第二大股东持股数增加而上升。Maury 和 Pajuste（2005）用芬兰的上市公司的数据进一步检验了制衡股东个数与类型是否重要。检验发现，大股东之间股权分布越均衡，则企业的绩效越高，对家族企业来说，结论更加显著。该文还发现，股东类型也影响企业的价值。如果股东来自一个家族，就更容易通过合谋来掠夺其他股东的财产，降低企业价值。

4.2.2　投资者保护与股权多元化

4.2.2.1　第一大股东持股对公司价值的影响——激励效应与防御效应

已有广泛的研究考察股权结构对公司价值的影响，其中大股东所扮演的角色受到了特别关注。早在 1932 年，Berle 和 Means（1932）指出：股份的广泛分散是所有者的福利损失，因为公司结构越分散，股东安排决策控制权的成本就越高，管理者用其他目标替代财富最大化的目标就越容易。Berle-Means 的分析意味着，第一大股东或控股股东的存在有助于改善公司绩效，并营造一个更具活力的公司治理制度。Jensen 和 Meckling（1976）认为拥有较大所有权份额的投资者有着较强的动机最大化公司的价值以及收集信息、监管管理阶层，从而有助于克服现代公司中存在的委托—代理问题，即股东和管理人员之间的利益冲突问题。他们的研究表明第一大股东的存在有助于改善公司绩效，第一大股东持股有着正面的激励效应。

对于一个拥有众多股东的公共公司而言，分散持股会稀释股东的监督激励。小股东们几乎没有动机参与对管理绩效的评估和监督。根本原因在于：监督行为的公共物品性质，以及由此所衍生的"搭便车"（free-rider）问题（Grossman and Hart，1980）。而大股东的存在部分解决了股东监督中的"搭便车"问题，大股东有较强的激励提供"管理监督"这一公共物品，因为他们可以从公司绩效的改善中获得更多的监督收益（由于其较高的持股）（Shleifer and Vishny，1986），他们通过模型证明了，在分散的小股东无法从成本昂贵的监督中获益的情况下，大股东或机构投资者的存在可以有效发挥监督管理者的职能，实现公司价值增加的目的。

当大股东进入公司治理的权力体系时，一方面，由于大股东的积极参与，小股东乃至整个股东集团会从公司绩效的改善中获益，即大股东的激励效应；另一方面，在追求自身利益最大化的过程中，大股东的控制行为可能会偏离小股东的利益，甚至会通过牺牲小股东的利益换取自身福利。当大股东占据一种控制地位，能够控制公司运作时，当第一大股东手中集中的控制权越多，它就可以更容易地攫取价值，通过损害小股东的利益，通过损害公司的价值，引致公司价值的下降，形成壁垒效应。

控股股东对他人的利益威胁构成了大股东治理机制所固有的代理成本。这项代理成本主要表现为控股大股东对小股东财富的剥削。在股东法律保护较弱的国家，控股股东的存在更为普遍（LLSV，1999a），这带来了一个不容回避的问题。控股股东就像一把双刃剑，一方面，他有激励监督经理以提高公司业绩，因为其自身利益同其控制权相一致；另一方面，他也有动机和权力剥削小股东沉没于企业的财富。Johnson et al（JLSV，2000）用"地下转移"（tunneling）一词来描述控股股东的掠夺行径。"地下转移"就是指股东投入的资源从公司向控股股东的转移。Classens 和 Lang 等（2002）利用 8 个东亚经济体的 1301 家公开上市公司的资料，分析了股权结构对公司价值的正负面效应——大股东的激励和壁垒效应，他们发现，公司的价值随最大股东所拥有的现金流所有权而增长，有着正面的激励效应。当最大股东的控制权超过其现金流所有权时公司价值会下降，有着壁垒效应。

国内也有许多学者关注于大股东持股比例、大股东性质与公司绩效关系的研究。孙永祥、黄祖辉（1999）的经验研究发现，随着第一大股东股权比例的增加，托宾 Q 值先是上升，当第一大股东所持股权比例达到 50% 后，托宾 Q 值开始下降。张红军（2000）发现，前 5 大股东持股比例与公司绩效显著正相关。吴淑琨（2002）的研究结果证明，第一大股东持股比例与公司绩效正相关。白重恩等（2005）的研究结论却是第一大股东持股比例与公司价值负相关而且两者呈 U 型而不是倒 U 型关系。谢军（2005）通过实证研究发现第一大股东的持股普遍具有积极的治理功能。无论控股股东的性质如何，大股东持股都能够强化控股股东改善公司绩效的动机。陈小悦和徐晓东（2001）发现在非保护性行业，第一大股东持股比例与企业绩效正相关；流通股比例与公司绩效负相关，国家股和法人股与企业绩效之间的关系则不显著。Xu 和 Wang（1999）发现：中国上市公司的股权结构及其集中度会显著影响公司的业绩。股权结构与公司业绩的关系具体表现为：（1）在股权集中度和获利能力之间，存在显著的相关关系；（2）企业的获利能力与法人股的份额呈正相关关系，而与国家股的份额和流通股的份额呈负相关关系。杜莹和刘立国（2002）发现股权集中度与公司绩效呈显著的倒 U 型关系，同时，国家股比例与公司绩效显著负相关，法人股比例与公司绩效显著正相关，流通股比例与公司绩效不相关。

大股东侵害问题同样困扰中国上市公司，国内学者也做了相关研究。陈小悦和徐晓东（2001）发现，流通股比例对我国上市公司治理绩效没有显著的影响；流通股的这种消极作用反映了中小股东权利的弱化和大股东过高的控制权。唐宗明和蒋位（2001）声称，上市公司大股东为了获取公司控制权愿意支付较高的溢价，以换取控制权所带来的私人利益。他们观察到，股权交易溢价随着转让比例的增加而上升，并且呈现边际递增的特征。结果显示，控股股东为了获取更高的控股权和更大的私人利益，愿意支付更高的股份转让价格。大股东的侵害程度是其持股比例的函数，两者的关系可能表现为倒 N 型的形态。

4.2.2.2　第一大股东与非第一大股东权力的平衡以及对公司绩效的影响

由于大股东持股的普遍性，大股东对小股东的侵吞与掠夺问题成为我们关注的重点。公司治理的焦点关注两类委托—代理问题，即关注股东与经理的利益冲突和大股东与小股东的矛盾。股权制衡理论立足于解决这两种冲突，根据普遍存在的多个大股东互相制衡的现象，指出多个大股东的制衡在减少经理的私人收益的同时，还有助于保护小股东的利益（Gomes & Novaes，2005）。

最优股权结构设计理论认为，最优股权结构所面临的首要问题就是股权结构（产权结构）的内生性问题。最优的股权结构是使一个公司价值最大的不同股东的持股比例，理论研究的重点在于大股东与小股东的持股比例。最优的股权结构是股权集中与分散相权衡的产物。

股权制衡的形成机制及主要模型。事实上，不少文献注意到现实中的股权结构并不只是一个大股东和多个小股东的结合，还有一些公司存在着多个大股东分权的现象。从理论模型上，Jeffrey & Zwiebel（1995）用合作博弈的方法证明股权结构可以达到三种均衡：一种股权结构是由一个控股股东和无数小股东组成的，一种是完全由大量的小股东组成的，还有的是由多个大股东组成股权结构。因此，最优股权结构不只是大小股东二者的博弈，除此之外还存在着多个大股东制衡的形式。股权制衡即是指控制权由几个大股东分享，通过内部牵制，使得任何一个大股东都无法单独控制企业的决策，达到大股东互相监督的股权安排模式。股权制衡理论模型重点关注的是股权制衡的形成机制，事实上股权制衡的形成是多种影响因素权衡的结果。

（1）代理成本与监督成本的权衡：P-R 模型（Pagano & Rell，1998）

P-R 模型从公司初始股权所有者上市与否的决策出发，通过代理成本与监督成本的权衡，讨论了股权制衡的决定因素。该模型认为从企业初始股东的角度来看，一方面企业需要筹集资金，另一方面，企业的初始股东又担心自己的控制权受到限制。因此，初始股东在吸收外部投资的时候，不仅仅要考虑未来的市场价值，还要考虑初始股东作为未来企业经理人的时候，其私人收益的大小。股权的集中有助于减少其代理成本。因此，股权结构的设计需要考虑代理成本。同时，企业的初始股东还认为外部股东集中持有大量的股份，存在着过度监督的可能。因此，初始股东需要考虑代理成本与监督成本来决定如何分散公司的控制权。文章认为，初始股东可以给分享控制权的股东以好处，通过共同掠夺其他小股东，以换取减少外部股东的过度监督。该模型论证了博弈的均衡下最优股权结构的存在与结果。

（2）协调效应与合谋形成效应的权衡：B-W 模型（Bennedsen & Wolfenzon，2000）

B-W 模型研究了非公开上市公司的股权制衡的形成，并认为非公开上市公司的股权结构是由于初始股东为了避免其中的一个大股东采取单方面的行动，而使其他股东的利益受到损害，在多个大股东之间权力平衡的结果。B-W 模型认为，制衡的股权结构是由协调效应（Alignment Effects）与合谋形成效应（Coalition Formation Effects）共同决定的。与 Jensen 和 Meckling（1976）的代理成本类似，所谓协调效应是指各大股东形成的合谋集体与单个控股股东相比，股份的增加可以内部化联盟的成本，减少控制权私人收益，有利于增加企业的价值；而合谋形成效应则指由于股权合谋集体的存在，成为控制性股东所需的股份下降了（股权制衡联盟的单个股东所有的股份将少于大股东持股的股权结构中大股东所持有的股份），少数股权即可以控制整个企业。该模型在合作博弈强均衡的框架下探讨了最优现金流权与投票权的设计以及最优的股东数目以及各自的股份。

模型显示：在一个封闭型的（或非公共持有的）（closely-held）公司结构中，企业的创立者会倾向选择多个大股东的权力分配结构。这种股权结构会迫使大股东们结成联盟联合获得公司控制权。通过组合各成员的现金流权利，股东联盟会在很大程度上内在化他们行为的后果，例如，避免大股东对企业家的剥削。因此，股东联盟可以维系一个多元化的权力结构，并可能会比任一单个股东采取更有效率的行动。

（3）权益效应与折中效应的权衡：G-N 模型（Gomes & Novaes，2005）

Gomes 和 Novaes（2005）在大股东控股与制衡型股权结构情况下，运用不完全信息下讨价还价博弈分析股东对不同项目的投资决策行为，来证明企业的最优股权结构。该模型认为股权制衡对由于大股东监督过度导致的效率成本的降低来源于两个方面：权益效应（Equity Effect）与折中效应（Compromise Effect）。权益效应是指因股权的转让使控制性股东内在化了企业的价值（同 Bennedsen & Wolfenzon，2000）。折中效应的折中是指在少数控制性股东之间讨价还价的折中，即尽管控制性股东有极强的愿望避免发生观点的不一致，但事后的讨价还价可能阻止经理人做出符合控制性股东的利益但损害中小股东利益的决定。同时，股权制衡所导致的折中并非总是有效。事后的讨价还价可能导致公司的业务瘫痪，甚至使小股东的利益受到损害。

G-N 模型最重要的假设认为，项目投资所带来的收益包括两个部分：正常的收益与控制权私人收益，私人收益对企业收益的负面影响在于由此造成的投资不足或者投资过度。在公司法律体系对控制权私人收益的影响问题上，G-N 模型认为公司法律的作用在于减少了项目的控制权私人收益：在公司法律的约束下，项目控制权私人收益为正常值减少；同时，增加了项目的正常收益。该模型认为多个大股东的存在是法制对小股东权益保护不足的替代，如果某国的法律体系对小股东保护不足的话，分权控制的情况将比较常见。

4.2.3　投资者保护与外部治理机制

西方大量的经验研究验证了代理理论，即独立审计是降低代理成本的一种机制。Jensen 和 Meckling（1976）认为企业管理当局有动机引进监督或保证机制来缓解代理问题，使投资者合理确信自己的利益受到了保护。审计便充当了这种角色。不同代理冲突之下的公司对高质量审计师的需求是不同的，代理成本越大，公司选择高质量审计师进行审计的动力就越强。DeFond（1992）指出，代理冲突的程度决定了对审计的需求程度。代理冲突的程度越高，代理人降低代理成本的动力也就越强，公司对高审计质量的需求就越大。而具有不同规模和声誉的审计师提供的审计质量是不同的（DeAngelo，1981；Watts & Zimmerman，1981；Palmrose，1988）。这样，对不同的审计质量的需求就转化为对不同审计师的需求。代理冲突越严重，公司聘请著名的大事务所进行审计的动力就越大。Francis 和 Wilson（1988）考察了公司代理成本变化与审计师需求之间的关系，在控制成长性和客户规模变量后发现代理成本与审计师的品牌之间存在联系。DeFond（1992）检验了 131 起审计师变更前后代理冲突的变化与审计质量变化的联系，结果发现，审计质量与管理者持股和杠杆的变化相关。按照代理理论，企业规模越大，负债水平（体现为财务杠杆或资产负债率）越高，成长性越低，管理层持股越少，企业的代理冲突越高，越容易聘请高质量的审计师。自利的管理者持有的公司股份比例越低，就越容易与外部股东存在分歧，保证和监督成本也就越高，代理成本将越高（Jensen & Meckling，1976），因此，公司管理层持股比例越低，越容易聘请大事务所进行审计。

部分研究致力于在亚洲制度背景下的代理问题对审计师选择的影响。在东亚股权高度集中的转型经济中，代理问题主要源于大股东与外部中小投资者的冲突，主要集中于控股股东和外部中小投资者之间的代理问题（Joseph & Wong，2002）。我国的上市公司多为国有企业改制而成，股权结构通常是"国有股一股独大"，所以我国的代理问题也主要表现为大股东与外部中小投资者的冲突。在这种代理关系下，一旦外部投资者预期到内部人的侵占行为，他们会通过价格机制实现自我保护，低价购入企业股票，因此企业和控股股东要最终承担高额的代理成本（La Porta et al，2000）。Backman（1999）的研究也表明，在东亚转型经济中，企业的代理冲突并不能引发对高质量审计的需求，控股股东缺乏雇用高质量审计的动机，他们甚至会雇用低质量审计以降低外部监督作用。并将这种需求不足归因于薄弱的投资者法律保护，以及家族式企业中以关系为基础的交易和政治"寻租"行为。孙铮、曹宇（2004）却发现了高质量审计需求的证据，他们的研究表明境外法人股及境外个人股股东有动机促使管理层选择高质量审计。

控股股东与外部中小投资者之间的代理问题会随其控股比例不同呈现两种相反的倾向，即激励效应和"壕沟"效应。同样，公司控股股东在进行审计师选择时，也同时存在激励效应和壕沟效应。一方面，股权集中度较小时，信息不对称较小，内部人雇佣高质量审计的动力不大；随着股权集中度增加，信息不对称增大，内部人越有动机通过雇用高质量的审计师来降低企业的代理成本，向其他利益相关者传递其信息披露透明的信号，从而提高企业的市场价值，即所谓激励效应；另一方面，在股权集中度较小时，内部人侵占外部中小股东的机会和能力受到很大限制，内部人更希望通过雇佣高质量审计，向外界传递信号，获得外界相关利益人的信任，从而在资本市场上获得相应收益。当股权集中度很大时，内部人的利益与企业的利益一致，所以为了企业的长远利益，内部人不但不会侵占外部中小投资者的利益，而且还会雇佣高质量的审计，向市场传递他们对外部中小投资者保护的信号，从而吸引更多的投资者加入企业。然而，对于股权集中度中等程度的企业，内部人一方面掠夺与侵占中小股东的机会和能力增大，另一方面，由于只是部分投资于企业，所以内部人与企业的长远利益一致程度一般。所以内部人更倾向于侵占外部中小股东的利益，雇佣高质量的审计只会制约内部人的侵占行为，故内部人没有动力雇佣高质量的审计，即所谓"壕沟"效应。事实上，激励效应和"壕沟"效应在高质量审计的选择中都存在的。

实证研究主要集中在客户规模、管理者持股对审计师选择的影响上。客户的规模对于解释审计师的选择是显著的，大公司更容易选择更大、更有名的事务所审计（Healy & Lys, 1986; Johnson & Lys, 1990; Simunic & Stein, 1987; Francis & Wilson, 1988; Dopuch & Simunic, 1982; Danos & Eichenseher, 1986）。Firth 和 Smith（1992）、Simunic 和 Stein（1987）发现，管理者持股水平越低，IPO 时越容易选择"八大"作主审事务所。

王艳艳、陈汉文（2006）以我国上市公司 2001 年至 2003 年的数据为样本，检验了在我国目前的转型经济下，高质量审计需求与企业代理冲突以及与其他治理机制之间的关系。他们得出了如下结论：审计需求与代理冲突之间正相关，高质量审计需求随代理成本的增加而增加；高质量审计需求与股权集中度之间呈正向关系。李明辉（2006）在对 179 家 IPO 公司研究后发现，建立在英美市场经济条件下的代理理论对我国审计师选择行为的解释力并不充分。在公司规模、管理层持股比例、董事会独立性等反映公司代理冲突的变量中，仅公司规模与是否选择大事务所进行审计有显著正向关系，管理层持股与是否选择大事务所审计则呈倒 U 形关系，没有发现董事会独立性等与审计师选择存在显著关系的证据。李树华（2000）发现，资产规模较大、有外资股的 IPO 公司倾向于聘请中国的"十大"作为主审事务所。吴溪（2002）以 1997—1999 年我国发生的 110 例审计师变更为样本，发现规模较大的上市公司在变更审计师时，更可能选择规模明显大于前任的后任审计师事务所。

4.3 股权多元化的激励结构研究

4.3.1 制度背景与上市公司股权现状

中国上市公司的股权类型典型地划分为国家股、法人股和流通股，其中，国家股和法人股目前大多尚不能流通。从制度安排和组织结构上来看，不同类型的股东具有不同的公司治理激励。

国有股（包括国家股和国有法人股）的产权主体多为各级政府和主管部门。当政府机关的各级官员作为国家股法定代表行使其控制权，会造成现金流权利和控制权利的严重不对称分布。因此，作为国家股代表的官员很难有利益驱动去监督和控制公司经理以提高公司的价值和经营绩效。另外，持有国家股的政府机构有着各自的行政目标，这些行政目标常常与股东价值最大化的目标不尽相同。但是，相对于分散化的流通股权而言，集中化的国家股权可能又具备一定的制度优势，因为国家股股东也会拥有一定的经济动机，并且有能力去改善公司绩效（由于其控股地位）。

　　法人股的产权主体多为营利性企业或机构。法人股虽然不可在股市上流通，但可通过协议转让。法人进行股权投资的动机在于获得各种形式的投资收益以及其他兼并协同效应等。还有一部分法人股为上市公司发起人所持有，这些发起人往往是上市公司的奠基人，或者被上市公司奠基人所控股。因此，这部分法人股股东有特别强烈的动机关注公司价值。虽然法人股股东缺乏"用脚投票"的机制（由于法人股的非流通性），但是由于较集中的持股，他们能够更有力地通过"用手投票"在董事会中占有一席之地，直接参与公司的决策。由于法人股股东的政治动机较少，因此法人股股东具有更强的激励去监督和控制公司管理层，并引导企业追求股东价值最大化的目标。

　　流通股是三种股票中唯一可在公开股票市场上交易的股票。流通股股东可以直接从股票的升值中获得资本收益，因此，他们是最有动机去密切关注公司价值和成长性的股东。从理论上讲，流通股股东可通过参加股东大会投票选举和更换董事会成员来对公司管理层实施监控。然而，在目前阶段，大多数流通股股东为个人股东，机构投资者甚少，个人股东的有限资金决定了流通股的分布较为分散。流通股权的分散性决定了小股东对"用手投票"机制的放弃，也导致了流通股股东在公司决策系统中的严重缺位。所以，尽管流通股股东具有很强的动机去改善公司业绩，但由于在公司治理体系中的弱势地位，他们往往无能为力。

4.3.2 投资者保护、股权结构与公司成长性

4.3.2.1 研究设计：变量和模型

本研究主要考察股权结构与公司治理绩效的计量关系。对公司治理绩效的评价指标，我们选择公司成长性指标。成长性代表企业未来投资机会;[①] 从其来源来看，是一种管理价值（management value），它体现了公司管理质量和公司治理的制度效率。

经济学教科书通常用托宾 Q 衡量企业的成长性和投资价值。[②] 传统上，学术研究在计算我国上市公司托宾 Q 值时，将非流通的国家股和法人股定价为账面价值（徐晓东和陈小悦，2003）。由于股票账面价值大多低于股票市场价格。因此，这样计算出来的 Q 值很可能会产生与国家股比例和法人股比例之间的伪回归关系（spurious regression）。为了避免选用 Q 值所带来的计量性问题，本研究选择市净率（market-to-book，P/B）作为公司成长性的量化指标。[③]

本研究所采用的基本计量模型为：

$$Y = a + \beta X + \gamma P + e$$

Y：公司成长性变量，X：股权结构变量，P：一组企业特异性控制变量，用于控制和筛选企业特异性（specification）的影响，a：截距，e：残差项。本研究将分别建立股权结构与公司成长性的单变量和双变量回归模型，测定并比较国家股、法人股和流通股

---

① Miller 和 Modigliani（1961）认为：企业的成长性（捕获超常回报的能力）来源于企业专有的（firm-specific）优势，如管理优势、市场优势、技术优势、地理优势以及其他垄断性优势。

② 托宾 $Q = \dfrac{\text{企业价值}}{\text{企业重置成本}} = \dfrac{\text{股票价值 + 债务价值}}{\text{企业重置成本}}$

③ 宋剑峰（2000）的中国股市经验研究显示：市净率是一个能良好预示公司未来成长性的指标。

比例对公司成长性的解释力（具体的变量说明及描述见表4-1）。

表4-1 变量定义一览表

变量（符号）	性 质	描 述	备 注
市净率（PB）	因变量	年末每股市价与年末每股净资产之比	公司成长性的衡量指标
国家股比例（SSP）	解释变量	国家股占总股本比重	为了避免多重共线性问题，同一模型中，股权结构的变量最多只能选择其中两个
法人股比例（LSP）	解释变量	法人股占总股本比重	
流通股比例（PSP）	解释变量	流通股占总股本比重	
企业规模（Size）	控制变量	企业账面总资产的对数	
资产结构（Fixed）	控制变量	固定资产比重	
财务杠杆（Lever）	控制变量	企业资产负债率	
行业（IA、IB、IC、ID、IE、IF、IG、IH、II、IJ、IK、IL）	控制变量	设置12个虚拟变量（IA、IB、IC、ID、IE、IF、IG、IH、II、IJ、IK、IL）：如果该公司属于第 i 个行业，$I_i=1$；反之，$I_i=0$	中国证监会将上市公司划分为13个行业，本研究以综合业为基底，设置12个虚拟变量
市净率·行业均值（PBmean）	控制变量	该变量值取各公司所处行业的市净率均值	该变量的设置也是为了控制行业效应

注：由于是2003年数据的横截面分析，所有变量的取值为2003年或2003年末数据。

4.3.2.2 样本和描述性统计

（1）样本和数据

本研究选择2003年12月30日之前在上海证券交易所上市的763家上市公司作为研究样本；在计量分析中，剔除16家财务异常（如，净资产为负）或数据缺损的公司，最后的计量观察样本为剩余的747家公司。样本公司共涉及13个大类行业，分别为农林牧渔业、采掘业、制造业、电力煤气及水的生产和供应业、建筑业、交通运输仓储业、信息技术业、批发和零售贸易、金融保险业、房地产业、社会服务业、传播与文化产业和综合类。本研究进行的是横截面的数据分析，数据采用样本公司2003 年的年报数据，年报数据来源于中国证券监督委员会网站（http：//www. csrc. gov. cn），市场数据来自于"巨潮资讯"网站（http：//data. cninfo. com. cn）。

（2）描述性统计

从市净率的行业平均值来看：综合类企业最高（5.74），其次是传播与文化产业（4.06），再次是采掘业（3.28），农林牧渔业最低（2.15）。从股权结构的行业分布来看，国家股比例较高的企业多集中在采掘业、制造业、电力煤气及水的生产和供应业、建筑业、交通运输仓储业和社会服务业等行业；法人股比例较高的企业多集中在信息技术业、金融保险业、传播与文化业和综合类等行业；流通股较高的企业多集中在建筑业、信息技术业、批发与零售贸易业和综合类等行业。尽管目前流通股比例有较大的增加，已占总股本的40% 以上，但是大多数公司仍然为国家股股东和法人股股东所控制。在 763 家公司中，为国家股股东控制的有506 家（占 66.32%），为法人股股东所控制的有 237 家（占31.06%），为流通股股东所控制仅有 20 家（占 2.62%）。在采掘业、电力煤气及水的生产和供应业、交通运输仓储业、批发和零售贸易、房地产业和社会服务业等行业，国家控股的企业高达 70% 以上。

4.3.2.3　研究结果及其解释

（1）股权结构的治理激励功能：回归结果

本研究建立了 24 个回归模型。前 6 个模型为简单模型，解释变量只有股权结构（结果见表 4 - 2）；后 12 个模型为特异性模型，考虑了企业规模、资产结构、财务杠杆以及行业属性等控制变量（结果见表 4 - 3）；另外 6 个模型为强劲性分析，用公司成长性行业均值替代行业虚拟变量（结果见表 4 - 4）。

表4-2 简单模型：股权结构与公司成长性的回归结果（自变量的回归系数）

自 变 量	因变量：公司成长性（市净率）					
	模型1	模型2	模型3	模型4	模型5	模型6
截 距	3.588262*	2.738252*	4.101523*	1.601881**	5.560306*	3.572854*
SSP	-0.010718*** (0.0986)			0.019287 (0.1128)	-0.019534* (0.0065)	
LSP		0.021460* (0.0031)		0.039955* (0.0037)		0.020442* (0.0050)
PSP			-0.023304*** (0.0669)		-0.040001* (0.0046)	-0.020150 (0.1128)
R-squared	0.003667***	0.011649*	0.004498***	0.014946*	0.014418*	0.014986*
F-检验值	2.734809	8.781051	3.366166	5.629152	5.427151	5.659570
P值	0.098606	0.003141	0.066947	0.003747	0.004572	0.003636

注：观测值为747家公司；表内数字为自变量的回归系数，对应括号内数字为P值；截距的P值省略；* 为0.01 水平显著，** 为0.05 水平显著，*** 为0.10 水平显著。

表4-3 特异性模型：股权结构与公司成长性的回归结果（自变量的回归系数）

自变量	因变量：公司成长性（市净率）					
	模型7	模型8	模型9	模型10	模型11	模型12
Panel A						
截距	14.09956*	13.38089*	15.69552*	11.96677*	16.05449*	14.97406*
SSP	-0.001554 (0.8027)			0.030010* (0.0114)	-0.010799 (0.1153)	
LSP		0.012592*** (0.0662)		0.040836* (0.0018)		0.010803 (0.1155)
PSP			-0.032032* (0.0068)		-0.040918* (0.0018)	-0.030112* (0.0113)
Size	-2.872996*	-2.789834*	-2.950343*	-2.861618*	-2.862440*	-2.862290*
Fixed	0.011085**	0.011496*	0.010618***	0.011069**	0.011059**	0.011061**
Lever	0.079648*	0.078805*	0.080873*	0.079897*	0.079951*	0.079937*
行业控制	否	否	否	否	否	否
R-squared	0.141324*	0.145151*	0.149689*	0.152502*	0.152532*	0.152528*
F-检验值	30.53016	31.49746	32.65536	26.66774	26.67377	26.67312
P值	0.000000	0.000000	0.000000	0.000000	0.000000	0.000000

续表 4-3

因变量：公司成长性（市净率）

自变量	模型 13	模型 14	模型 15	模型 16	模型 17	模型 18
Panel B						
截距	17.73752*	16.95570*	19.39672*	15.63834*	19.46252*	18.76617*
SSP	0.001580 (0.8048)			0.031188* (0.0098)	-0.006967 (0.3207)	
LSP		0.009186 (0.1893)		0.038175* (0.0039)		0.006970 (0.3216)
PSP			-0.032774* (0.0063)		-0.038282* (0.0038)	-0.031312* (0.0096)
Size	-3.272532*	-3.163324*	-3.299933*	-3.227873*	-3.228738*	-3.228713*
Fixed	0.008687***	0.008902***	0.008480***	0.008629**	0.008621**	0.008622**
Lever	0.081979*	0.081390*	0.082172*	0.081744*	0.081795*	0.081786*
行业控制	是	是	是	是	是	是
R-squared	0.165130*	0.167029*	0.173546*	0.174624*	0.174665*	0.174660*
F-检验值	9.024207	9.148841	9.580762	9.072593	9.075131	9.074862
P值	0.000000	0.000000	0.000000	0.000000	0.000000	0.000000

注：观测值为 747 家公司；表内数字为自变量的回归系数，对应括号内数字为 P 值，截距和控制变量的 P 值省略； * 为 0.01 水平显著，** 为 0.05 水平显著，*** 为 0.10 水平显著。

表4-4 强劲性模型：股权结构与公司成长性的回归结果（自变量的回归系数）

自变量	模型19	模型20	模型21	模型22	模型23	模型24
			因变量：公司成长性		因变量：公司成长性（市净率）	
截距	11.45547*	11.12979*	13.05105*	9.250723*	13.40381*	12.71815*
SSP	0.002482 (0.6934)			0.034610* (0.0036)	-0.006853 (0.3210)	
LSP		0.009283 (0.1784)		0.041490* (0.0014)		0.006854 (0.3214)
PSP			-0.036131* (0.0022)		-0.041576* (0.0014)	-0.034719* (0.0035)
Size	-2.850746*	-2.759433*	-2.892766*	-2.838867*	-2.839700*	-2.839618*
Fixed	0.011918**	0.012315*	0.011674**	0.011914**	0.011904**	0.011905**
Lever	0.076956*	0.076199*	0.077659*	0.077171*	0.077225*	0.077217*
PB mean	0.779107*	0.711761*	0.829513*	0.790242*	0.790318*	0.790355*
R-squared	0.153876*	0.155765*	0.164332*	0.165413*	0.165445*	0.165443*
F-检验值	26.95156	27.34351	29.14319	24.44433	24.44993	24.44960
P值	0.000000	0.000000	0.000000	0.000000	0.000000	0.000000

注：观测值为747家公司；表内数字为自变量的回归系数，对应括号内数字为P值；截距和控制变量的P值省略；* 为0.01水平显著，** 为0.05水平显著，*** 为0.10水平显著。

表4-2的结果显示：在单变量回归中，法人股比例的回归系数显著为正且数值最大，国家股比例和流通股比例的回归系数都显著为负（其中，流通股比例的回归系数较高）；在双变量回归中，法人股比例的两个回归系数都显著为正，从模型的对应性来看系数值最大；国家股比例的两个回归系数，一个不显著为正，一个显著为负；流通股比例的两个回归系数都为负（一个系数显著，一个系数不显著），从模型的对应性来看系数值最小。

在特异性分析（表4-3）中，Panel A 的结果显示（控制了企业规模、资产结构和财务杠杆的影响）：在单变量回归中，法人股比例的回归系数显著为正且数值最大，国家股比例和流通股比例的回归系数均为负（其中，流通股比例的回归系数显著且数值最小）；在双变量回归中，法人股比例的两个回归系数均为正（一个显著，一个不显著），从模型的对应性来看系数值最大；国家股比例的两个回归系数，一个显著为正，一个不显著为负；流通股比例的两个回归系数均显著为负，从模型的对应性来看系数值最小。Panel B 的结果显示（控制了企业规模、资产结构、财务杠杆和行业属性的影响）：在单变量回归中，法人股比例的回归系数不显著为正且数值最大，国家股比例不显著为正，流通股比例显著为负且数值最小；在双变量回归中，法人股比例的两个回归系数均为正（一个系数显著，一个系数不显著），从模型的对应性来看系数值最大；国家股比例的两个回归系数，一个显著为正，一个不显著为负；流通股比例的两个回归系数均显著为负，从模型的对应性来看系数值最小。

强劲性分析（表4-4）显示：在单变量回归中，法人股比例的回归系数为正且数值最大，国家股比例的回归系数不显著为正，流通股比例的回归系数均显著为负且数值最小；在双变量回归中，法人股比例的两个回归系数均为正（一个显著，一个不显著)，从模型的对应性来看系数值最大；国家股比例的两个回归系数，一个显著为正，一个不显著为负；流通股比例的两个回归系数均显著为负，从模型的对应性来看系数值最小。

（2）敏感性分析

由于本研究所用数据为横截面数据，因此模型不会存在较严重的序列自相关问题，但回归系数的显著性检验会受异方差问题的干扰，并需要通过 White 异方差检验进行修正。异方差的存在会减小自变量回归系数的 t 检验值，可能会使得显著性的回归系数无法通过 t 检验。但是本研究主要模型中解释变量的回归系数大多是显著的，所以不需要进行 White 异方差检验，并通过加权 OLS 方法进行系数修正。另外，根据 VIF（方差膨胀因子）法，本研究的所有模型均不存在多重共线性问题。[①]

（3）股权激励结构的制度解释

从计量结果来看，我国上市公司股权激励结构次序：法人股股东的权益激励最强；流通股股东的权益激励最弱；国家股股东的权益激励介于两者之间。研究结果验证了我们的理论期望。

由于法人股的持有者多为营利性企业，其中有相当部分控股股东是上市公司的创始人，因此，法人股的持有人和控制人具有很强的激励去提高和保持公司的成长性。并且，这些公司创始人所具有的专业能力和管理经验使得他们能够有效地把握公司的未来投资机会。国家股持有人多为政府机关和政府控股企业，其权益激励较之法人股股东为弱；但是，由于政府的扶持措施及融资动机，国家股股东有时又具有一定的激励去提高公司股票价值和成长性。流通股股东具有较强的激励相容性，因为他们可以直接

---

① 方差膨胀因子 $VIF = 1/(1-R^2)$；多重共线性的经验判断是：如果 VIF 大于 10，模型就存在多重线性；反之，模型不存在多重线性。本研究所有模型的 VIF 值均小于 10（计算结果省略）。

从公司股票的升值中获得资本收益。但由于流通股的股权结构较为分散，流通股股东多为少数股东，少有控股股东或大股东。因此，流通股东在公司治理体系中权力较弱，并难以有所作为。

流通股股权分散性所导致的负面价值效应表明，分散化的流通股股东难以制约公司经理的管理选择（managerial discretion）和机会主义。这意味着，分散化股权结构对于中国上市公司而言，并非像 LLSV（2000）所声称的那样是一个有效的公司治理机制。流通股股东的权利弱化反映了中小股东的弱势地位和较弱的投资者保护。国家股比例的权益激励效应则显示，国家股并非是最无效率的制度安排，它具有比分散化流通股更强的积极性治理激励。另外，同为非流通股的国家股和法人股之间的显著激励差异表明：股权的非流通性并不是影响权益激励强度的根本性问题，股权持有人的性质才是影响治理激励的关键因素。

4.3.3 结论及政策意义

本研究通过计量分析考察了股权结构与公司成长性的经验关系，考察了我国上市公司的股权激励结构。我们发现，法人股股东具有最强的积极性权益激励去改善公司的治理绩效，流通股股东具有最弱的权益激励和治理权力，国家股股东的权益激励介于两者之间。

我们的结论表明，在缺乏有效的投资者保护机制的环境下，分散化股权结构不能成为有效的公司内部治理制度。① 我们的结论还表明，国家股并非是最无效率的制度安排；较之分散化的流通股，它具有一定的制度优势。另外，同为非流通股的国家股和法人股之间的显著激励差异表明：股权的非流通性并不是影响我

---

① 缺乏有效的投资者保护制度会导致分散化的股权结构坠入"强管理者，弱所有者"的公司治理陷阱（Roe, 1994）。

国上市公司及其成长性的根本性问题，股权持有人的性质才是影响股东治理激励的关键因素。因此，股权的全流通政策并不能从根本上改善我国上市公司的治理激励结构；但是国家股的减持却有助于公司治理绩效的改善。另外，股权结构改革措施的绩效还有赖于投资者保护制度的完善。

4.4 第一大股东持股与公司价值的实证研究

Berle 和 Means（1932）指出：股份的广泛分散是所有者的福利损失，因为公司结构越分散，股东安排决策控制权的成本就越高，管理者用其他目标替代财富最大化的目标就越容易。Jensen 和 Meckling（1976）认为拥有较大所有权份额的投资者有着较强的动机最大化公司的价值以及收集信息、监管管理阶层，从而有助于克服现代公司中存在的委托—代理问题，即股东和管理人员之间的利益冲突问题。在考察股权结构对公司价值影响的广泛研究中，其中大股东所扮演的角色受到了特别关注，而第一大股东因其在公司治理中的重要地位备受瞩目。

本研究将以已有关于大股东治理机制的理论分析为基石，用我国上市公司的数据实证考察第一大股东对公司业绩的治理效应，并试图结合第一大股东的性质，考察第一大股东持股与公司价值的关联性。为进一步探讨第一大股东的内部治理机制，本节拟通过分组，进行组间比较分析来实证检验第一大股东是否存在区间效应，并得出具体区间。在此基础上，为大股东治理机制的优化举措提供经验证据。

4.4.1 研究假设

笔者根据前面的相关文献回顾所得出的结论，再考虑到中国特有的制度背景，提出本节的研究假设。

从前面的理论分析中，我们得知，大股东可以有效监督管理者，减小管理者与所有股东之间的代理成本，但随着持股的增加，又会产生另一种代理成本——控股大股东对小股东财富的剥削和对经理人力资本的剥削。因此，大股东的持股在不同的持股区间表现出两种不同的效应，即激励效应和防御效应。一方面，在大股东持股较小时，由于大股东有较强的激励提供"管理监督"公众公司这一公共物品，大股东持股增加会减小管理者与所有股东之间的代理成本，小股东乃至整个股东集团会从公司绩效的改善中获益，使公司价值增加，这就是大股东持股的激励效应；另一方面，当大股东持股较多时，再增加大股东的持股比例会使大股东手中集中的控制权更多，控制权和现金流权的分离程度加大，另一种代理成本上升，大股东的控制行为会偏离小股东的利益，通过牺牲小股东的利益攫取控制权私人收益，造成对公司的价值的损害，形成负面的壁垒效应。

我国上市公司的股权呈现高度集中的特点，第一大股东平均持股在40%以上，而其他社会公众股份极为分散。① 我们企图考察在这种第一大持股较多的背景下，公司价值会随着第一大股东持股呈现何种变化。我们预计，我国上市公司中的第一大股东持股会对公司绩效产生激励效应和防御效应。

假设一：第一大股东持股与公司价值存在区间效应。即在第一大股东不同的持股区间，第一大股东持股与公司价值会呈现激

① 在3.3节的样本描述性统计中，我们将对2003、2004年上海证券交易所的上市公司第一大股东的持股进行统计性描述。

励效应或防御效应两种不同的效应。

我国的上市公司多为国有企业改制而成，形成了"国有股一股独大"的现象。中国证监会网站的数据表明，1999—2003 年中国上市公司国有股比例均在 35% 以上，且逐年呈上升趋势。许多国内学者认为，这种"一股独大"是我国上市公司股权结构的严重缺陷，会使公司价值下降。

国家股和国有法人股合称为国有股。国有股股东并不是一个市场经济条件下严格的股东，因为他们并不真正享有国有股份的所有权，他们只是代理人，因此他们的行为表现和真正意义上的股东有所不同。两类大股东持股产生的代理成本有所差异，由此表现出对公司价值的不同影响。第一类国家股，这类股东是政府管理部门或代表政府行使职能，从理论上来讲这两类大股东与少数股东之间的利益冲突较小，可能具有较低的代理成本，使公司价值上升。但这类股东可能并不会有真正追求公司价值最大化的动机，不会认真去关心和监督公司的经营；第二类国有法人股，国有法人股股东自身从事经营并以营利为目的，在缺乏监督的情况下，往往最具有动机以牺牲其他股东利益为代价来获取私利，代理成本较高，会降低公司价值。另一方面，国有控股股东的公司治理可能产生内部人控制问题，上市公司的高级管理层由行政任命，缺乏监管，最后控制权由经理层（或与控股股东联合）控制，形成内部人控制，容易导致滥用控制权，造成中小股东利益的损失和公司价值的降低。由于上述几个方面的原因，在国有股存在的情况下，公司治理机制难以顺畅运行，现有的多数理论和实证研究认为，公司绩效与国有股比例负相关（许小年和王燕，1997；陈晓和江东，2000；刘国亮和王加胜，2000；施东晖，2000；杜莹和刘立国，2002；曹红辉，2003）。

有一部分学者认为国有股也可能对公司绩效提高有推动作用

（周业安，1999；Tian，2001；于东智，2001；吴淑琨，2002）。持这种观点的学者认为，政府对国有企业有着特殊的偏爱，特别是对于一些大型重点国有企业，政府往往会给予政策支持，并在其资源使用上提供特殊优惠。从中国上市公司的情况来看，上市公司通过国有股与政府维系良好的关系。政府不但对国有企业发展具有明显的政策支持效用，还在国企改革的深入推进过程中通过制度环境的完善，加大了国有资产监控力度，加强了国有股代表的监管范围，这使得国有股对绩效的正面作用可能超出了负面效应。

总体而言，国有股对公司绩效具有负面影响，但当国家股比例上升到一定程度后，政府的重视程度的提高以及监控力量的强化，反而会有助于公司绩效的改善。据此，提出以下假设：

假设二：第一大股东的国有股性质与公司价值之间存在曲线关系。当第一大股东持股较少时，与公司价值负相关；当第一大股东持股较多时，与公司价值正相关。

公司规模（*Size*）是公司资产的自然对数。中国股票市场中的大规模公司多数处于垄断性行业中，它们具有规模优势，而且更容易得到政府项目和银行贷款，因此大规模公司可能与小规模公司相比有更好的绩效表现（Tian，2001）。但是，由于大规模公司一般都是地方就业和税收的主要提供者，地方政府出于政治原因往往会通过不同的渠道来干预这些公司的经营活动（Zhang，2001），这可能引发一些严重的代理问题，对公司绩效产生不利影响。以此，提出假设三：

假设三：公司规模与企业业绩呈现负相关关系。

固定资产在总资产中所占比重越大，说明公司的资产结构稳定，有利于提高公司价值。也有意见认为，高的无形资产比例（譬如人力资本等）能创造更大的现金流。

假设四：固定资产的比重增加，会提高公司绩效。

财务杠杆（Leverage）。较高的资产负债率对上市公司绩效产生两个方面的有利影响：一方面，债务融资相对于股权融资来说具有税收屏蔽作用（Modigliani，1963），因此，当财务杠杆较低时，公司价值一般随财务杠杆的提高而增加；另一方面，当公司债务较高时，积累资本将不得不用来偿还债务本息，而不是用以投资一些净现值也许为负的项目，这可以有效的规避"过度投资"问题（Jensen，1986）。

假设五：公司负债越多，公司绩效越大。

在公司治理结构中引入独立董事制度，主要是解决内部人控制问题和大股东侵害中小股东利益问题。在股东和董事之间的委托代理环节中，设立独立董事，保证中小股东的代理人进入董事会，独立董事在股东董事之外可以起到制约大股东，减少大股东为追求自身利益最大化而侵占小股东利益的倾向，保护中小股东的合法权益。故预计独立董事的制度安排能提高公司价值。

假设六：独立董事制度的设立，有利于提高公司绩效。

4.4.2 研究设计：模型与变量

4.4.2.1 研究目的

本研究将以价值指标作为公司绩效的评价指标，利用上市公司的数据考察第一大股东持股和公司价值之间的计量关系，通过分析检验第一大股东的治理机制，并进一步分析不同的第一大股东持股区间对权益激励的影响，以检验我们的理论模型对现实的解释能力。

4.4.2.2 模型和变量

本研究主要采用以下基本计量模型，运用 OLS 法估计第一大股东持股对公司绩效的解释力。为了检验第一大股东的区间效应，我们进一步将总样本按第一大股东的持股比例将总样本划分为若干个亚样本，并分别测定各个亚样本中第一大股东持股的正面或负面效应。

$$Performance(Value) = \alpha + \beta * Largest + \sum \gamma_i P_i + \varepsilon \qquad (4.1)$$

Performance 为公司绩效，本研究选择市场价值为基础的成长性指标作为绩效评估指标。国外学者大多采用托宾 *Q* 值来衡量公司价值，该比率是公司的市场价值与它的重置成本之比，能够反映公司的综合情况。但是由于没有足够的数据信息来计算中国上市公司总资产的重置成本，而且难以对非流通股的股价进行折算，因而无法准确计算托宾 *Q* 值，故本研究按照国内学者的一般做法，选用市净率（market-to-book，P/B）代替 *Q* 值作为公司成长性的计量指标，[①] 以此来衡量公司价值的市场表现。成长性代表了企业有价值的未来投资机会，反映了企业对投资机会的把握能力。[②] 因此，企业成长性是一种管理价值（management value）；它体现了公司管理质量和治理效率。

Largest 为第一大股东持股；P_i：一组控制变量，用于控制和筛选企业特异性（specification）影响，主要涉及企业规模、固定资产投资、财务杠杆、董事会结构及行业属性等；SS_1 是第一大股东持股的性质的虚拟变量，用以考察第一大股东持股的国有股性质对公司绩效的影响；*PB-mean* 为市净率行业均值，用以控制公司价值的行业效应；[③] *Year* 03 是年度虚拟变量，在模型中引入

① 宋剑峰（2000）借助于 Edwards-Bell-Ohlson 模型显示：市净率是一个能较好预示公司未来成长性的指标，其研究结论得到了中国股市经验数据的支持。

② 按照 Miller 和 Modigliani（1961）的观点：成长性意味着价值创造；没有投资机会的企业可以实现经营收入和经营利润的增长，但却不能创造价值。

③ 本文采用中国证监会 2001 年 4 月发布的《上市公司行业分类指引》，该《指引》将上市公司分为 13 个大类行业，分别为农林牧渔业、采掘业、制造业、电力煤气及水的生产和供应业、建筑业、交通运输仓储业、信息技术业、批发和零售贸易、金融保险业、房地产业、社会服务业、传播与文化产业和综合类。对 13 个行业中每一行业的市净率取均值，用以消除行业因素的影响。

用以作为年度控制变量；a 为截距，e 为残差项（具体的变量说明及描述见表 4-5）。

表 4-5　变量定义一览表

变量（符号）	性　质	描　述	备　注
市净率（PB）	因变量	年末每股市价与年末每股净资产之比	作为公司价值的衡量指标
第一大股东持股（Largest）	解释变量	第一大股东的持股比例	
企业规模（Size）	控制变量	企业账面总资产的对数	
资产结构（Fixed）	控制变量	固定资产比重＝固定资产/总资产	
财务杠杆（Lever）	控制变量	企业资产负债率＝总负债/总资产	
监督力度（Ind）	控制变量	独立董事比例＝独立董事数/董事总数	
第一大股东性质虚拟变量（SS_1）	控制变量	如第一大股东为国有股股东，$SS_1=1$；如为非国有股股东，$SS_1=0$	
行业虚拟变量（IA、IB、IC、ID、IE、IF、IG、IH、II、IJ、IK、IL）	控制变量	设置12个虚拟变量（IA、IB、IC、ID、IE、IF、IG、IH、II、IJ、IK、IL）：如果该公司属于第 i 个行业，$I_i=1$；反之，$I_i=0$	中国证监会将上市公司划分为13个行业，本研究以综合业为基底，设置12个虚拟变量
市净率：行业均值（PB-mean）	控制变量	该变量值取各公司所处行业的市净率均值	该变量作为行业控制的替代变量
Year03	控制变量	该变量为虚拟变量，如果该数据为2003年数据 Year03＝1；反之，Year03＝0	设置该虚拟变量用于消除面板数据所带来的固定效应及时间效应

注：本研究进行的是面板数据分析，所有变量的取值为2003年年末或2004年年末数据。

4.4.3 资料来源与样本选择

4.4.3.1 资料来源

本研究以 2003 年至 2004 年沪市上市公司的平行数据作为研究对象，为描述这一时期股权结构与公司绩效关系的全貌，尽可能保持数据的完整性，只在样本数据中剔除了财务数据等信息披露不完整的公司及终止上市的公司。选择 2003 年 12 月 30 日之前在上海证券交易所上市并且至今交易的 2003 年 763 家上市公司、2004 年 797 家上市公司作为研究样本（共涉及所有 13 个大类行业）；剔除 2004 年新增的 57 家上市公司，在计量分析中，再剔除 37 家财务异常（如，净资产为负）或数据缺损（如，每股市价缺损）的公司，最后的计量观察样本为剩余的 733 家公司，共 1466 个公司年度观察值。[①] 研究数据来源于中国证券监督委员会网站（http：//www. csrc. gov. cn）、"巨潮资讯"网站（http：//data. cninfo. com. cn）和 CCER 中国证券市场数据库。

4.4.3.2 样本特征的描述性统计

（1）第一大股东持股的行业统计

表 4 - 6 是对所有样本上市公司第一大股东持股的行业统计描述，该表显示：从第一大股东持股的行业均值和中位值来看，采掘业的第一大股东持股最高，其次是传播与文化产业、交通运输仓储业，最低是金融保险业；从第一大股东持股的行业标准差来看，建筑业的第一大股东离散程度最大，金融保险业的第一大股东离散程度最小；从第一大股东持股为国有股性质的比例看，电力煤气及水的生产供应业、交通运输业、金融保险业的第一大股东为国有股的比例很高，均在 80% 左右，最低的综合类比例也

---

① 本章要对 2003 年及 2004 年上市公司的面板数据进行分析，为消除固定效应，两年的样本公司必须吻合。

表4-6 公司第一大股东持股的行业统计特征

行　　业	编码	均　值	中位值	最大值	最小值	标准差	第一大股东为国有股的比例（%）	观察值
农林牧渔业	A	43.73654	39.69000	79.59000	17.32000	17.77508	73.0769	26
采掘业	B	60.01875	62.92500	73.33000	8.250000	14.73532	75.0000	16
制造业	C	45.70616	45.82000	85.00000	10.11000	16.39758	67.2684	831
电力煤气及水的生产和供应业	D	46.40833	42.96500	81.32000	19.18000	17.31250	81.6667	60
建筑业	E	43.70935	38.96000	75.00000	6.14000	19.38445	74.1935	31
交通运输仓储业	F	47.62833	50.51000	75.19000	14.8000	16.06605	80.5556	72
信息技术业	G	36.57330	34.62000	74.6000	7.02000	15.14334	48.4536	97
批发和零售贸易业	H	40.06145	35.90000	74.89000	9.56000	16.70275	69.6552	145
金融保险业	I	15.64100	14.29000	32.35000	6.44000	9.747270	80.0000	10
房地产业	J	41.74731	42.12000	80.00000	10.58000	17.02809	64.1791	67
社会服务业	K	42.30308	40.14000	80.00000	16.77000	18.29277	74.3590	39
传播与文化产业	L	53.74750	61.32000	66.48000	29.81000	15.60509	62.5000	8
综合类	M	32.50984	30.36000	64.51000	7.250000	14.93313	39.0625	64
全部样本		43.73699	43.25000	85.00000	6.140000	17.03258	66.7121	1466

达39%；从总体样本来看，第一大股东持股的样本均值为 43.73699，中位数为43.25000，第一大股东持股为国有股的比例高达66%。结果表明，在我国上市公司中第一大股东持股存在行业差异性，但总体而言第一大股东持股较高（在40%以上），且第一大股东为国有控股的比例很高，显示了我国上市公司中国有股的主导和控制地位；另外，从分析中我们还可以看出金融保险业股权结构的特殊性，这可能和金融保险业特殊的行业性质有关，在这个行业股权结构多数是分散的。

（2）按第一大股东持股区间分组的公司绩效描述性统计

为检验第一大股东持股与公司绩效是否具有区间效应，笔者以10%为区间对第一大股东持股进行分组，从0到70%及70%以上共分为八个组，从直观上考察公司价值在不同的第一大股东持股区间的变化，如表4-7panel A所示。表4-7panel A显示，就成长性的中位数而言，第一大股东持股比例在20%至30%的公司成长性最高，其次为第一大股东持股在60%到70%的公司，而第一大股东持股在30%至40%的公司成长性最低，但总体上中位值的各区间差异较小；就平均成长性来看，第一大股东持股在10%至20%的公司成长性最高，第一大股东持股比例在0至10%的公司成长性最低，这可能和第一大股东持股比例在0至10%的样本观察值太小有关，从剩下的区域来看，我们可以看到平均成长性随第一大股东持股比例大小变化的大致波动趋势，第一大股东持股在20%—50%这三组公司价值呈现较高的趋势，市净率从2.663917到3.048263，而第一大股东持股从50%开始公司成长性开始下跌，跌至2.382317，当第一大股东持股到达70%以上时，公司价值又再次上升，至2.527588。表4-7panel A初步显示出公司的成长性在第一大股东持股的不同区间存在的差异性，我们拟根据已有的相关研究经验，结合以上的直观分析，

表4-7 公司成长性（市净率）按第一大股东持股区间分类的描述性统计

企业成长性（市净率）	均值	中位值	最大值	最小值	标准差	观察值	观察值占总样本的比例
Panel A 第一大股东持股（以10%为度）细分区间的公司成长性统计							
第一大股东持股比例0—10%	2.270327	2.189287	3.550053	0.077342	0.9222091	12	0.82%
第一大股东持股比例10%—20%	4.738582	2.100184	106.4515	0.911302	13.45174	99	6.75%
第一大股东持股比例20%—30%	3.048263	2.346327	24.31914	0.664599	2.562533	320	21.83%
第一大股东持股比例30%—40%	2.663917	1.971911	44.68977	0.663274	3.726976	226	15.42%
第一大股东持股比例40%—50%	2.744976	2.212344	25.98974	0.794212	2.650202	231	15.75%
第一大股东持股比例50%—60%	2.382317	2.059809	13.62337	0.483121	1.518818	283	19.30%
第一大股东持股比例60%—70%	2.455900	2.200955	11.06723	0.126726	1.123757	203	13.85%
第一大股东持股比例70%以上	2.527588	2.039386	9.929455	0.785493	1.577367	92	6.28%
总 样 本	2.805746	2.140788	106.4515	0.077342	4.228146	1466	100%
Panel B 公司成长性按第一大股东持股区间分类的统计性描述							
第一大股东持股比例小于20%	4.471743	2.123900	106.4515	0.077342	12.72349	111	7.57%
第一大股东持股比例(20%—50%)	2.846305	2.192845	44.68977	0.663274	2.972908	777	53.00%
第一大股东持股比例(50%—70%)	2.413052	2.104831	13.62337	0.126726	1.366952	486	33.15%
第一大股东持股比例大于70%	2.527588	2.039386	9.929455	0.785493	1.577367	92	6.28%
总 样 本	2.805746	2.140788	106.4515	0.077342	4.228146	1466	100%

做出进一步具体的分组研究。

一般认为，控股股东包括：占据 51% 以上绝对控股份额的股东；不占绝对控股地位，但相对其他股东其持股比例处于优势，而且其他股东分散且联合困难。[①] LLSV（1999）用公司是否存在持股比例超过 20% 的股东来判断公司的股权是否分散，如果不存在一个持股比例达到该阈值的股东，则该公司股权分散，反之亦然。若用这个标准来界定我国控股股东所必要的持股比例，从表 4 – 7Panel B 可以看到所列样本公司的观察值中只有 7.57% 的第一大股东小于 20%，也就是说超过 90% 的样本公司第一大股东持股比例超过 20%；而第一大股东持股在 50% 以上，处于绝对控股地位的占 40%；超过一半的样本上市公司第一大股东持股位于在 20%—50% 这个区间的，在这个区间第一大股东是否拥有控股地位，则要视乎其他大股东的持股比例（这一点我们将在下一节进行讨论），但可以预见的是处于优势地位的第一大股东起码占据一席之地。因此，我们可以得出结论：我国上市公司的第一大股东大多为控股股东，在我国上市公司的股本结构中，第一大股东因其掌握的股权优势通常能够绝对或相对控制公司的运作。

国际上通常将控股股东所必要的持股比例界定在 20%—25%，在本研究中，笔者采用上述 LLSV（1999）所界定的标准，控股股东所必要的持股比例界定在 20%；另外，借鉴国内其他学者对绝对控股的界定（徐晓东和陈小悦，2003；赵景文和于增彪，2006），他们认为持股份额在 50% 以上的第一大股东，已具备绝对控制权，在本研究中将这部分股东界定为绝对控股股东；而控股股东持股超过一定比例的公司，譬如说第一大股东持股在 70% 以上的公司，控股股东的现金流权利和控制权利的不对称程

---

① 徐晓东、陈小悦：《第一大股东对公司治理、企业业绩的影响分析》，《经济研究》2003 年第 2 期。

度会出现变化，这需要另外加以考虑。

根据对股权分散、绝对控股的界定，结合 4 - 7Panel A 中公司平均成长性的变动趋势，我们进一步按第一大股东的持股比例将所有样本公司分为四组，见表 4 - 7 的 panel B。

表 4 - 7Panel B 的分组证实了我们最初的估计，表 4 - 7Panel B 显示，就成长性的中位数而言，第一大股东持股比例在 20% 到 50% 的公司成长性最高，持股在 70% 以上的公司成长性最低；就平均成长性来看，第一大股东持股比例小于 20% 的公司成长性最高，持股比例在 50%—70% 的公司成长性最低。从表4 - 7 Panel B 可以更加清楚地看到公司的成长性因第一大股东持股的不同而呈现的不同效果，我们预测第一大股东对公司绩效的影响会因持股区间不同而呈现不同的效果。下一节我们将以此分组作为依据，检验第一大股东持股的激励效应和防御效应。

4.4.4 实证结果及分析

4.4.4.1 第一大股东持股与公司绩效的关系：总样本基础

本研究首先以总样本公司为基础，根据基本模型（4.1）建立 7 个回归模型（包括加权调整模型），分别控制公司技术特征（资产规模、资产结构和财务杠杆）、公司制度特征（第一大股东持股性质、董事会结构）、行业属性和年度控制变量来估计第一大股东持股对公司价值（成长性）的解释力（回归结果见表 4 - 8）。模型 1—5 以面板数据为基础；模型 6、模型 7 分别以 2003 年和 2004 年的横截面数据为基础。

表 4 - 8 的结果显示：在控制了企业规模、资产结构、财务杠杆、董事会结构以及年度的影响，经残差项加权调整处理后，第一大股东持股比例对企业成长性具有显著的积极效应，解释系数为 0.001340。在增加了对行业效应的控制以及对第一大股东性质的虚拟变量后，第一大股东持股比例对企业成长性仍然保持显

表4-8　第一大股东持股与公司成长性的回归关系（总样本）

因变量：企业成长性(市净率)

自变量	模型1	模型2	模型3（模型2的加权回归）	模型4	模型5（模型4的加权回归）	模型6（加权调整回归）	模型7（加权调整回归）
截距	13.57874*	12.97024*	13.01360*	10.52135*	10.52942*	11.38329*	9.906263*
Largest	0.001344	0.001210	0.001340*	0.007327	0.007486*	0.009489*	0.004109*
	(0.8307)	(0.8467)	(0.0000)	(0.2623)	(0.0000)	(0.00000)	(0.0000)
Size	-2.551186*	-2.514564*	-2.522462*	-2.531408*	-2.536528*	-2.912221*	-2.275089*
Fixed	0.011963*	0.012004*	0.012323*	0.010376*	0.010763*	0.006787*	0.018951*
Lever	0.068585*	0.070055*	0.069909*	0.071412*	0.071072*	0.080127*	0.064778*
Ind	-0.035410**	-0.035899**	-0.036127*	-0.038082**	-0.036961*	-0.032916	-0.045863*
第一大股东性质虚拟变量(SS_1)				-0.417954***	-0.429713*	-0.613976*	-0.271060*
PB-mean		0.733715*	0.726878*	1.051079*	1.046269*	1.296692*	0.886416*
Year03				0.053244	0.048247		
R-squared	0.136539*	0.144006*	1.000000*	0.169312*	1.000000*	1.000000	1.000000*
F-检验值	46.17409	40.90855	2.80E+12	37.12099	4.42E+09	1.00E+10	1.48E+09
P值	0.000000	0.000000	0.000000	0.000000	0.000000	0.000000	0.000000
White异方差检验P值	0.000000*	0.000000*	0.000000*	0.000000*		2003年横截面数据	2004年年截面数据

注：观测值为2003年和2004年的面板数据，共计1466个；表内数字为截距和自变量的回归系数，对应括号内数字为P值，截距和控制变量的P值省略；*为0.01水平显著，**为0.05水平显著，***为0.10水平显著。由于异方差于此地可能会降低解释变量的显著性，因此对解释变量不显著的模型用残差项进行加权回归。

著的积极效应，解释系数更大，为 0.007486。分别以 2003、2004 年的横截面数据为样本，第一大股东仍显示其对公司绩效的正面效应。上述结果表明，总体上，股权持有存在着积极的治理激励功能，第一大股东改善公司绩效的动机会随着其持股的增加而增强。对总体样本而言，不能有效验证假设一。另外，第一大股东性质会影响其持股的激励效应，国家股东对公司绩效具有显著的负面影响，即使不进行加权调整，结果仍是显著的，同样，对总体样本我们不能有效检验假设二，即第一大股东持股的国有股性质对公司价值的区间效应。从模型中我们可以得出的其他结论是公司规模与公司价值负相关，固定资产规模、负债规模与公司绩效负相关，结果都是显著的，验证了假设三、假设四、假设五；但我们还看到，在实证检验中独立董事比重与公司价值呈现显著的负相关关系，与我们的假设六背道而驰。这说明在我国的投资者法律保护很弱的背景下，独立董事并不独立，仍然被大股东所操纵，独立董事并不能作为中小股东的代理人去保护中小股东权益，相反，独立董事作为大股东利益的维护者容许大股东为追求自身利益最大化而侵占小股东，引致公司价值下降。在我国，独立董事制度的设立，并不能有效解决公司治理中大股东侵占小股东的问题，提高公司治理的效率。

模型 6 和模型 7 的结果与面板数据的结论基本吻合，第一大股东对公司绩效的正面激励效应仍然显著，只是解释系数发生了改变。

4.4.4.2 第一大股东持股的区间效应：亚样本基础

本研究将总样本公司按照第一大股东的持股比例分为四个亚样本（同表 4 - 7panel B 的分类），然后在各个亚样本中分别估计并比较不同持股区间第一大股东的持股激励强度（见表 4 - 9）。表 4 - 9 显示，第一大股东的持股区间的差异，使第一大公司持股比例对公司成长性呈现不同的效应。当第一大股东持股在小于

表4-9 Panel A 第一大股东持股与公司成长性的回归关系（亚样本）之一

自变量	第一大股东持股比例小于20%的公司样本（观察值:111）			因变量:企业成长性(市净率) 第一大股东持股比例在20%—50%之间的公司样本（观察值:777）		
	模型8	模型9	模型10（模型9的加权回归）	模型11	模型12	模型13（模型12的加权回归）
截距	17.93629	-4.401659*	-16.2515*	16.04037*	14.73137*	14.76305*
Largest	0.126486 (0.6689)	0.231977 (0.4065)	0.434979* (0.0000)	0.019981*** (0.0754)	0.023789** (0.0358)	0.023564* (0.0000)
Size	-6.226152*	-5.331075*	-3.792108*	-3.208148*	-3.136594*	-3.137408*
Fixed	0.162708**	0.148057**	0.183384*	0.004679***	0.004427	0.004279*
Lever	0.295349*	0.271436*	0.237955*	0.065681*	0.067211*	0.067205*
Ind	-0.098124	-0.102229	-0.068282	-0.022901	-0.024454	-0.024556*
第一大股东性质虚拟变量(SS_1)		-1.098765	-1.808765*		-0.338532***	-0.342476*
PB-mean		6.240828*	6.226930*		0.257918***	0.255309*
Year03		-0.554523	-0.715731**		0.555029*	0.554989*
R-squared	0.317402*	0.447511*	1.000000*	0.282477	0.302823*	1.000000
F-检验值	9.764819	10.32739	2.18E+7	60.70610	41.69822	3.19E+10
P值	0.000000	0.000000	0.000000	0.000000*	0.000000*	0.000000
White异方差检验P值	0.000000*	0.000000*		0.000000*	0.000000*	

表4-9 Panel B 第一大股东持股与公司成长性的回归关系（亚样本）之二

自 变 量	因变量：企业成长性（市净率）					
	第一大股东持股比例在50%—70%之间的公司样本（观察值：486）			第一大股东持股比例大于70%的公司样本（观察值：92）		
	模型14	模型15	模型16（模型15的加权回归）	模型17	模型18	模型19（模型18的加权回归）
截 距	6.212266*	5.135450*	5.124454*	-0.507110*	-1.434374*	-0.807592*
Largest	-0.002661	-0.003286	-0.000833*	0.142893*	0.137070*	0.133075*
	(0.8155)	(0.7696)	(0.0000)	(0.0009)	(0.0011)	(0.0000)
Size	-0.731456*	-0.699025*	-0.681377*	-1.639152*	-1.529267*	-1.529545*
Fixed	0.003802	0.003160	0.002688	-0.000912	-0.001663	-0.001378
Lever	0.009531**	0.011919*	0.012603*	0.036815*	0.037518*	0.036953*
Ind	-0.010061	-0.011496	-0.016774*	-0.002132	-0.003290	-0.006744*
第一大股东性质虚拟变量(SS_1)		0.077072	0.079827		0.104472	0.042608
PB-mean		0.229035**	0.206931*		0.113526	0.076825*
Year03		0.408088*	0.435949*		0.718247**	0.655635*
R-squared	0.058554*	0.112353*	1.000000	0.311906*	0.385385*	0.999893
F-检验值	5.970776	7.546983	5.07E+08	7.796602	6.505476	96884.64
P值	0.000023	0.000000	0.000000	0.000004	0.000001	0.000000
White异方差检验P值	0.000696*	0.000761*		0.000058*	0.000119*	

注：总样本观测值为2003年和2004年的面板数据，共计1466个；表内数字为截距和自变量的回归系数，对应括号内数字为P值，截距和控制变量的P值省略；*为0.01水平显著，**为0.05水平显著，***为0.10水平显著。由于异方差干扰可能会降低解释变量的显著性，因此对异方差显著的模型进行White异方差检验，并对异方差显著的模型用残差进行加权回归。

20%与20%—50%这两个区间范围内, 第一大股东持股的解释系数显著为正, 而且持股比例小于20%的第一大股东持股解释系数为0.434979 (模型10), 高于持股比例在20%—50%区间范围内第一大股东持股的解释系数0.018113 (模型13); 第一大股东持股在50%至70%的区间时, 解释系数显著为负, 为 -0.004302 (模型16); 第一大股东持股超过70%, 解释系数显著为正, 为0.133075 (模型19)。上述结果初步表明, 因第一大股东的持股区间而异, 第一大股东持股对公司绩效既存在激励效应, 又存在防御效应; 第一大股东比例与公司的成长性呈现N型相关关系, 验证了假设一。另外, 在模型中笔者观察到, 第一大股东持股的国有股性质在第一大股东持股小于20%的区间与公司价值负相关, 在大于20%的其他三个区间, 第一大股东的国有股性质与公司价值均呈显著正相关关系, 这与我们的假设二相符。其他的结论和总样本基础上的回归结果基本一致, 假设三、假设五仍得到有利的佐证, 假设六仍不成立, 即独立董事制度的设立在我国是无效的, 而对假设四的验证在第一大股东持股超过70%的区域遇到了困难, 因为在此区域, 固定资产规模与公司价值呈现显著的负相关关系, 这可能是因为当第一大股东持股达到了很大规模后, 无形资产在企业价值创造中发挥着越来越大的作用, 固定资产比重过大会制约公司的发展, 会使公司价值下降。

4.4.5 小结

我们的实证结果验证了第一大股东持股对公司价值的激励效应和防御效应, 结果表明, 第一大股东持股与公司绩效呈显著的N型相关关系。实证结果显示, 第一大股东持股与公司成长性之间存在区间效应, 既具有积极的治理功能, 又会对公司绩效产生消极的负面影响。当第一大股东持股在占据绝对控股地位之前 (我们定义为50%), 较高的持股会激励第一大股东更密切地关注公司业绩，并更积极地实施管理监督和管理改善；在第一大股东掌握公司的绝对控股权以后，随着其对公司管理控制权的增大，控股股东榨取其他小股东的权力和动机增大，攫取价值等代理人问题严重，其激励作用发生了根本性的改变（由正向的激励效应转化为负向的壁垒效应）；而随着第一大股东持股的进一步上升（70%以上），公司的绝大部分财富掌握在控股股东手中，控股股东吸取个人利益的动力又会弱化，代理成本减少，从而对小股东的侵害减弱，大股东股权的增加又会导致公司绩效的增加。

此外，我们的结论还有力验证了第一大股东持股的国有股性质与公司绩效的曲线关系，第一大股东国有股性质对权益激励的影响因第一大股东持股区间的不同而异，在第一大股东持股较小，在 0—20% 这个区间范围内，第一大股东的国有股性质与公司绩效呈现负相关关系，在第一大股东持股较大，超过 20% 的其他区间，国有股的持有与公司成长性呈显著的正相关关系。同时，我们的结论认为，独立董事的未起到有效地监督作用，在我国投资者保护较弱的环境下独立董事制度的设立是无效的。另外，实证结果还显示，公司规模的增大会对公司价值产生负面影响，较高的资产负债率则会提高公司价值；总体而言，固定资产规模的增大会有利于公司成长性的增强，但在第一大股东持股很大的情况下，固定资产比重的过大反而会使公司价值下跌。

4.5　多个大股东的股权制衡对公司 绩效影响的实证研究

在前面章节的讨论中，我们已经讨论了在大股东治理中可能导致的代理成本，即随大股东持股比例的增加，控股股东与中小股东之间的利益冲突变得显著，控股股东可能以牺牲小股东的利益为代价来追求自身利益，从而使公司的价值下降，产生防御效应。在我国，股权相对集中，第一大股东可凭借其控股地位侵占小股东的利益，损害公司价值，在前面第三章我们用经验数据验证了第一大股东持股的区间效应，证明了在一定的持股区间，第一大股东对公司价值存在显著的防御效应，即第一大股东持股的增加会减少公司价值。如何减少这种大股东持股的负面治理效果，学者们观察到在现实中大股东持股的股权结构，除了单一大股东持股的形式，还存在多个大股东分权制衡的形式，那么，这种多个大股东组成的这种股权结构（即所谓股权制衡）能否有效解决大股东治理的负面影响。20 世纪 90 年代末，国外的学者开始关注股权制衡这种股权安排模式，并从理论和实证方面进行了探讨。

在本章 4.2 节中我们对多重大股东的股权制衡与治理机制从理论方面进行了研究，阐释了多个大股东的股权制衡的三种理论模型，讨论了多个大股东治理行为之间的关系，并分析了股权制衡与公司价值关系的已有实证研究。本章将在理论分析的基础上，利用我国上市公司实证证据进行进一步分析检验，考察第一大股东与其他大股东之间的博弈与制衡是否能有效地解决上市公司的代理问题，抑制大股东的侵害行为，公司的治理效率是否会因此提高。

4.5.1 研究假设

笔者根据本章 4.2 节的相关理论分析，并结合现实的制度背景，在此基础上提出本章的研究假设。

从前面的讨论中，我们得知股权制衡对公司价值的影响存在双重效应，股权制衡既有有利于公司价值提高的因素，也有降低公司价值的可能。股权制衡对公司价值提高的效应主要表现在多重大股东的监督和制衡，有助于防止侵害小股东的"隧道效应"等行为和解决对经理的过度监督问题，从而提高公司价值（Pagano & Rell，1998；Bennedsen & Wolfenzon，2000；Gomes & Novaes，2001、2005；Bloch & Hege，2001）；股权制衡对公司价值的负面影响主要表现在多个大股东之间的相互勾结并形成共谋，进而分享所获的控制权私人收益，因而造成过度投资；另外，控股联盟成员间的意见分歧和过度的讨价还价可能引致投资不足（Bennedsen & Wolfenzon，2000；Gomes & Novaes，2001）；过度投资和投资不足都会使小股东的利益受到损害，公司的价值下降。

从表4-7中可以看出，一方面，在我国，股权非常集中，从表4-6中我们看到第一大股东的平均持股比例高达43%，有40%以上的公司第一大股东的持股超过了50%，形成了我国股权高度集中且主要集中在第一大股东手中的股权结构特点，第一大股东往往会利用其控制权将上市公司掏空。我们预计在多重大股东的股权制衡结构中，其他大股东会发挥积极的监督和制衡作用，多重大股东的存在会在一定程度上限制第一大股东的侵占行为，使这种代理成本有所减轻，从而增加公司价值，并且随着其他大股东地位的增强，正面的激励作用会逐步增强。另一方面，第一大股东凭借其持股掌握大部分的控制权，提高了监督成本，使其他大股东采取共谋行动可能性增加，并且，在我国投资者保护较弱的背景下，参与共谋基本上不存在被发现、被处罚的风险，这更增加了共谋的动机。Faccio 和 Lang 等（2001）的实证研究结果发现，东亚公司的多重大股东并不有助于限制控股股东对小股东的剥削行为，相反，多重大股东之间多数保持着长期的战略联盟关系，其他大股东协从进行利益侵占。我国的上市公司的股权结构与东亚公司有着相同的一些特点，有着相似的制度背景，因此，我们认为在我国的多重大股东之间亦可能存在共谋，发生大股东共同合谋剥削小股东的行为，可能会损害公司价值。

在此基础上，我们提出假设七：

假设七：多重大股东股权制衡的存在对公司价值可能呈现出微弱的激励效应。

多个大股东的股权制衡中，除第一大股东外，对公司最具影响力的是第二大股东，我们预期第二大股东的持股会对第一大股东行为产生重大的影响，从而影响公司价值。第二大股东持股的性质也会对公司绩效产生相应影响。

在 Maury 和 Pajuste（2005）对多重大股东与公司价值关系的检验中，他们认为若第二大股东与第一大股东性质相同，则会使公司价值下降，因为这增加了价值转移的可能性，同性质的两大股东更热衷于共同侵占小股东分享私人收益。因此，我们认为，第二大股东与第一大股东若同为国有股股东，第二大股东的国有股性质会降低公司价值。我们已设定第一大股东的国有股性质为虚拟变量，由此提出假设八：

假设八：第二大股东的国有股性质与公司价值负相关。

4.5.2　研究设计：模型与变量

4.5.2.1　研究目的

本研究将以价值指标作为公司绩效的评价指标，利用上市公司的数据考察多个大股东持股和公司价值之间的计量关系，通过分析第一大股东与第二大股东之间、第一大股东与第二至第五大股东的利益制衡，实证检验非第一大股东外的其他大股东的治理机制，即多个大股东持股是否有足够的控制力来制衡第一大股东的行为，从而对公司价值产生影响。进一步地，本研究试图为股权制衡治理机制的优化举措提供经验证据。

4.5.2.2 模型和变量

（1）模型和变量

本研究主要采用以下基本计量模型，运用 OLS 法估计多个大股东持股对公司绩效的解释力。为了检验多个大股东的治理机制，我们进一步将总样本按本章4.3节中第一大股东持股比例分区将总样本划分为四个亚样本，并分别测定各个亚样本中多个大股东持股的权益激励效应对第一大股东持股的治理机制会发生怎样的影响。

$$Performance(Value) = \alpha + \beta_1 Largest + \beta_2 Mctrl1 +$$
$$\beta_3 Mctrl2 + \sum \gamma_i P_i + \varepsilon \qquad (4.2)$$

Performance 为公司绩效，本研究选择市场价值为基础的成长性指标作为绩效评估指标，具体选用市净率（market-to-book，P/B）作为公司成长性的计量指标，体现了公司管理质量和治理效率。*Largest* 为第一大股东持股；*Mctrl*1 和 *Mctrl*2 为两个不同范围的股权制衡虚拟变量，分别测量第二大股东、第二至第五大股东对第一大股东的制衡，用符号 Z_2、Z_{2345} 表示（详细说明在下面一点）；P_i 为一组控制变量，用于控制和筛选企业特异性（specification）影响，主要涉及企业规模、固定资产投资、财务杠杆、董事会结构、年度、大股东性质及行业属性等：SS_1 是第一大股东持股性质的虚拟变量，用以考察第一大股东国有股性质对公司绩效的影响，SS_2 为第二大股东持股性质的虚拟变量，表示第二大股东持股与第一大股东性质相同，均为国有股时，对公司绩效的影响；*PB-mean* 为市净率行业均值，用以控制公司价值的行业效应；[①] *Year*03 是年度虚拟变量，用以控制年份的影响；a 为截距，e 为残差项（具体的变量说明及描述见表4-10）。

---

① 上市公司行业的分类同第三章中行业分类，下同。

表4-10 变量定义一览表

变量(符号)	性质	描述	备注
市净率(PB)	因变量	年末每股市价与年末每股净资产之比	作为公司价值的衡量指标
第一大股东持股($Largest$)	解释变量	第一大股东的持股比例	
股权制衡虚拟变量1($Mctrl1$)	解释变量		若$Z_2 > 0.5$时，$Mctrl1 = 1$，否则=0
股权制衡虚拟变量2($Mctrl2$)	解释变量	若$Z_{2345} > 1$，$Mctrl2 = 1$，否则=0	
企业规模($Size$)	控制变量	企业账面总资产的对数	
资产结构($Fixed$)	控制变量	固定资产比重＝固定资产/总资产	
财务杠杆($Lever$)	控制变量	企业资产负债率＝总负债/总资产	
监督力度(Ind)	控制变量	独立董事比例＝独立董事数/董事总数	
第一大股东性质虚拟变量(SS_1)	控制变量	如第一大股东为国有股股东，$SS_1 =1$；如为非国有股股东，$SS_1 =0$。	
第二大股东性质虚拟变量(SS_2)	控制变量	如第二大股东与第一大股东同为国有股股东，$SS_2 =1$；若非，则$SS_2 =0$	
行业虚拟变量(IA、IB、IC、ID、IE、IF、IG、IH、II、IJ、IK、IL)	控制变量	设置12个虚拟变量(IA、IB、IC、ID、IE、IF、IG、IH、II、IJ、IK、IL)：如果该公司属于第i个行业，$I_i =1$；反之，$I_i =0$	中国证监会将上市公司划分为13个行业，本研究以综合业为基底，设置12个虚拟变量
市净率:行业均值($PB\text{-}mean$)	控制变量	该变量值取各公司所处行业的市净率均值	该变量作为行业控制的替代变量
Year03	控制变量	该变量为虚拟变量，如果该数据为2003年数据$Year03 =1$；反之，$Year03 =0$	设置该虚拟变量用于消除面板数据所带来的固定效应及时间效应

注：本研究进行的是面板数据分析，所有变量的取值为2003年年末或2004年年末数据。

（2）股权制衡变量的设定

目前对股权制衡和公司业绩的研究中，对股权制衡的界定主要集中在三个方面：一是设定股权制衡度，黄渝祥等（2003）、同济大学—上海证券联合课题组（2002）用股权制衡度来表示股权制衡的程度，并定义为第二、三、四、五位股东股权之和与首位大股东股权比例，用符号 Z_{2345} 表示。股权制衡度大于等于1为制衡，股权制衡度小于1为非制衡。二是根据第二大股东的持股来判断是否存在股权制衡，陈信元和汪辉（2004）认为第二大股东持股超过第一大股东持股的50%是股权制衡的一个条件，Gomes 和 Novaes（2001）、Gutierrez 和 Tribo（2004）、赵景文和于增彪（2006）的研究则将第二大股东持股比例超过10%作为衡量股权制衡的因素。三是用外部大股东（定义为持股超过5%的股东）的持股比例与第一大股东的持股比例之比来界定股权制衡，若大于1则认为存在股权制衡，小于1则非制衡。

结合以上研究，本研究定义股权制衡为第二大股东与第一大股东股权比例（用符号 Z_2 表示）大于50%，或第二、三、四、五位股东股权之和与第一大股东股权比例（用符号 Z_{2345} 表示）大于1。记第一大股东至第五大股东持股比例依次为 $sh1$、$sh2$、$sh3$、$sh4$、$sh5$，则 $Z_2 = \dfrac{sh2}{sh1}$，$Z_{2345} = \dfrac{sh2 + sh3 + sh4 + sh5}{sh1}$。当 $Z_2 > 0.5$ 时，表明存在对第一大股东的控制能力起足够影响力的第二大股东；当 $Z_{2345} > 1$ 时，表明非第一大股东的前五大股东在持股上可与第一大股东抗衡；我们将二者作为考察股权制衡的指标。引入虚拟变量 $Mctrl1$ 来度量股权制衡对公司价值的影响，当 $Z_2 > 0.5$ 时，$Mctrl1$ 取值为1，否则为零；当 $Z_{2345} > 1$ 时，$Mctrl2$ 取值为1，否则为零。

4.5.3　资料来源与样本描述

4.5.3.1　资料来源和样本的选择①

本研究以 2003 年至 2004 年沪市上市公司的平行数据作为研究对象，为描述这一时期股权结构与公司绩效关系的全貌，尽可能保持数据的完整性，只在样本数据中剔除了财务数据等信息披露不完整的公司及终止上市的公司。选择 2003 年 12 月 30 日之前在上海证券交易所上市并且至今交易的 2003 年 763 家上市公司，2004 年 797 家上市公司，作为研究样本（共涉及所有 13 个大类行业）；剔除 2004 年新增的 57 家上市公司，在计量分析中，再剔除 37 家财务异常（如，净资产为负）或数据缺损（如，每股市价缺损）的公司，最后的计量观察样本为剩余的 733 家公司，共 1466 个公司年度观察值。研究数据来源于中国证券监督委员会网站（http：//www. csrc. gov. cn）、"巨潮资讯"网站（http：//data. cninfo. com. cn）和 CCER 中国证券市场数据库。

4.5.3.2　样本特征的描述性统计

（1）股权制衡的行业统计

表 4 - 11 是对所有样本上市公司股权制衡的行业统计，Panel A 是对第二大股东与第一大股东持股比例（即 Z_2）分行业的统计性描述、Panel B 则是对第二大股东至第五大股东与第一大股东股权比例（即 Z_{2345}）的行业统计描述。Panel A 显示：从第二大股东与第一大股东持股比例的行业均值和中位值来看，金融保险业的股权制衡度最高，其次是信息技术业、社会服务业、综合类、农林牧渔业，最低是采掘业和传播与文化产业；从对 $Z_2 >$ 0. 5 界定为股权制衡公司的比重来看，金融保险业的股权制衡度最高，其次是信息技术业、社会服务业，最低是采掘业和传播与

---

①　资料来源和样本的选择与本章4.3节相同。

表 4 - 11　多个大股东持股的行业统计特征

行　　业	编码	均　值	中位值	最大值	最小值	标准差	股权制衡公司比重	观察值
Panel A　第二大股东与第一大股东股权比例行业统计								
农林牧渔业	A	0.324719	0.222123	0.886583	0.001416	0.312333	26.92%	26
采掘业	B	0.147360	0.034533	0.732008	0.006000	0.221076	12.50%	16
制造业	C	0.290030	0.151483	1.000000	0.000916	0.307999	26.35%	831
电力煤气及水的生产和供应业	D	0.332324	0.175431	0.982237	0.002046	0.346959	31.67%	60
建筑业	E	0.307315	0.206121	0.970363	0.004581	0.326405	32.26%	31
交通运输仓储业	F	0.306288	0.210229	0.901786	0.001691	0.301491	25.00%	72
信息技术业	G	0.415554	0.357855	1.000000	0.002656	0.325258	35.05%	97
批发和零售贸易业	H	0.229905	0.121903	1.000000	0.001211	0.263496	17.24%	145
金融保险业	I	0.639758	0.725467	0.942693	0.249150	0.258984	60.00%	10
房地产业	J	0.284260	0.186755	0.871901	0.001875	0.271496	22.39%	67
社会服务业	K	0.349454	0.314264	0.871287	0.003000	0.297146	35.90%	39
传播与文化产业	L	0.140663	0.034482	0.470647	0.015527	0.204170	0.00%	8
综合类	M	0.341076	0.254073	0.972069	0.001750	0.265189	28.13%	64
全部样本		0.299458	0.173521	1.000000	0.000916	0.305226	26.40%	1466

续表 4 – 11

Panel B 第二、三、四、五位股东股权之和与第一大股东股权比例的行业统计

行　业	编　码	均　值	中位值	最大值	最小值	标准差	股权制衡公司比重	观察值
农林牧渔业	A	0.591077	0.553677	1.477761	0.004721	0.538434	30.77%	26
采掘业	B	0.204454	0.0938881	0.749862	0.016092	0.217371	0	16
制造业	C	0.516391	0.279099	3.885449	0.003285	0.582601	18.77%	831
电力煤气及水的生产和供应业	D	0.584559	0.309059	2.348455	0.006955	0.619734	28.33%	60
建筑业	E	0.621285	0.306598	2.952769	0.010933	0.822152	19.35%	31
交通运输仓储业	F	0.552891	0.301767	2.283840	0.004267	0.587387	23.61%	72
信息技术业	G	0.780383	0.679889	3.201480	0.008134	0.680962	29.90%	97
批发和零售贸易业	H	0.471705	0.279752	2.287328	0.003935	0.505206	16.55%	145
金融保险业	I	2.080169	2.399580	3.406757	0.778671	1.026208	80.00%	10
房地产业	J	0.544926	0.328477	2.748967	0.004375	0.584975	20.90%	67
社会服务业	K	0.656684	0.439002	2.283840	0.005875	0.591967	28.20%	39
传播与文化产业	L	0.245742	0.074834	0.747065	0.051757	0.311406	0.00%	8
综合类	M	0.710931	0.514906	2.748967	0.006475	0.645212	28.13%	64
全部样本		0.556879	0.326091	3.885449	0.003285	0.610498	21.01%	1466

文化产业；从股权制衡的行业标准差来看，各行业的离散程度无显著差异；从总体样本来看，第二大股东与第一大股东持股比例的样本均值为 0.299458，中位数为 0.173521，股权制衡公司占全部样本公司比重为 26.40%。Panel B 显示：从第二大股东至第五大股东与第一大股东股权比例的行业均值和中位值来看，仍是金融保险业的股权制衡度最高，其次是信息技术业、综合类、社会服务业、农林牧渔业，最低是采掘业和传播与文化产业；从对 $Z_{2345} > 1$ 界定为股权制衡公司的比重来看，金融保险业的股权制衡度最高，其次是农林牧渔业、信息技术业、社会服务业，最低的仍是采掘业和传播与文化产业；从股权制衡的行业标准差来看，金融保险业的离散程度最高，最低是采掘业和传播与文化产业；从总体样本来看，第二大股东至第五大股东与第一大股东股权比例的样本均值为 0.556879，中位数为 0.326091，股权制衡公司占全部样本公司比重为 21.01%。结果表明，在我国上市公司中股权制衡状况存在行业差异性，但总体而言股权制衡度偏低，显示了我国上市公司中非第一大股东外的其他大股东的持股比例较低，控制力较弱；并且股权制衡公司在全部上市公司中比重较少（在20%—25%之间），显示了第一大股东在上市公司中的主导和控制地位。

（2）按股权制衡度及第一大股东持股区间分组的公司绩效描述性统计

为检验非第一大股东的大股东持股、第一大股东持股与公司绩效之间的关系，我们分别根据对股权制衡两种不同范围的界定，区分了股权制衡公司和非制衡公司，首先在总样本中考察公司价值在制衡与非制衡公司的差异性，如表 4–12panel A 所示；其次，我们结合第三章对第一大股东持股区间效应分析中对第一大股东持股区间的划分，比较在不同的第一大股东的持股区间内制衡与非制衡对公司绩效的影响，如表 4–12panel B 和 panel C。

表4-12 股权制衡的公司成长性（市净率）描述性统计

	均 值	中位值	最大值	最小值	标准差	观察值	观察值占总样本的比例
Panel A 公司成长性（市净率）按股权制衡度分类的描述性统计							
$Z_2 \leq 0.5$	2.568813	2.064567	44.68977	0.077342	2.484394	1079	
$Z_2 > 0.5$	3.466345	2.358601	106.4515	0.692396	7.072354	387	
$Z_{2345} \leq 1$	2.608299	2.086474	44.68977	0.077342	2.503887	1158	
$Z_{2345} > 1$	3.548095	2.370879	106.4515	0.663274	7.809101	308	
企业成长性（市净率）	均值	中位值	最大值	最小值	标准差	观察值	
Panel B 公司成长性（市净率）按第一大股东持股区间与股权制衡度 Z_2 分类的描述性统计							
$0 < \text{sh}1 \leq 0.2, Z_2 \leq 0.5$	2.140930	1.993853	5.028762	0.077342	1.163891	29	1.98%
$0 < \text{sh}1 \leq 0.2, Z_2 > 0.5$	5.296055	2.236916	106.4515	0.911302	14.72229	82	5.59%
$0.2 < \text{sh}1 \leq 0.5, Z_2 \leq 0.5$	2.766903	2.018310	44.68977	0.663274	3.367285	482	32.88%
$0.2 < \text{sh}1 \leq 0.5, Z_2 > 0.5$	2.976040	2.347647	17.90393	0.692396	2.179419	295	20.12%
$0.5 < \text{sh}1 \leq 0.7, Z_2 \leq 0.5$	2.402262	2.091743	13.62337	0.126726	1.374848	476	32.47%
$0.5 < \text{sh}1 \leq 0.7, Z_2 > 0.5$	2.926688	2.774923	4.183839	1.627903	0.796461	10	0.68%
$0.7 < \text{sh}1 \leq 1 (Z_2 \leq 0.5)$	2.527588	2.039386	9.929455	0.785493	1.577367	92	6.28%
总 样 本	2.805746	2.140788	106.4515	0.077342	4.228146	1466	100%

续表 4 - 12

Panel C 公司成长性（市净率）按第一大股东持股区间与股权制衡度 Z_{2345} 分类的描述性统计

企业成长性（市净率）	均值	中位值	最大值	最小值	标准差	观察值	观察值占总样本的比例
0 < sh1 <= 0.2, Z_{2345} <= 1	2.192702	2.026751	5.028762	0.077342	1.228030	23	1.57%
0 < sh1 <= 0.2, Z_{2345} > 1	5.067402	2.189287	106.4515	0.911302	14.23277	88	6.00%
0.2 < sh1 <= 0.5, Z_{2345} < = 1	2.809151	2.069919	44.68911	0.664588	3.296592	557	37.99%
0.2 < sh1 <= 0.5, Z_{2345} > 1	2.940372	2.393273	14.76404	0.663274	1.927181	220	15.01%
0.5 < sh1 <= 0.7（Z_{2345} < =1）	2.413052	2.104831	13.62337	0.126726	1.366952	486	33.15%
0.7 < sh1 <= 1（Z_{2345} < =1）	2.527588	2.039386	9.929455	0.785493	1.577367	92	6.28%
总 样 本	2.805746	2.140788	106.4515	0.077342	4.228146	1466	100%

表4-12panel A 显示，不管是就成长性的中位数和均值而言，在两种不同范围的股权制衡的界定中（$Z_2 > 0.5$ 或 $Z_{2345} > 1$），股权制衡公司均高于非股权制衡公司；就公司价值的离散程度而言，股权制衡公司也远远高于非股权制衡公司。表4-12panel B和 panel C 的结果同样显示了股权制衡公司在公司成长性中的优势地位，在第一大股东持股比例的不同区间，股权制衡公司的公司价值中位数与均值均高于非制衡公司。另外，我们还观察到股权制衡公司多数集中在第一大股东持股在20%—50%这个区间，在这个区间段股权制衡公司占总样本中制衡公司的比例达75%以上；在第一大股东持股大于70%的范围内，根据我们对股权制衡的界定，不存在股权制衡公司；在第一大股东持股50%—70%这个区间，只有 $Z_2 > 0.5$ 的股权制衡度界定存在制衡公司，且只有极少的10个样本公司；在第一大股东持股小于20%这个区间，股权制衡公司家数大于非制衡公司，股权制衡公司占总体样本中制衡公司的25%左右，但由于第一大股东持股小于20%，被国际上被界定为股权分散，故部分学者在对股权制衡进行研究时，认为在这个区间范围内由于股权分散，不存在所谓股东制衡，而将这部分公司剔除在研究范围外。[①] 我们认为，若第一大股东持股小于20%，公司的股权是分散的，没有实际意义上的大股东掌握公司的控制权，股东间的地位相对较为平衡，实际上这时的股权制衡所起的作用可能较小，因为这时的大股东没有动力没有能力去利用控制权剥削中小股东。故我们在考察股权制衡对公司绩效的影响时，重点放在对第一大股东持股在20%—50%这个区间的分析上。

---

① 陈信元、汪辉：《股东制衡与公司价值：模型及经验证据》，数量经济技术经济研究 2004.11。他们在进行股东制衡公司样本的筛选时，选取第一大股东股权比重超过25%的公司样本。

4.5.4 实证结果及分析

4.5.4.1 以总样本为基础的多重大股东持股与公司价值的关系

本研究首先以总样本公司为基础，根据基本模型 1 建立 7 个回归模型（包括加权调整模型），考察多个大股东持股是否有足够的控制力来制衡第一大股东的行为，估计第二大股东持股、第二大股东至第五大股东持股对公司价值（成长性）的解释力（回归结果见表 4 – 13）。

表 4 – 13 的结果显示，在控制了企业规模、资产结构、财务杠杆和监督力度的影响，增加股权制衡虚拟变量后（模型 1、模型 2），第一大股东持股比例对企业成长性的积极效应更大了，两种不同范围的股权制衡与公司绩效均呈现正面效应，但结果都不显著；增加了对行业效应的控制、年度控制以及对第一、第二大股东性质的虚拟变量后，经残差项加权调整处理后（模型 4、模型 6），第一大股东持股、股权制衡仍对公司成长性显示其积极的正面效应，而增加了股权制衡虚拟变量后，第一大股东持股解释系数为 0.017857 远大于未增加时的 0.006526，第二大股东的股权制衡解释系数为 0.441076，第二至第五大股东股权制衡的解释系数为 0.387212；若剔除第一大股东持股的影响，单独考虑股权制衡及控制变量对公司绩效的影响（模型 7），股权制衡仍显示出对公司价值显著的激励效应。

上述结果表明，总体上，股权制衡存在着积极的治理激励功能，第一大股东改善公司绩效的动机会随着其他大股东持股的增加而增强；非第一大股东的其他大股东通过对第一大股东的制衡，形成有效的监督，制约第一大股东剥削中小股东的行为，提高公司绩效，结论验证了我们的假设七。另外，第一大股东的国有股性质对公司绩效具有负面影响，当第二大股东与第一大股东

表 4-13 多个大股东持股与公司成长性的回归关系（总样本）

自变量	因变量：企业成长性（市净率）						
	模型 1	模型 2	模型 3	模型 4（模型 3 的加权回归）	模型 5	模型 6（模型 5 的加权回归）	模型 7（加权调整回归）
截距	12.97024*	12.21242*	10.52495*	10.52204*	9.772830*	9.734185*	10.30027*
Largest	0.001210 (0.8467)	0.013089 (0.1001)	0.006215 (0.3473)	0.006526* (0.0000)	0.017571** (0.0303)	0.017857* (0.0000)	
Mctrl1		0.386848 (0.2605)			0.408489 (0.2285)	0.441076* (0.0000)	0.235656* (0.0000)
Mctrl2		0.427676 (0.2642)			0.395870 (0.2952)	0.387212* (0.0000)	0.135877* (0.0000)
Size	-2.514564*	-2.519946*	-2.529644*	-2.533212*	-2.536266*	-2.525171*	-2.467140*
Fixed	0.012004*	0.011955*	0.010555**	0.010477*	0.010489*	0.010560*	0.011353
Lever	0.070055*	0.070142*	0.071294*	0.071724*	0.071351*	0.070930*	0.069821*
Ind	-0.035899**	-0.033774*	-0.03822*	-0.038190*	-0.036000**	-0.036531*	-0.036174***

续表 4-13

因变量:企业成长性(市净率)

自变量	模型 1	模型 2	模型 3	模型 4(模型 3 的加权回归)	模型 5	模型 6(模型 5 的加权回归)	模型 7 加权调整回归
第一大股东性质虚拟变量(SS_1)			-0.321315	-0.338839*	-0.282434	-0.291889*	-0.148158
第二大股东性质虚拟变量(SS_2)			-0.313313*	-0.312597*	-0.349504	-0.341335*	-0.404328*
PB-mean			1.062759*	1.060359*	1.064775*	1.065565*	1.041350
Year03	0.733715*	0.737793*	0.049597	0.059518*	0.050352	0.050125*	0.072795
R-squared	0.144006*	0.147439*	0.170009	1.000000	0.173368*	1.000000*	0.000000*
F-检验值	40.90855	31.49606	33.13736	5.30E+14	27.72219	8.99E+09	2.22E+08
P 值	0.000000	0.000000	0.000000	0.000000	0.000000	0.000000	0.000000
White 异方差检验 P 值	0.000000*	0.000000*	0.000000*		0.000000*		

注:观测值为 2003 年和 2004 年的面板数据,共计 1466 个;表内数字为截距和自变量的回归系数,对应括号内数字为 P 值,截距和控制变量的 P 值省略;* 为 0.01 水平显著,** 为 0.05 水平显著,*** 为 0.10 水平显著。由于异方差显著,用残差项会降低解释变量的显著性,因此对解释变量不显著的模型进行 White 异方差检验,并对异方差显著的模型项进行加权回归。

为国有股时对公司绩效具有负面效应，与假设八吻合，即两大股东若同为国有股，会更容易联合起来侵占中小股东权益，使公司价值下降。在我们的模型中，其他的控制变量对公司价值的影响，不管是在加权调整前还是加权调整后，都是显著的。公司规模与公司成长性呈显著负相关，固定资产规模、负债规模与公司价值呈显著正相关，结论验证了第三章中的假设三、假设四和假设五；而独立董事在董事中的比例与公司价值呈现显著的负相关关系，与我们的假设六矛盾，说明中国的独立董事制度的设立是无效的，不能改善公司治理，反而会成为大股东剥削小股东的工具，恶化公司治理。

4.5.4.2 以亚样本为基础的股权制衡的治理效应

本研究将1466家总样本公司按照第一大股东的持股比例分为四个亚样本（同表4-7panel B的分类），在各个亚样本中，通过对第一大股东持股激励的估计，比较第二大股东、第二至第五大股东的持股激励强度（见表4-14）。根据模型2建立15个回归模型，估计第二大股东持股、第二至第五大股东持股对公司价值（成长性）的解释力。

表4-14显示，多个大股东持股股权制衡的存在，有利于降低第一大股东的持股对公司绩效负面的防御效应，增强第一大股东持股的积极激励效应。在本章之前的讨论中，我们预计在第一大股东持股小于20%的区间，由于总体上的股权分散，所谓股权制衡的作用并不显著，从模型2和模型5的比较中，我们看到第一大股东持股对公司绩效的影响在考虑了多个大股东存在的因素后，解释系数稍微下降，由0.255686下降到0.240776；我们重点要考察的是第一大股东持股从20%到50%的这个区间范围，对所有的控制变量包括企业规模、资产结构、财务杠杆、监督力度、行业属性、年份和大股东性质加以控制后，加入股权制衡解释变量后，第一大股东持股的正面治理功能更为显著，不考虑其

表4-14　Panel A 多个大股东持股与公司成长性的回归关系（亚样本）之一

自变量	因变量：企业成长性（市净率）						
	第一大股东持股比例小于20%的公司样本（观察值:111）					第一大股东持股比例大于70%的公司样本（观察值:92）	
	模型8（加权调整回归）	模型9（加权调整回归）	模型10（加权调整回归）	模型11（加权调整回归）	模型12（加权调整回归）	模型13（加权调整回归）	模型14（加权调整回归）
截距	-16.2515*	1.614011*	1.178518*	1.176940	-2.066173*	-0.807592*	-1.544016*
Largest	0.434979* (0.0000)	0.255686* (0.0000)	0.124312* (0.0003)	0.246015* (0.0000)	0.240776* (0.00000)	0.133075* (0.0000)	0.136979* (0.0000)
Mctrl1			0.737067* (0.0003)		2.139278*** (0.0842)		
Mctrl2				-0.789005* (0.0003)	-2.311669*** (0.0608)		
Size	-3.792108*	-5.857109*	-5.002660*	-5.703133*	-4.341685*	-1.529545*	-1.542999*
Fixed	0.183384*	0.164898*	0.129854*	0.161107*	0.137439*	-0.001378	-0.002399
Lever	0.237955*	0.245813*	0.221243*	0.241776*	0.206856*	0.036953*	0.038055*
Ind	-0.068282*	-0.141914*	-0.139036	-0.128915	-0.137078*	-0.006744*	-0.005404*
第一大股东性质虚拟变量(SS_i)	-1.808631*	-2.120599*	-1.707730	-1.884264*	-1.754474*	0.042608	0.087708

续表 4 – 14

因变量：企业成长性（市净率）

自变量	第一大股东持股比例小于 20% 的公司样本（观察值:111）					第一大股东持股比例大于 70% 的公司样本（观察值:92）	
	模型 8（加权调整回归）	模型 9（加权调整回归）	模型 10（加权调整回归）	模型 11（加权调整回归）	模型 12（加权调整回归）	模型 13（加权调整回归）	模型 14（加权调整回归）
第二大股东性质虚拟变量（SS_2）		5.987650 *	4.479347 *	5.481245 *	3.994535 *		−0.439358 *
PB-mean	6.226930 *	5.697643 *	5.603891 *	5.779458 *	5.195381 *	0.076825 *	0.261592 *
Year03	−0.71573 **	−0.761979	−0.863378 *	−0.650439 ***	−0.133431 *	0.655635 *	0.477163 *
R-squared	1.000000 *	0.999786 *	0.999309 *	0.999967 *	0.999204 *	0.999893 *	1.000000 *
F-检验值	2.18E + 7	52404.58	14459.02	306828.4	11297.69	96884.64	2.33E + 10
P 值	0.000000	0.000000	0.000000	0.000000	0.000000	0.000000	0.000000
White 异方差检验 P 值							

表4-14 Panel B 多个大股东持股与公司成长性的回归关系（亚样本）之二

因变量：企业成长性（市净率）

自变量	第一大股东持股比例在20%—50%之间的公司样本（观察值:777）					第一大股东持股比例在50%—70%之间的公司样本（观察值:486）		
	模型15（加权调整回归）	模型16（加权调整回归）	模型17（加权调整回归）	模型18（加权调整回归）	模型19（加权调整回归）	模型20（加权调整回归）	模型21（加权调整回归）	模型22（加权调整回归）
截距	14.76305*	14.81766*	14.47581*	14.53830*	14.43502*	5.124454*	4.975156*	5.055703*
Largest	0.023564* (0.0000)	0.021463* (0.0000)	0.026682* (0.0000)	0.026641* (0.0000)	0.027128* (0.0000)	−0.000833* (0.0000)	0.001575* (0.0000)	0.001757* (0.0000)
Mctrl1			0.211059* (0.0000)		0.224284* (0.0000)			0.224284* (0.0000)
Mctrl2				0.073505* (0.0000)	−0.002939 (0.3020)			
Size	−3.137408*	−3.146220*	−3.122503*	−3.141231*	−3.122964*	−0.681377*	−0.688316*	−0.758572*
Fixed	0.004279*	0.005045*	0.004363	0.004553	0.004586*	0.002688*	0.002363*	0.003433*
Lever	0.067205*	0.067677*	0.067579*	0.067744*	0.067508*	0.012603*	0.011743*	0.012008*
Ind	−0.024556*	−0.025229*	−0.023296*	−0.024494*	−0.022975*	−0.016774*	−0.013852*	−0.008806*
第一大股东性质虚拟变量（SS1）	−0.342476*	−0.235651*	−0.246681*	−0.269089*	−0.243011*	0.079827	0.051342	0.007052

续表 4－14

自 变 量	因变量：企业成长性（市净率）							
	第一大股东持股比例在 20%—50% 之间的公司样本（观察值:777）					第一大股东持股比例在 50%—70% 之间的公司样本（观察值:486）		
	模型 15（加权调整回归）	模型 16（加权调整回归）	模型 17（加权调整回归）	模型 18（加权调整回归）	模型 19（加权调整回归）	模型 20（加权调整回归）	模型 21（加权调整回归）	模型 22（加权调整回归）
第二大股东性质虚拟变量（SS$_2$）		−0.243033*	−0.270663*	−0.213563*	−0.255582*		0.072362*	0.095009*
PB-mean	0.255309*	0.265771*	0.230343*	0.286839*	0.233522*	0.206931*	0.200978*	0.231142*
Year03	0.554989*	0.530334*	0.591802*	0.523799*	0.584079*	0.435949*	0.462385*	0.442086*
R-squared	1.000000	0.999998	1.000000	1.000000	0.999999	1.000000	1.000000	0.999981
F-检验值	3.19E＋10	56175086	7.58E＋08	3.38E＋10	1.08E＋08	5.07E＋08	9.34E＋10	2524459
P 值	0.000000	0.000000	0.000000	0.000000	0.000000	0.000000	0.000000	0.000000
White 异方差检验 P 值	0.000000							

注：总样本观测值为 2003 年和 2004 年的面板数据，共计 1466 个；表内数字为截距和自变量的回归系数，对应括号内数字为 P 值，截距和控制变量的 P 值省略；* 为 0.01 水平显著，** 为 0.05 水平显著，*** 为 0.10 水平显著，由于异方差显著可能会降低解释变量的显著性，因此对解释变量进行 White 异方差检验，并对异方差显著的模型用残差项进行加权回归。

他大股东的因素时第一大股东持股对公司绩效的解释系数为0.021463，小于单独考虑第二大股东、第二至第五大股东的股权制衡时的系数 0.026682、0.026641，也小于考虑两种制衡时的0.027128，并且在只选用单一的股权制衡变量时，股权制衡与公司绩效呈现显著正相关；第一大股东掌握绝对控股权后，在持股比例从 50% 到 70% 这个区间，第二大股东股权制衡的存在使第一大股东对公司绩效负面效应转为积极的正面效应，第一大股东的解释系数由之前的 − 0.00833 转为 0.001757，提高了公司绩效；在第一大股东持股大于 70% 的区间，根据我们对股权制衡的界定，不存在股权制衡的情况，因此不加以考虑。

上述结果初步表明，非第一大股东的其他大股东的存在，会改善第一大股东的治理功能。随着第二大股东、第二至第五大股东持股的增加，会形成对第一大股东有效的监督制衡，对公司成长性产生正面激励作用，验证了假设七。在第三章我们验证了因第一大股东的持股区间而异，第一大股东持股对公司绩效既存在激励效应，又存在防御效应。在这一章里我们验证了其他大股东形成的股权制衡，会改善这种区间效应，降低代理成本，增强激励效应，减少防御效应。另外，在模型中我们观察到，第一大股东持股的国有股性质在第一大股东持股小于 50% 的区间与公司价值呈负相关，在大于 50% 的其他区间，第一大股东的国有股性质与公司价值呈显著正相关关系，这与我们的假设二相符；而第二大股东与第一大股东同为国有股性质对公司绩效的影响是变化的，不能验证我们的假设八。其他的控制变量与公司成长性的回归结果表明：公司规模越大，反而会降低公司业绩；杠杆会增加公司绩效；独立董事制度不能有效地对公司进行监督。假设三、假设五仍得到有利的佐证，假设六仍不成立，即独立董事制度的设立在我国是无效的，而对假设四的验证在第一大股东持股超过

70%的区域遇到了困难，因为在此区域，固定资产规模与公司价值呈现显著的负相关关系，这可能是因为当第一大股东持股达到了很大规模后，无形资产在企业价值创造中发挥着越来越大的作用，固定资产比重过大会制约公司的发展，会使公司价值下降。

4.5.5 小结

不论是在我们的总样本和亚样本中，实证结果均显示，第二大股东持股、第二至第五大股东持股均与第一大股东形成有效地制衡，非第一大股东的其他大股东与第一大股东的制衡会有效地改善公司治理，提高公司绩效。实证结果肯定了我们的预期，即非第一大股东的其他大股东持股会对第一大股东行为实施有效监督，抑制第一大股东对中小股东的剥削行为，减轻代理成本，增加公司价值。

我们发现，在我们的亚样本公司中，股权制衡的公司与非股权制衡公司相比，能显著增加公司价值。发挥其积极的监督功能。在我们的研究中，验证了非第一大股东的其他大股东积极的治理功能，他们凭借其较大的持股比例会全力对第一大股东进行监督，减少第一大股东对中小股东的侵占动机和能力，改善第一大股东的治理，从而增加公司价值。

4.6　投资者保护与外部审计师选择

国内学者对股权结构与审计需求的关系的研究已有涉及，集中在对管理层持股对审计师选择的影响上。本研究在上述研究的基础上，进一步深入分析大股东持股与大审计师事务所的选择之间的关系，并侧重考察大股东间持股的制衡与企业外部审计需求之间的关系。大股东间的权力制衡是上市公司的内部治理机制的一种改善，而选择大审计师事务所意味着公司外部监督机制的加强，本研究企图探讨二者之间的关系，及其对上市公司治理水平的影响，这也是本研究的贡献所在。

4.6.1 研究假设

结合现有的理论和我国的研究背景，提出本研究的研究假设。

大股东持股在公司治理中的作用，因其持股比例的变化，呈现出激励效应和防御效应两种不同的效应。当第一大股东持股较少时，大股东持股的增加使大股东更有积极性去监督管理层的绩效，提高公司价值，有利于减少股东与经理的代理成本，此时第一大股东持股越多，代理成本减少越多，代理成本与第一大股东持股负相关；随着大股东持股比例的逐步上升，第一大股东会利用其控制权侵占小股东利益，大股东可能通过关联交易等方式掏空企业资产，大股东与小股东之间的代理成本增加，此时代理成本与第一大股东持股正相关；但随着大股东持股比例的进一步上升，大股东利益与企业整体利益趋于一致，大股东对小股东的利益侵占减少，从而又会表现出代理成本与大股东持股负相关的关系。三个阶段大股东持股的变化，使代理成本与第一大股东持股呈倒 N 形关系，由于第二阶段大股东的防御效应会很快地超过第一阶段的激励效应，因此在研究中，可以忽略第一阶段，即代理成本与第一大股东持股呈倒 U 形关系。根据代理理论，代理成本与选择大事务所的需求正相关，因此，我们提出假设 1。

假设 1：公司选择大事务所的概率与第一大股东持股比例呈倒 U 形曲线关系。

Jensen 和 Meckling（1976）认为，在完善的资本市场条件下，代理问题较为严重的公司将有积极性通过引入外部监督，以降低内部代理成本，并提高企业市场价值。这表明，外部监督与内部代理机制之间存在相互替代关系：若内部代理机制较为完善，则企业可能较少诉诸外部监督的作用；反之，若内部代理机制较为薄弱，则企业可能将更多地依赖于外部监督机制，来降低代理成本，从而提高企业价值。多个大股东的股权制衡是对公司股权结构调整的一种内部治理机制，可以有效地监督第一大股东的行为，减少第一大股东对中小股东的剥削，减少代理成本。若公司存在多个大股东的股权制衡时，我们认为，企业的内部代理机制较为完善，对外部监督机制的需求减少。由此，提出假设2：

假设2：股权制衡的存在，会减少公司选择大事务所进行审计的概率。

公司成长性越低，再投资机会减少，更容易发生内部人与外部股东之间的代理成本，管理者也更容易进行非价值最大化活动。因此，我们提出假说3。

假设3：公司成长性越低，越容易聘请大事务所进行审计。

Jensen 和 Meckling（1976）认为，企业越大，总的代理成本也越大，因为大企业的监督功能本来就更困难，更昂贵，因此我们提出假设4。

假设4：公司规模越大，越容易聘请大事务所进行审计。

负债水平越高，管理者和股东可以转移的财富的潜在金额就越高，从债权人那里转移财富的动机就越大，因此公司负债水平越高，对债权人的掠夺风险越高，代理成本越高。我们提出假设5。

假设5：公司资产负债率越高，越有可能选择大事务所进行审计。

理论上，独立董事作为公司治理结构中的监督制约机制，包含独立董事的董事会可将代理成本最小化，独立审计制度的设立会使公司对外部独立审计的需求降低。但是由于我国的独立董事制度建立时间不长，还处于不断完善的过程中，所以独立董事制度在缓解公司的代理冲突，降低公司的代理成本问题上并未发挥出真正的作用。由此提出假设6。

假设6：独立董事制度不会降低对大事务所选择的需求。

4.6.2 研究设计：模型与变量

4.6.2.1 研究目的

本研究利用上市公司的数据实证考察大股东持股与股权制衡对审计师选择的影响，分析大股东治理下公司的外部监督机制（审计师选择）与公司内部治理机制（股权制衡）的关系，实证检验股权制衡、审计师选择的公司治理效率。进一步地，本研究试图为公司内外部治理机制的优化举措提供经验证据。

4.6.2.2 模型和变量设计

本研究建立基本计量模型，考察第一大股东持股和股权制衡对我国上市公司审计师选择行为的解释力。由于 $Auditor$ 是 0 - 1 变量，因此采用 logistic 回归模型进行检验。同时，因为企业选择大会计师事务所的概率还受到公司规模、财务杠杆、董事会的独立性，以及行业因素和年度股市走势的影响，因此我们在回归方程中加入了这些控制变量。

$$Auditor = \partial + \beta_1^* \, ownership + \beta_2^* \, character + \beta_3 Year03 + \varepsilon$$

$Auditor$ 为公司是否选择大事务所的计量指标。根据 DeAngelo（1981）的研究，由于准租的存在，仅仅是事务所的规模就可以解释审计质量；Watts 和 Zimmerman（1981）也认为，大事务所会提供较高质量的审计服务。在研究中，一般以客户的资产规模或销售收入作为事务所规模的变量。中国证监会（2002）以审计总收入、证券收入、客户数、客户总资产、CPA 人数、有证券职业资格的注册会计师人数等几项指标为标准来确定大事务所。审计总收入列入前 3 名，或证券收入列入前 3 名同时还有 1 项其他指标列入前 10 名，或有 2 项以上除收入外的指标列入前 10 名，则被认为是大事务所。根据以上标准最后确定 11 家大事务所：安永大华、岳华、上海立信长江、中瑞华恒信、浙江天健、信永中和、北京京都、深圳鹏城、毕马威华振、德勤华永、普华永道中天。本研究以上述排名的结果作为我国大事务所的范围：如果公司选择上述事务所作为主审事务所，则 $Auditor = 1$，否则，$Auditor = 0$。

$Ownership$ 为股权结构的制度变量，包括第一大股东持股比例（$Largest$）、第一大股东持股比例平方（$Largest2$）和两个不同范围的股权制衡虚拟变量（$Mctrl1$、$Mctrl2$）（参照国内对股权制衡的相关研究，我们确定两个衡量股权制衡的变量，定义 $Z2$ 为第二大股东持股比例与第一大股东持股比例之比，$Z2345$ 为第二至第五大股东持股比例之和与第一大股东持股比例之比）；$Character$ 为一组反映组织特征的技术变量解释变量，主要涉及公司价值（$Performance$）、公司规模（$Size$）、财务杠杆（Lev）、董事会的独立性（Ind）；$Year03$ 用来控制年份的影响；a 为截距，e 为残差项（具体的变量说明及描述见表 1 - 15）。

表 4 - 15　变量定义一览表

	变量(符号)	性　质	描　　述	备　注
	大事务所虚拟变量($Auditor$)	因 变 量	若公司选择文中界定的大事务所进行审计，$Auditor = 1$；若非，$Auditor = 0$	
制度变量	第一大股东持股（$Largest$）第一大股东持股平方($Largest2$)	解释变量	第一大股东的持股比例第一大股东的持股比例平方	
	股权制衡虚拟变量 1($Mctrl1$)股权制衡虚拟变量 2($Mctrl2$)	解释变量	若 $Z_2 > 0.5$ 时，$Mctrl1 = 1$，否则 $= 0$；若 $Z_{2345} > 1$，$Mctrl2 = 1$，否则 $= 0$	$Z_2 = sh2/sh1$ $Z_{2345} = (sh2 + sh3 + sh4 + sh5)/sh1$

	变量(符号)	性　质	描　述	备　注
技术变量	公司价值（*Performance*）	控制变量	本章选用市净率（P/B）作为其计量指标；市净率为每股市价与每股净资产之比	市净率也可以作为行业属性的替代变量,因此本研究不引入行业控制变量
	企业规模（*Size*）	控制变量	企业账面总资产的对数	
	财务杠杆（*Lever*）	控制变量	企业资产负债率 = 总负债/总资产	
	董事会独立性（*Ind*）	控制变量	独立董事比例 = 独立董事数/董事总数	
	*Year*03	控制变量	该变量为虚拟变量,如果该数据为 2003 年数据 *Year*03 = 1；反之,*Year*03 = 0	设置该虚拟变量用于消除面板数据所带来的固定效应及时间效应

注：本研究进行的是面板数据分析，所有变量的取值为 2003 年年末或 2004 年年末数据。

4.6.3　描述性统计

4.6.3.1　样本选择与资料来源

本研究以 2003 年至 2004 年沪市上市公司的平行数据作为研究对象，选择 2003 年 12 月 30 日之前在上海证券交易所上市并且至今交易的上市公司作为研究样本（共涉及所有 13 个大类行业），剔除财务异常或数据缺损的公司，剔除审计师事务所资料缺损的公司，计量观察样本为 718 家上市公司，共 1436 个公司年度观察值。研究数据来源于中国证券监督委员会网站（http：//www. csrc. gov. cn）、"巨潮资讯"网站（http：//data. cninfo. com. cn）和 CCER 中国证券市场数据库。

4.6.3.2 样本特征的描述性统计

（1）选择大事务所进行审计的行业统计

对所有样本上市公司按行业分组的统计结果（表略）显示：我国上市公司中对大事务所的选择存在行业差异性，但总体而言选择大审计师事务所审计的比例偏低；从总体样本来看，选择大事务所的公司占全部样本公司比重为 30.36%。结果显示了我国上市公司对高质量的审计需求的总体水平偏低。

（2）主要变量描述性统计结果

表 4-16 列示了样本总体、选择大事务所样本、未选择大事务所样本的解释变量和控制变量的描述性统计结果（测量股权制衡的变量为虚拟变量，故不在此描述性统计表中）。表 4-16 显示：除财务杠杆外，选择大事务所和不选择大事务所的两类企业在各变量上都存在差异，说明两类企业无论是在股权结构还是组织特征上都存在差别。从第一大股东持股比例看，选择大事务所的公司的样本均值和中位值高于不选择大事务所的公司样本；从组织特征看，独立董事比例、规模和公司价值指标选择大事务所的公司的样本均值和中位值均高于不选择大事务所的公司样本；从债务比例看，聘请大事务所审计的公司要略小于聘请非大事务所审计的公司。

4.6.4 实证结果及分析

本研究根据基本计量模型，按照解释变量和控制变量的不同组合，运用 logistic 回归分析方法建立 9 个计量模型，考察大股东持股是否会对事务所选择产生足够的影响力，估计股权结构和组织特征对选择大事务所的解释力（回归结果见表 4-17）。

表 4-17 的结果表明，在控制了公司成长性、公司规模、财务杠杆和董事会独立性四个组织特征的影响后（模型 5、6、7），第一大股东持股与选择大事务所的概率显著正相关，第一大股东

表 4 - 16　解释变量的描述性统计

变　量	大事务所所选择虚拟变量	均　值	中位值	最大值	最小值	标准差	观察值
Largest	Auditor = 0	43.74989	43.15000	85.00000	7.02000	17.12309	1000
	Auditor = 1	44.53321	44.32000	82.05000	6.140000	16.51814	436
	Total	43.98772	43.65000	85.00000	6.14000	16.93979	1436
Performance	Auditor = 0	2.780617	2.095205	106.4515	0.077342	4.655210	1000
	Auditor = 1	2.857070	2.216009	44.68977	0.692396	3.207239	436
	Total	2.803830	2.130499	106.4515	0.077342	4.266853	1436
Size	Auditor = 0	5.175250	5.130000	6.810000	4.150000	0.392180	1000
	Auditor = 1	5.353716	5.310000	7.660000	4.080000	0.459680	436
	Total	5.229436	5.180000	7.660000	4.080000	0.421743	1436
Lever	Auditor = 0	47.50558	48.20000	96.22000	2.320000	18.03802	1000
	Auditor = 1	47.45472	48.15500	95.06000	3.300000	18.90628	436
	Total	47.49014	48.17500	96.22000	2.320000	18.29939	1436
Ind	Auditor = 0	33.10197	33.33000	60.00000	3.230000	5.939977	1000
	Auditor = 1	37.74612	33.33000	60.00000	11.11000	5.094618	436
	Total	32.99393	33.33000	60.00000	3.230000	5.697177	1436

表4-17 审计师选择和股权结构及组织特征的 logit 回归结果

因变量:公司选择大审计师事务所的概率

自变量	模型 1	模型 2	模型 3	模型 4	模型 5	模型 6	模型 7	模型 8	模型 9
常数项	-0.950655*	-1.409961*	-1.220005**	-1.101853**	-7.375424*	-7.164760*	-7.141212*	-7.192741*	-7.170150*
Largest	0.273083 (0.4203)	2.662234 (0.1535)	2.123558 (0.2793)	1.623102 (0.4419)	4.241000* (0.0256)	3.667749*** (0.0648)	3.573434*** (0.0952)	3.675041*** (0.0642)	3.585290*** (0.0941)
Largest²		-2.668496 (0.1924)	-2.293996 (0.2721)	-1.816465 (0.4086)	-5.270578*** (0.0120)	-4.887602*** (0.0219)	-4.723393*** (0.0355)	-4.896230*** (0.0216)	-4.735915** (0.0351)
Mctrl1			-0.139723 (0.3930)					-0.160867 (0.3310)	
Mctrl2				-0.197691 (0.3077)		-0.161306 (0.3296)	-0.131232 (0.5049)		-0.130013 (0.5090)
Performance					0.035319*	0.036103**	0.035667**	0.035759**	0.035331**
Size					1.199713*	1.201962*	1.194759*	1.203558*	1.96360*
Lever					-0.005038	-0.005114	-0.005149	-0.005061	-0.005027
Ind					-0.009684	-0.010017	-0.009897	-0.010046	-0.009925
Year03								0.031811	0.031108
McFadden-R²	0.000368	0.001350	0.001765	0.001941	0.038679*	0.039220*	0.038932*	0.039261*	0.038971*
LR 值	0.649510	2.379429	3.111075	3.422458	68.19651	69.14976	68.64174	69.22145	68.71029
P 值	0.120288	0.304308	0.374815	0.330959	9.58E-13	2.19E-12	2.78E-12	7.02E-12	8.87E-12
观察值(N)	1436	1436	1436	1436	1436	1436	1436	1436	1436

注:表内数字为常数项和自变量的回归系数,回归系数的 Z 检验值省略,* 为 0.10 水平显著,** 为 0.05 水平显著,*** 为 0.01 水平显著;为了避免多重共线性问题,对控制变量做了不同的组合。

持股的平方与选择大事务所显著负相关，股权制衡（包括两个不同范围的变量）与是否选择大事务所之间存在负向关系，但结果并不显著。实证结果验证了假设1，公司选择大事务所的概率与第一大股东持股比例呈倒U形曲线关系，并初步验证了假设2，股权制衡与选择大审计师之间存在负相关关系。另外，在组织特征控制变量中，公司成长性及公司规模与审计师选择之间存在显著的正相关关系，而财务杠杆及董事会独立性与是否选择大事务所进行审计不存在显著相关关系。这与我们的假设4与假设6吻合，即公司规模与审计师选择正相关，董事会的独立性在审计师选择上并未发挥积极作用。我们的结果与假设3背道而驰，即公司的成长性越高反而越愿意聘请大事务所进行审计，这可能是因为我国的股权集中度较高导致信息不对称的增大，因此成长性高的公司愿意通过雇用高质量的审计师来向其他利益相关者传递其信息披露透明的信号，从而吸引更多的投资者加入企业，提高企业的市场价值。实证结果未显示公司负债率与审计师选择间的正相关关系，无法验证假设5，这说明债权在我国不能发生有效的公司治理作用。在控制了年份变量的影响后（模型8、9），各股权结构及组织特征变量与是否选择大审计师之间的相关关系仍与模型5、6、7的结论相同。

为了检验结论的稳定性，参照孙铮（2004）的研究，我们以国际四大和国内五大作为大事务所的替代变量进行了敏感性分析（表略），结论基本一致。

4.6.5 结论及政策建议

本研究检查了大股东持股与大股东持股间的股权制衡对选择大审计师事务所进行审计的影响，考察了我国上市公司股权制衡和选择高质量审计这两种公司内外部治理机制之间的关系。我们的经验结果说明，我国上市公司的大股东间的股权制衡与大审计师事务所选择之间存在相互替代关系，即当企业的股权结构得到改善时，同时，对高质量外部审计师的需求将下降，结果同时显示，这种股权制衡与大审计师事务所选择都能达到保护投资者合法权益的目的的互补关系并不显著。这可能基于两方面的原因：一方面，其他大股东（本研究指第二大股东、第二大至第五大股东）可能并不热衷于"隧道效应"带来的私人收益，在一定程度上扮演监督和制衡的角色，可以降低信息的不对称，向外界传递对外部中小投资者保护的信号，此时上市公司聘用高质量审计的动机降低；另一方面，由于我国股权结构的特点，第一大股东持股比例过高甚至是绝对控股的，第二大股东、第二至第五大股东的监督制衡能力相对较弱，因此其他大股东有可能求助于外部治理机制，要求选择大事务所进行审计，从而保护自身以及其他股东的正当权益。

西方的大量经验证据表明，代理成本越高，公司越倾向于选择大事务所进行审计。本研究对我国上市公司审计师选择行为的研究基本吻合代理理论，略有偏离。本研究发现，第一大股东持股与是否选择大事务所之间呈倒 U 形关系，控股股东与中小股东的代理成本因控股比例不同发生变化，呈现出激励效应和防御效应，因此在进行审计师选择时，也因控股比例的不同同时存在激励效应和防御效应。同时，我们的结论表明，公司规模、成长性与是否选择大事务所进行审计存在着显著的正向关系，财务杠杆、董事会独立性等因素未发现其与审计师选择的显著关系。

我们的实证结论与西方代理理论的差异和偏离，是由于我国的制度背景造成的。首先，我国上市公司特殊的股权结构（股权集中和国有控股等）、治理结构导致我国上市公司的代理关系与英美等西方国家存在差异；其次，由于我国的证券市场起步晚，相关的制度和法规还不健全，还不能充分发挥其应有的治理作用，例如独立董事制度、公司披露制度等都还有待完善；最后，我国的审计市场的发展尚不成熟，大事务所的审计质量是否优于其他事务所有待验证，故选择大事务所是否有利于降低代理成本不免使人有所质疑。

基于上述研究结论，为了提高外部审计约束的有效性并减少控股股东的利益侵占行为，我们建议：（1）完善公司股权结构，建立多个大股东持股的股权制衡，促进其他大股东对第一大股东实施有效的监督制衡；（2）改进公司披露制度，提高上市公司的会计透明度，建立通畅的信息传递机制；（3）不断促进审计市场的整合和发展，提高外部审计的独立性和审计能力。

5 投资者保护与资本成本理论模型：公司治理（三）

5.1 引言与文献综述

5.1.1 问题的提出

投资者保护（Investor Protection）的研究源于公司治理（corporate governance）中的委托代理问题，传统的公司治理理论与实践将重点放在公司所有者与经营者之间的委托代理关系上，也即考察如何有效地监督经营者（管理者），随着理论研究地推进。许多学者发现，控股股东的存在能够比较有效地提高企业的经营绩效，这是因为控股股东期望得到控制权共享收益而能够比较有效地监督管理者。但是，如若控股股东的目的在于谋求私人利益，则会直接导致掠夺①（掏空、支撑）行为的出现。Grossman

① 本文中使用"掠夺行为"来概括大股东对外部股东的掏空行为和支撑行为，特指大股东对外部股东利益的侵占。

和 Hart（1988）首先提出控制权收益（Private Benefits of Control）的概念来描述控股股东所谋求的私人利益。[1] 事实，对于世界上各个主要资本市场，当大股东的控股股权能够有效控制公司的同时，他们更倾向于利用控制权侵占中小股东利益，以谋取控制权的私人收益（Shleifer & Vishny，1997）。此外，在中小投资者利益保护薄弱的国家，控股的主要动机在于侵占（expropriation）其他股东利益以获取控制权私人利益（Bebchuk，1999）。Johnson 和 LLS（2000）在《掏空》一文中将掏空（tunelling）定义为控股股东为了自身利益将资产和利润转移到公司外部的行为。至此，理论研究焦点开始转向新委托代理关系——内部人与外部投资者的利益冲突关系上，其中大股东在公司治理中所扮演的角色特别受到关注。已有相关研究认为，世界上多数国家的公司代理问题是控股股东掠夺中小股东的问题，而高管与外部股东的委托代理问题反而居于次要的地位（La Portal et. al，1999；Claessens et. al，2002）。特别是在东亚股权高度集中的转型经济中，代理问题主要集中于大股东和外部中小投资者之间的代理问题（Joseph & Wong，2002）。分析框架的转变使得我们把视线从经理人员（高管）转移到了外部投资者身上——如何设计出有效的机制来防止出现内部人（控股股东）对外部投资者（中小投资者）的掠夺行为。[2]

---

① 控制性股东通过对控制权的行使而占有的全部价值之和，包括自我交易、对公司机会的利用、利用内幕交易所获得的全部收益、过度报酬和在职消费等。他们在研究公司投票权和现金流权利的最优分配时，将公司的价值分为两部分：一部分是股东所得到的股息流量的现值，即共享收益，如企业利润；另一部分是经营者所享有的私人利益，称之为控制权收益。

② La Portal 等（1999）和 Claessens 等（2002）通过分析认为，世界上多数国家的公司代理问题是控股股东掠夺中小股东的问题，而高管与外部股东的委托代理问题反而居于次要的地位。分析框架的转变使得我们把视线从经理人员（高管）转到了外部投资者身上——如何设计出有效的机制来防止出现内部人（控股（转下页注）

再者，在企业内部，与大股东相比，中小股东缺乏保护自身利益的手段，小股东的利益容易受到大股东侵占，投资者权利在企业框架中的弱化要求外部治理制度（法律和政治层面）给予外部投资者更多的保护。在投资者和小股东保护不足的国家中，大股东往往会有倾向于转移掠夺企业资源的强烈动机和实际行动，这严重地侵害了中小股东的合法权益（LLSV，1997，1998，2000；LLS，1999；JLLS，2000，Friedman et. al，2003）。因此，健全国家法律制度建设、加强法律执行力度显得甚为重要，这也是解决大股东掠夺企业资源的根本所在。而改善信息披露制度是完善法律制度的关键因素，虽然信息披露并不直接作用于薄弱的中小股东保护问题，但它确实是一个非常重要的因素。具体而言，在信息对称的情况下，大股东掠夺行为的发生将促使投资者或中小投资者通过"用脚投票"或股票转手等形式来对抗大股东行为，从而增加企业在证券市场上的融资难度，也即增加了企业的权益资本成本，而权益资本成本的增加将能够有效地制约大股东掠夺行为，以达到投资者保护的目的，这也是一个值得深入探讨

（接上页注）股东）对外部投资者的掠夺行为。Classens 和 Lang 等（2000）发现，在所有国家和地区，所有权与控制权分离的状况，控股股东都普遍持有超出现金流权利的投票权（通过金字塔式和交叉持股），最大股东可以通过控制相对较少现金流来控制公司的运营，这也许是导致掠夺产生的本质原因。Bebchuk 等（2000）认为，现金流权和控制权相分离的情况下，在公司投资项目、公司规模扩张以及公司控制权转移三方面存在代理成本，控制股东可能为了掠取控制权私人收益对中小股东进行利益侵占。为了更彻底分析控股股东的掠夺行为，Johnson、La Porta、Lopez-De-Silanes 和 Shleifer（2000），Fiedman、Johnson 和 Mitton（2003）提出了掏空和支撑两个概念来反映两种截然不同的掠夺行为。其中，前者是指控股股东侵占上市公司利益的行为，后者则是指控股股东向上市公司输送利益的行为。根据 Fiedman、Johnson 和 Mitton（2003）的观察，只有将控股股东这两种行为结合起来分析才可以完整地解释新兴市场中上市公司的融资行为。公司治理的研究焦点落在大股东对企业资源掠夺行为（包括掏空行为和支撑行为）的剖析层面上。

的问题。

本研究将试图通过建立资本成本理论模型来阐述证券市场、大股东与中小股东之间的三角关系，探讨企业权益资本成本与大股东持股比例以及投资者法律保护程度之间的关系。

5.1.2 中国上市公司的典型事实

5.1.2.1 中国上市公司的融资现状

企业的融资可分为内源融资和外源融资[①]，西方发达国家主要利用内源融资，然而我国上市公司的融资结构[②]却与之截然相反，许多上市公司偏好于外源融资。在外源融资的两种基本融资方式债权融资与股权融资之中，我国企业更偏好于股权融资。[③]也正由此，本研究将主要考察企业的股权集中度对企业权益资本

---

① 内源融资是指企业不断将自己的储蓄（折旧和留存利润）转化为投资的过程，是企业生存与发展不可或缺的重要组成部分。其中，折旧是以货币形式表现的固定资产在生产过程中发生的有形和无形损耗，它主要用于重置损耗的固定资产；留存利润是企业内源融资的重要组成部分，是企业再投资或债务清偿的主要资金来源；而外源融资就是指企业利用外部资本市场获得资金来源。

② 所谓企业融资结构（资本结构，Capital Structure），是指企业的资本来源及资本的构成。在现代市场经济条件下，企业可以利用市场上的各种融资金融工具获取企业所需的资金，并通过企业的生产经营活动，保证生产成本和风险的最小化，谋求企业资产的保值或增值，以实现企业经营者和所有者权益的最大化。实际上，企业的资本构成安排就是一个融资决策，而融资决策会影响到企业的经营效益。上市公司进行融资时，其方式主要有股权融资和债权融资两种。

③ 黄少安和张岗（2001）研究认为，我国上市公司存在着强烈的股权融资偏好，公司股权资本成本大大低于债务的成本是股权融资偏好的直接动因。参见：黄少安和张岗：《中国上市公司股权融资偏好分析》，《经济研究》，2001年第11期，第12—27页。但是，陆正飞和叶康涛（2004）的研究认为，股权融资成本因素不能完全解释我国上市公司的股权融资偏好行为，研究发现，企业资本规模和自由现金流越低，净资产收益率和控股股东持股比例越高，则企业越有可能选择股权融资方式。他们还发现，股权融资成本与上市公司股权融资概率正相关。参见：陆正飞和叶康涛：《中国上市公司股权融资偏好解析》，《经济研究》，2004年第4期，第50—59页。

成本的影响。

截至 2006 年 12 月，我国证券市场拥有 1434 家境内上市公司，市价总值 89403.90 亿元，流通市价 25003.64 亿元，总股本 14897.57 亿股。[①] 中国证券市场在促进我国经济发展，完善市场体系，优化资源配置，促进生产要素重组中发挥着重要的作用。图 5-1 统计了 2000—2006 年间我国上市公司在证券市场上股票筹资的变化情况，图中显示于 2000—2002 年呈现下降趋势，但 2002 年以后出现稳步回升，而且由于 2006 年中国工商银行在上海和香港上市，引发了股票筹资的大幅度上升，上升幅度高达 197.16%。综合来看，我国证券市场上企业的股票筹资势头良好。

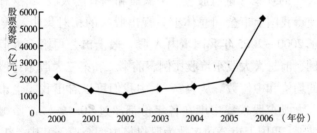

图 5-1   2000—2006 年我国上市公司股票筹资

资料来源：作者根据中国证券监督委员会网站（www.csrc.gov.cn）提供的数据整理获得。

5.1.2.2   中国上市公司的股权集中度

（一）大股东、股权集中度

大股东（large shareholder 或 blockholder）主要指持有某公司股份达到一定比例，他们可以直接或间接地控制公司业务经营、财务或者人事任免。持有一定的股权比例是大股东的首要特征。

---

①   统计资料来源：中国证券监督委员会网站（www.csrc.gov.cn）。

但也有部分大股东不行使控制权，不参与公司内部管理。此外，"控制"因素也是大股东具备的重要特征，同时也是大股东行为的本质特征。

所谓股权集中度就是指公司股份在多个大股东（multiple large shareholders）之间的集中分布情况，以及大股东对公司所有权的控制程度①。根据控制权的集中程度，可将公司划分为股权分散型（widely held）与控制型两类。股权分散型是指一个公司没有任何具有明显控制地位的所有者，而控制型则指公司股权集中程度相对较高。

（二）中国上市公司股权集中度的变化趋势

中国上市公司主要由国有企业改制而成，形成了"国有股一股独大"的现象（国有股包括国家股和国有法人股），这种制度安排使得我国上市公司总体上呈现出股权的相对集中。表 5 - 1 给出了 2000—2005 年我国境内 A 股一般上市公司第一大股东持股比例、前三大大股东持股比例、前第二和第三大股东持股比例之和的均值和中位数。从表 5 - 1 中我们可以看出我国上市公司的第一大股东股权集中度在各年份都超过 40.4%，按照国际上的标准②，我国上市公司多数为股权集中型企业，其中，于 2005 年上市的 A 股一般上市公司中，股权分散企业仅占 8.79%，绝对控股企业占 32.27%，而相对控股企业所占比例则高达

①　控股股东（the controlling shareholder）是从持股比例这个单一的角度来对股东进行定义的，其内涵与大股东并不一致，但与大股东却存在交叉。本文下面所指的控制权集中度是单单从大股东持股这一特征进行定义的。

②　国际上通常将控股股东所必要的持股比例界定在 20%—25%，在本文中，笔者采用 LLSV（1999）所界定的标准，控股股东必要的持股比例界定为 20%，如果在公司内部不存在一个持股比例达到该阈值的股东，则该公司股权分散；另外，借鉴国内其他学者对绝对控股的界定（徐晓东和陈小悦，2003），他们认为持股在 50% 控股份额以上的第一大股东，已具备绝对控制权，在本文中将这部分股东界定为绝对控股股东，而持股在 20%—50% 之间的为相对控股企业。

58.94%。此外，2000—2005 年间，第一大股东持股比例（均值）
与前第二和第三大股东持股比例之和（均值）比的各年份值分别
为：2000 年为 3.9∶1；2001 年为 3.8∶1；2002 年为 3.6∶1；2003
年为 3.3∶1；2004 年为 3.1∶1；2005 年为 2.9∶1。虽然两者之间
的差距在慢慢缩小，但是速度相当缓慢，而且第一大股东持股
比例仍较之高达 3 倍左右，两者之间对比悬殊。因此，在我国
上市公司的内部治理上，试图利用多个大股东之间的股权制衡
来牵制、制约第一大股东行为，以达到保护中小股东利益的目
的仍缺乏现实意义。实际上，借助外部治理制度（法律和政治
层面）来弥补投资者权益在公司内部治理上的弱化，对于我国
现阶段的投资者保护更加切实、可行，这也是本文研究的问题
之一。

表 5 - 1   2000—2005 年中国上市公司的股权集中度

项　　目		2000 年	2001 年	2002 年	2003 年	2004 年	2005 年
第一大股东持股比例	均　值	0.447	0.441	0.435	0.426	0.418	0.404
	中位数	0.442	0.435	0.431	0.413	0.398	0.378
前三大大股东持股比例之和	均　值	0.561	0.557	0.557	0.555	0.553	0.541
	中位数	0.575	0.569	0.569	0.568	0.566	0.555
前第二和第三大股东持股比例之和	均　值	0.114	0.116	0.121	0.129	0.135	0.137
	中位数	0.077	0.080	0.090	0.102	0.111	0.108

资料来源：作者根据色诺芬数据库提供的数据进行的计算整理统计，其中，数据
统计覆盖了各个年份中国境内的所有 A 股一般上市公司。

图 5 - 2 画出了我国上市公司股权集中度和我国的国内生产总
值（GDP）增长率在 2000—2005 年的年度变化情况，从图中可以
看出我国上市公司第一大股东持股比例（均值、中位数）呈下降
的趋势，2000—2005 年 5 年间，下降比例（均值）为 9.62%；
而我国的 GDP 增长率却保持较强的增长势头。该经验数据印证

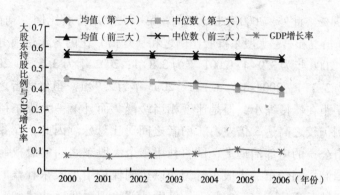

图 5 - 2　　中国上市公司股权集中度与 GDP 增长率：2000—2005

资料来源：作者根据表 1 - 1 的数据和《中国统计年鉴》2000—2005 年各卷提供的各年份 GDP 增长率整理获得。

了 Classens 和 Lang 等的研究结论：在公司层面上，上市公司控制权的集中度随着国家经济的发展水平的提高而降低。[①]

5.1.2.3　上市公司股权集中度的国际比较

金融法律论（Law and Finance）从投资者保护的角度解释了上市公司的股权集中度，研究发现，股权集中度与投资者保护程度成反比，因此，他们认为股权的高度集中是弱投资者保护的一种反映，强的投资者保护伴随着分散的股权结构。[②]

[①]　Classens 和 Lang 等（2000）调查了 9 个东亚国家 2980 家公司的所有权与控制权的分离状况。他们发现，在所有国家和地区，控股股东都普遍持有超出现金流权利的投票权（通过金字塔式和交叉持股），而在单个公司层面上，控制权的集中度在不同国家中随经济发展水平的提高而降低。参见：Claessens, Stjin, Simeon Djankov, and Larry Lang, 2000, "The separation of ownership and control in East Asia corporations", *Journal of Financial Economics* 58, 81 – 112。

[②]　参见：La Porta, R., Lopez-de-Silanes, F., Shleifer, A., Vishny, R. 1998a, "Law and Finance", *Journal of Political Economy*, vol. 106, pp. 1113 – 1155 和 La Porta, R., Lopez-de-Silanes, F., Shleifer, A., Vishny, R. (1997), "Legal determinants of external finance", *Journal of Finance*, 52; 1131 – 1150。

图 5-3 描绘了上市公司股权集中度的国际比较，从图中我们可以发现我国企业股权集中度的均值和中位数明显高于世界上各个主要的发达资本主义国家和地区，分别比美国高出 34 和 44 个百分点；分别比日本高出 36 和 42 个百分点；仅仅分别低于意大利 4 和 4 个百分点，低于巴西 3 和 7 个百分点；而与香港相当；此外，比世界平均水平分别高出 8 和 11 个百分点，表明相对于世界上大多数国家和地区，我国的上市公司的股权集中度偏高。

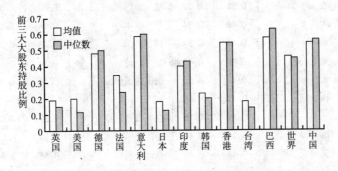

图 5-3　上市公司股权集中度的国际比较

表 5-2 中统计了世界上多数国家和地区的股权集中度，从表中我们可以看出，我国上市公司的股权集中度的均值和中位数相对于普通法系国家、德国法系国家和斯堪的纳维亚法系国家分别要高出 11 和 14，20 和 23，17 和 23 个百分点，而与法国法系的国家相当；我们还可以看出，我国上市公司的股权集中度的均值和中位数相对于世界上五大发达资本主义国家①的平均值分别高出 26 和 33 个百分点，比亚洲四小龙②的平均值分别高出 18 和 20 个百分点。这表明我国股权集中度远高于普通法系国家、德

---

① 五大发达资本主义国家包括：美国、日本、德国、英国、法国。
② 亚洲四小龙包括的国家和地区：韩国、中国香港、新加坡和中国台湾。

国法系国家和斯堪的纳维亚法系国家，且与五大发达资本主义国家相差巨大，同时也远远高于亚洲四小龙，这在一定程度上折射出我国较弱的投资者保护和上市公司不利于小股东利益的股权结构。

表 5 - 2   上市公司股权集中度的国际比较

国家和地区	均　值	中位数	国家和地区	均　值	中位数
澳大利亚	0.28	0.28	德　国	0.48	0.50
加拿大	0.40	0.24	日　本	0.18	0.13
香　港	0.54	0.54	韩　国	0.23	0.20
印　度	0.40	0.43	台　湾	0.18	0.14
新加坡	0.49	0.53	德国法系国家	0.34	0.33
泰　国	0.47	0.48			
英　国	0.19	0.15	巴　西	0.57	0.63
美　国	0.20	0.12	法　国	0.34	0.24
普通法系国家	0.43	0.42	意大利	0.58	0.60
			法国法系国家	0.54	0.55
挪　威	0.36	0.31			
瑞　典	0.28	0.28	全世界平均	0.46	0.45
斯堪的纳维亚法系国家	0.37	0.33	中　国	0.54	0.56

资料来源：La Porta, R., Lopez-de-Silanes, F., Shleifer, A., Vishny, R. (1998a), "Law and Finance", *Journal of Political Economy*, vol. 106, pp. 1113 – 1155。该文中 LLSV 统计了各国 10 家最大的非金融类企业，每一家企业前三大大股东的持股比例之和的均值和中位数。全世界平均为 LLSV 统计的所有国家（49 个国家）平均，此外，中国数据为作者根据色诺芬数据库提供的数据进行的计算整理，其中覆盖了 2005 年中国境内的所有 A 股一般上市公司，也即中国数据为 2005 年的统计数据。

5.1.2.4　中国投资者法律保护与其他国家的比较

投资者法律保护是从法系渊源（国家法律规定）以及法律执行质量的角度来考察国家对投资者合法权益的保护情况。投资者法律保护的研究源自于 LLSV 的系统论述。LLSV（1997，

1998，2000b）总结了各个法系之间投资者权益和执法质量等投资者保护维度的差异，阐述法律与公司融资之间的关系，并探讨了生成这些投资者保护差异的可能根源（法律、政治和经济等），他们指出强的投资者保护伴随着有效的公司治理、深化的金融市场、分散的股权以及资本在公司间的有效分配。

为了分析我国投资者法律保护在世界上所处的位置。表5－3统计了中国的投资者法律保护情况与世界其他国家进行的比较，从表中的数据来看，中国的债权人权利指数和反董事权利指数落入了拥有最好保护措施和最差保护措施的国家之间，但却略低于转轨经济国家和部分新兴市场国家，这两个指标是来自于文件法律，而非执行中的法律，不过可以肯定的一点是：以文件法律而言，中国投资者法律保护状况处于中等水平。其中，法治、腐败和司法体系指数的数据资料给出了中国所有的法律执行指标，中国的法治和腐败两类指标的数值明显低于发达国家、大部分新兴国家和 La Porta 等人样本国家的平均水平，表明中国的法律权利还没有得到很好的贯彻实施，中国的投资者法律保护状况在整体上仍处于世界较低水平。而由前面的分析我们知道我国上市公司的股权集中度居于世界前列，因此，我国的经验数据表明，我国弱的投资者保护伴随着企业股权结构的相对集中。

表5－3　中国投资者法律保护与其他国家的比较

	债权人权利指数	反董事权利指数	法治指数	腐败指数	司法体系效率
中　国	2	3	5	2	N/A
A栏：主要发达国家					
美　国	1	5	10	8.63	10
德　国	3	1	9.23	8.93	9
法　国	0	3	8.98	9.05	8

	债权人权利指数	反董事权利指数	法治指数	腐败指数	司法体系效率
B栏:主要的新兴市场国家					
印　度	4	2	4.17	5.58	8
新加坡	4	4	8.57	8.22	10
阿根廷	1	4	5.35	6.02	6
巴　西	2	3	6.32	6.32	5.75
韩　国	3	2	5.35	5.30	6
C栏:转轨经济国家					
波　兰	2.25	3	N/A	N/A	N/A
捷　克	3	3	N/A	N/A	N/A

资料来源: La Porta, R., Lopez-de-Silanes, F., Shleifer, A., Vishny, R. (1997), "Legal determinants of external finance", *Journal of Finance*, 52, pp. 1131 - 1150 和栾天虹:《投资者法律保护与外部监督股权的选择》,《经济学家》,2005年第4期,第106—111页。其中,N/A为残缺数据。

5.1.2.5　中国上市公司的权益资本成本

所谓权益资本成本,是指企业获得资金使用权而必须支付给投资者的成本。由于投资者来自资本的收益便是公司为此应支付的资本成本,因此,通过该方式计算得到的资本收益便是企业面临的资本成本,此处笔者用单位资本边际收益(Marginal Profitability of Capital,MPK)来衡量企业的权益资本成本(具体请看本书第三章的定义),研究证明MPK指标能准确反映企业的基本价值[①]。

图5-4给出了1995—2005年我国企业权益资本成本的变化

---

① 经验表明与托宾Q、利润与固定资本比率、现金流量等指标相比,MPK能更加准确反映公司的基本价值。而且投资者或中小股东在资本市场上要求的单位资本边际收益能更加准确地反映出企业的资本成本。

图，图中显示，1997—2000 年我国企业的平均权益资本成本出现下降的趋势，而 2000 年以后却出现回升的现象，并且 2003—2005 年的变化较为稳定。本章的第四节讨论这一变化与我国投资者法律保护历史实践进程之间的关系。

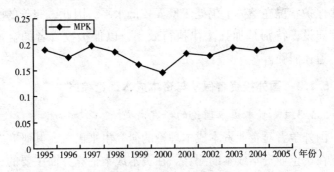

图 5 - 4　1995—2005 年我国企业权益资本成本变化

资料来源：作者根据色诺芬数据库计算整理获得。

5.1.2.6　小结

以上我国上市公司股权结构的典型事实表明，我国的投资者法律保护状况在整体上仍处于世界较低水平，有待进一步的提高。此外，统计资料显示，相对于世界上大多数发达国家和地区，我国上市公司的股权集中度偏高，折射出我国较弱的投资者法律保护和上市公司不利于小股东利益的股权结构模式，这种股权结构模式是否影响到企业的权益资本成本？而且，随着我国投资者法律保护的不断完善，其历史实践进程是否有效提高了企业的经营绩效？这是很值得深入研究的问题。

在国内外，有关股权集中度与投资者保护之间关系的论述研究不少，但鲜见有研究第一大股东持股比例与企业权益资本成本（MPK）之间关系的专门研究。本章的 5.2 节将通过建立资本成本理论模型来探讨影响企业权益资本成本（MPK）的因素，并在5.3节实证研究第一大股东持股比例与企业权益资本成本之间的关系，以弥补国内外在此方面研究的空白。笔者还在5.4节实证研究了我国投资者保护历史实践与权益企业资本（MPK）之间的关系。此外，从以上数据统计中，我们可以看出我国投资者法律保护状况在整体上仍处于世界较低水平，因此，完善的法律制度建设，特别是加强法律执行效率，以保护投资者的合法权利，迫在眉睫。

5.1.3　国外投资者保护与资本成本理论综述

5.1.3.1　资本成本理论的研究成果

国外学者对企业资本成本理论的研究由来已久，其研究主要焦点在于企业资本成本的测算。在资本成本估算方面主要的方法有：权益资本成本测算和平均资本成本测算两种。其中，权益资本成本测算主要是测算各类资本的成本，目前应用较为广泛的工具有：资本资产定价法（CAPM）、多因子模型法、历史平均收益法、股利折现法、股利增长模型法等。这些方法主要基于企业实际收益计算企业的资本成本。其中，应用最为广泛的方法是CAPM法和多因子模型法，由于投资者来自资本资产的收益便是公司为此应支付的资本成本，因此，通过该方式计算得到的资本收益便是企业面临的资本成本。但该方法的应用前提是企业的 β 值较为稳定，且在预测期间不会发生变化，然而 Fama 和 French（1997）等人的实证研究发现，通过 CPAM 模型得到的股权融资成本极为不准确。① 除此之外，历史平均收益法由于应用较为简便，因此使用范围也较为广泛，但其缺陷是只关注企业的历史平均融资成本，而非企业融资所面临的边际融资成本。而股利折现

---

① Fama, E., and K. French（1997），"Industry Costs of Equity"，*Journal of Financial Economics*，43，pp. 153 – 193.

法和股利增长模型法由于比较难以对未来股利进行预测，应用范围则较为有限。

平均资本成本测算又可分为加权平均资本成本法和 MM 平均资本成本法，加权平均资本成本主要是以企业的资产负债率为权重，加权计算企业的平均资本成本，由于在总负债中有相当一部分的负债并不直接发生利息支出（如应付账款等），同时，显然企业外部融资行为不可能依赖于这些不需要支付利息的负债项目，因此，该计算结果得到的只是企业历史平均资本成本，而非其边际融资成本。同时，将这些不需要支付利息的负债项目也纳入债务总额当中进行计算，无疑将极大低估债务融资成本，相应的，也将低估平均资本成本。而 MM 平均资本成本法是采用回归的方式计算资本成本，与加权平均资本成本法相比，可以较为准确地反映企业的边际融资成本。即该计算方法不会如加权平均资本成本那样低估债务边际融资成本，相应的，也就不会低估平均资本成本。需要指出的是：由于 MM 平均资本成本法假定权益资本成本等于债务资本成本，从而也即等于平均资本成本，但是，真实的权益资本成本一般并不与债务成本相等，因此，该理论不可避免存在缺陷。

5.1.3.2 企业资本成本的影响因素

与简单计算上市公司资本成本相比，探讨哪些因素影响上市公司资本成本高低无疑更有理论和现实意义。Subrahmanyam（1998）用平均交易量流动性研究发现股票的收益率与流动性存在负相关关系，说明公司权益资本成本与交易成本具有一定关系。Gebhardt，Lee 和 Swaminathan（2003）采用净收益折现法，考察了证券市场波动性、财务杠杆、信息环境、流动性、收益波动性、市场异常性和行业等因素与企业股权融资成本之间的关系。他们研究表明，行业特性、账面市值比、长期增长率预测和分析师预测差异能够较好地解释企业资本成本差异，而此相关关系在不同时期都具有较高的稳定性。①

也有相关的研究考察了信息披露与股权融资成本之间的关系。这些研究都隐含了一个假设：信息披露程度越高，由于降低了企业与外部投资者之间的信息不对称，因此投资者将对企业股票的评价很高，因而降低了企业的股权融资成本。Botosan（1997）发现公司财务信息披露与股权成本之间却是存在显著负相关关系，但此关系只在那些较少受到分析师所关注的公司中存在。② Richardson 和 Welder（2001）将公司信息披露分为财务信息披露和社会信息披露两类，分别考察了其对企业融资成本的影响，他们的研究结果发现财务信息披露有助于降低融资成本，但社会信息披露反而导致融资成本上升。③

此外，也有从经济全球化的角度考察其对企业资本成本的影响。Stulz（1996）认为一国经济全球化程度的提升会通过风险的分散化和公司治理水平的提高而降低公司权益资本成本。Singh 和 Nejadmalayeri（2004）考察了国际化对企业融资成本的影响，他们发现国际化程度越高的企业，其资本成本越低。结论解释是：企业国际化程度越高，由于其多元化效应分散了企业的系统性风险，因而降低了企业融资成本。④

遗憾的是此类研究缺乏考察国家法制因素（法律和政治层

---

① Gebhardt, W., C., Lee and B., Swaminathan (2003), "Toward an Implied Cost of Capital", *Journal of Accounting Research*, forthcoming.

② Botosan, C. (1997), "Disclosure Level and the Cost of Equity Capital", *The Accounting Review*, 72, pp. 323 – 349.

③ Richardson, A. and M. Welker (2001), "Social Disclosure and the Cost of Equity Capital", *Accounting Organizations and Society*, 26, pp. 597 – 616.

④ Singh, M. and A. Nejadmalayeri (2004), "Internationalization, Capital Structure and Cost of Capital: Evidence From French Corporation", *Journal of Multinational Financial Management*, 14, pp. 153 – 169.

面）对企业资本成本的影响。而且，由于对资本成本的测算也还存在不少问题，进一步降低了该领域研究的有效性。

5.1.3.3 投资者保护与资本成本理论

国外学者对企业资本成本理论的研究历来已久，但缺乏考虑投资者保护和资本市场对企业外部融资约束的影响。La Porta 等（1997）从法律渊源、投资者权利和法治化程度的国家差异解释了公司股权结构的全球差异性，研究认为，在投资者法律保护较好的国家里，公司的收益不容易为内部人所控制，正是由于投资者法律保护能够减轻内部人对外部股东的掠夺，控制性股东更乐于减少持股以筹集资金或分散风险，从而使公司的价值得以提升。① Himmelberg、Hubbard 和 Love（2002）对 38 个国家的公司数据进行分析，他们认为在投资者法律保护较弱的情况下，内部人无法按照其本来的意愿充分地分散风险资本投资，而不得不持有更多的股份，作为向外部投资者保证减少掠夺的可信承诺，为此，内部人承担了更高的可分散风险，也因此提高了公司权益资本成本；而在投资者法律保护较好的情况下，内部人可以通过减少持股比例分散风险，公司权益资本成本也随之而降低。因此，企业的资本成本与投资者保护的强弱有关。然而，目前将资本成本理论与投资者保护结合起来的相关研究仍方兴未艾。

5.1.4 国内有关企业融资行为的研究成果综述

5.1.4.1 中国上市公司资本成本的测算

国内学者对企业资本成本的测算，主要是应用西方资本成本理论来估算我国上市公司的资本成本。许多理论研究的应用缺乏考虑我国的制度因素。

---

① La Porta, R., Lopez-de-Silanes, F., Shleifer, A., Vishny, R. (1997), "Legal determinants of external finance", *Journal of Finance*, 52, pp. 1131–1150.

　　在企业平均资本成本测算方面，主要使用的有 MM 平均资本成本方法（沈艺峰和田静①，1999；王宁②，2000）和加权平均资本成本法（WACC）（陈晓和单鑫，1999）两种。然而，由于这些模型在中国的应用和结果解释上都存在较大缺陷和混淆，因此，目前有关中国上市公司平均资本成本的研究结果在可靠性方面颇值得怀疑，实际运用的意义不大。

　　在测算企业实际收益计算企业的资本成本方面，目前应用较为广泛的工具有：资本资产定价法（CAPM）、多因子模型法、历史平均收益法（黄少安和张岗，2001）、股利折现法、股利增长模型法（高晓红，2000）和净收益折现法（陆正飞和叶康涛③，

---

　　① 沈艺峰等的研究的主要缺陷在于：（1）他们对于 Modigliani 和 Miller（1966）回归方程在中国是否适用并未做先验性检验，如在借用 Modigliani 和 Miller（1966）的"平均资本成本方法"时，需要采用工具变量法计算企业预期税息前收益，该研究便套用了 Modigliani 和 Miller（1966）的方法进行预测，但对于该方法的预测效果和是否适用中国现状并未进行讨论（甚至对于是否有必要进行该项预测也未进行探讨）；（2）他们将计算得到的资本成本称为权益资本成本，并将该数据与银行贷款利率进行比较，得出权益资本成本高于银行贷款利率的结论。但正如我们前文分析所指出的那样，这实际为企业平均资本成本（即股权成本和债权成本的加权平均数），而非权益资本成本。

　　② 王宁的研究同样犯了盲目套用 Modigliani 和 Miller（1966）有关回归方程的错误。

　　③ 陆正飞和叶康涛采用 Gebhardt，Lee 和 Swaminathan（2003）的净收益折现法计算了中国上市公司 1998—2000 年间的边际股权融资成本。Gebhardt，Lee 和 Swaminathan（2003）认为基于企业实际收益得到的资本成本解释能力较差，为此，他们根据股利折现法原理，采用净收益折现法来计算股权融资成本，其中的净收益采用分析师的预测值，即：

$$P_t = B_t + \sum_{i=1}^{\infty} \frac{E_t[(ROE_{t+i} - r_e)B_{t+i-1}]}{(1+r_e)^i}$$

其中：B_t = 第 t 期的所有者权益账面值；$E_t[.]$ = 根据第 t 期的信息所进行的预测；ROE_{t+i} = 第 $t+i$ 期的净资产收益率；r_e 便是所要求的权益资本成本，即权益资本成本为使上述等式成立的内含报酬率。Gebhardt，Lee 和 Swaminathan（2003）研究表明，该方法对企业未来股权融资成本的预测能力要高于基于实际收益测算得到的股权融资成本。

2003a）等。这些研究方法在中国的应用除了具有 5.1.3 节所论述的缺点之外，最为重要缺陷是：这些研究基本都没有区分不同性质股份在融资成本方面的巨大差异。事实上，由于非流通股转让价格一般只是流通股市价的 1/5，因此，非流通股融资成本应高达流通股融资成本的 5 倍。而现有研究基本关注于流通股的融资成本，而没有将非流通股融资成本纳入分析范围，从而很容易低估中国上市公司的股权融资成本。

5.1.4.2　中国上市公司资本成本的影响因素

与对企业资本成本理论研究相比，国内经济学界针对影响上市公司资本成本高低因素的研究极为匮乏，再者，由于对资本成本的测算也还存在不少问题，进一步降低了该领域研究的有效性。陈晓和单鑫（1999）采用截面研究方法，以 1997 年为研究窗口，选取 1995 年 9 月以前上市的 81 家公司为研究对象，研究表明：总财务杠杆对资本成本没有显著影响；而长期财务杠杆与资本成本显著负相关。此外，企业规模与资本成本正相关，而行业因素对资本成本没有显著影响。然而由于其在计算平均资本成本的方法上存在内在的缺陷，这无疑降低了其研究结论的可靠性。[①] 王娟、杨凤林（2002）也采用截面法，对 845 家上市公司 1999—2000 年的财务数据与相关统计数据进行研究，结果发现加权平均资本成本 WACC 与企业负债比率负相关，我国公司资本结构处于"权衡理论"关于资本结构与资本成本趋势图的前半段。[②] 陆正飞和叶康涛（2003b）采用净收益模型计算上市公司的股权融资成本，其研究结果表明：股权融资成本与企业规

---

① 陈晓、单鑫：《债务融资是否会增加上市企业的资本成本?》，《经济研究》，1999 年第 8 期。

② 王娟、杨凤林：《中国上市公司资本结构影响因素的最新研究》，《国际金融研究》，2002 年第 8 期。

模、成长性正相关，但与企业风险、破产成本等因素无关。叶康涛和陆正飞（2004）采用 Gebhardt，Lee 和 Swaminathan（2003）的净收益折现法计算了中国上市公司 1998—2000 年间的边际股权融资成本，研究表明，虽然股票 β 系数是股票成本的主要决定因素，但是其他变量（如负债率、企业规模、账面市价比等）也是影响企业股权融资成本的重要因素。此外，不同行业的股权融资成本存在显著差异，具体而言，传播文化、电子等新兴产业的股权融资成本相对较高，而纺织、建筑、交通运输、金属与非金属制品等传统产业的股权融资成本相对较低。他们还发现，经验风险、信息不对称和代理问题等企业基本面指标并非影响股权融资成本高低的主要因素。[①] 目前有关中国上市公司融资成本影响因素的分析尚处于起步阶段，此外，由于有关公司融资成本的测算还存在很多问题和不足，这直接影响了对企业融资成本影响因素分析的有效性。从未来研究方向来看，有必要通过改进中国上市公司资本成本的测算方法，以提高此类后续研究的有效性。

5.1.4.3 资本成本与投资者保护关系的实证研究

与企业资本成本测算与中国上市公司资本成本影响因素的研究相比，将投资者保护理论与企业资本成本结合起来的研究无疑更有理论和现实意义。

汪炜和蒋高峰（2004）运用 2002 年前在上海证券市场交易所上市的 516 家公司数据作为检验样本，研究发现上市公司信息披露水平的提高有助于降低公司的权益资本成本。[②] 曾颖、陆正飞（2006）以深圳证券市场 A 股上市公司为样本，采用剩余收

---

① 叶康涛、陆正飞：《中国上市公司股权融资成本影响因素分析》，《管理世界》，2004 年第 5 期，第 127—142 页。

② 汪炜、蒋高峰：《信息披露、透明度与资本成本》，《经济研究》，2004 年第 7 期，第 107—114 页。

益模型计算上市公司的股权融资成本，研究发现，在控制 β 系数、公司规模、账面市值比、杠杆率、资产周转率等因素的条件下，信息披露质量较高的样本公司边际股权融成本较低，他们指出我国上市公司的信息披露总体质量会对其股权融资成本产生积极影响。研究还发现，盈余平滑度和披露总体质量是影响样本公司股权融资成本的主要信息披露质量因素。[①] 因此，企业信息披露水平和质量与企业的股权融资成本正相关。

陆玉梅、何涛（2004）在对资本成本和融资成本的关系进行研究的基础上，发现我国上市公司偏好股权融资的直接原因是股权资本成本的软预算约束导致股权再融资的成本过低，根本原因在于我国上市公司的特殊股权结构，因此，要使上市公司股权再融资行为理性化，关键是解决其"一股独大"的股权结构问题。[②]

沈艺峰、许年行等（2004）实证检验了我国不同历史阶段的中小投资者法律保护问题。研究发现，中小投资者得到法律保护较好的阶段，其对市场保护的依赖性较低，即所要求的 IPOs 的初始收益率较高；反之，在法律保护不健全的情况下，中小投资者往往首先寻求市场保护。他们的研究从完全不同的角度支持了 La Porta 等人的主要观点。[③] 沈艺峰、肖珉、黄娟娟（2005）采用时间序列分析方法深入考察了我国证券市场 1993—2001 年间，不同历史阶段里中小投资者法律保护与公司权益资本关系的变化。研究结果表明，在我国证券市场发展的历史实践中，随着中小投资者法律保护措施的加强，上市公司的权益资本出现一个

---

① 曾颖、陆正：《信息披露质量与股权资本成本》，《经济研究》，2006 年第 2 期，第 69—91 页。

② 陆玉梅、何涛：《论资本成本与融资成本的关系》，《工业技术经济》，2002 年 12 月，第 23 卷第 61 期，第 120—122 页。

③ 沈艺峰、许年行等：《我国中小投资者法律保护历史实践的实证检验》，《经济研究》，2004 年第 9 期，第 90—100 页。

逐步递减的过程；在控制公司特征和宏观经济变量的情况下，中小投资者法律保护成本与上市公司的权益资本成本呈现显著的负相关关系。[①]

目前，就投资者保护与资本成本关系的研究也属于起步阶段，讨论的主题是我国上市公司内部不利于中小投资者的股权结构引致投资者权利在企业框架内的弱化，从而要求外部治理制度（法律和政治层面）给予外部投资者更多的保护。现有国内学者的研究都显示投资者保护的强弱与资本成本成反比关系，然而，由于对资本成本的测算还存在不少问题，而且对投资者保护指标的设置方面仍未达成统一意见，因而，大大减弱了该领域研究的有效性。

5.2 投资者保护与资本成本的理论模型

本节将建立资本成本理论模型，并采用 Gilchrist 和 Himmelberg（1998）提出的单位资本边际收益（Marginal Profitability of Capital，MPK）来衡量企业的权益资本成本，以 MPK 指标来反映企业的基本价值，进而探讨影响企业权益资本成本的因素。

5.2.1 模型假设

假设 1：假设在 t 时刻，内部人（大股东[②]）可以选择各种可供选择的决策。并且在 $t+1$ 时刻，大股东能够轻而易举地识

[①] 沈艺峰、肖珉、黄娟娟：《中小投资者法律保护与公司权益资本成本》，《经济研究》，2005 年第 6 期，第 115—124 页。

[②] 本研究中所称的大股东与控股股东、内部人和控制性股东同义，在本书中通用，但在本章中的大股东是特指上市公司的第一大股东。

别企业利润，因此，大股东将选择最佳的掠夺①方案占有企业资源。假定大股东掠夺资金额占企业利润的份额为 s_{t+1}，此时企业利润为 $F(K_{t+1})$。而且，我们还假定企业除了可以采取最优的方式掠夺企业利润之外，还可以利用其拥有的控制权掠夺企业的资产。

假设2：假定企业的资本存量为 K，且企业利润函数满足 $\partial F/\partial K \geq 0$，表示随着企业投资资本 K 的增加，企业的利润呈增加的趋势。

假设3：假定大股东在 t 时刻占有企业的持股比例为 α_t，那么，在 t 时刻，$1-\alpha_t$ 的股票比例将为外部股东所持有。

假设4：由于大股东无偿占有或掠夺企业的资源将会受到惩罚，并且大股东的掠夺程度还与国家的法律或政治要求有关。所以，必须建立一个惩罚技术函数 $P(k, s_{t+1})$。其中，k 表示一国或一国某一时刻的投资者保护系数，为一常数。并且满足 $\partial P/\partial k > 0$，表示投资者保护法律强制力量越大，惩罚程度越重；$\partial P/\partial s > 0$ 表示大股东掠夺占有企业的资源越多，受到的惩罚越重；$\partial^2 P/\partial s^2 > 0$，大股东掠夺的边际成本随着掠夺份额的增加呈现上升的趋势；$\partial^2 P/\partial k \partial s > 0$，表示投资者保护法律强制力量越大的国家，大股东掠夺的边际成本越大。基于以上的理由，并参照 LLSV（2002）的研究，笔者设定惩罚技术函数为：$P(k, s_{t+1}) = k s_{t+1}^2/2$。

5.2.2 大股东最优掠夺行为模型

5.2.2.1 模型设计

由于大股东可以在 $t+1$ 期识别企业的利润，因此，他在 $t+1$ 期就能够做出最佳的掠夺方案。此时，大股东的总收入等于掠夺收入加上投资本身的收益分成，具体的函数关系可以表示为：

---

① 本研究中使用"掠夺"特指大股东对外部股东利益的侵占。

$$\prod{}_{t+1} = \left[\alpha_t(1 - s_{t+1}) + s_{t+1} - P(k, s_{t+1})\right]F(K_{t+1}) \qquad (5.1)$$

其中，s_{t+1} 表示大股东对企业利润的掠夺份额，那么，$1 - s_{t+1}$ 表示掠夺之后剩余部分，$\alpha_t(1 - s_{t+1})$ 表示属于大股东的企业收益份额，$P(k, s_{t+1})$ 表示大股东由于掠夺而可能受到惩罚的函数，为企业利润的一个比例值，$F(K_{t+1})$ 表示企业利润。

由于 α_t，k 以及 $F(K_{t+1})$ 为外生变量（exogenous variables），那么要使大股东总收入达到最大化，只需满足：

$$d\prod{}_{t+1}/ds_{t+1} = \left[\alpha_t(-1) + 1 - \partial P(k, s_{t+1})/\partial s_{t+1}\right]F(K_{t+1}) = 0 \qquad (5.2)$$

又 $\partial P(k, s_{t+1})/\partial s_{t+1} = ks_{t+1}$，所以，最优的掠夺策略行为 $s_{t+1}^* = (1 - \alpha_t)/k$。该结论与 LLSV（2002）和 Friedman et. al（2003）的研究得出大股东最优掠夺行为的结论相类似。[①]

5.2.2.2　小结

由大股东最优掠夺行为，可得到 $d\, s_{t+1}^*/dk = (\alpha_t - 1)/k^2 < 0$，表示在大股东最优掠夺策略上，投资者保护的法律强制力量越大，大股东掠夺的份额就会越少；$d\, s_{t+1}^*/d\alpha_t = (-1)/k < 0$，表示在既定的法律体系中，大股东的最优掠夺行为与其持股比例成反比关系，即当大股东持股比率 α 不断增加时，外部投资者的持股比例 $1 - \alpha$ 就会随之减少，那么大股东能从外部投资者掠夺所得的财富也就越来越少，因此，大股东将不得不减少掠夺的份额，直至投资收益的边际所得与掠夺的边际损失相等为止。然而，掠夺份额的减少同时也会增加外部投资者的投资激励。此

---

① Rafael La Porta, Florencio Lopez-de-silanes, Andrei Shleifer, and Robert W. Vishny, 2002, " Investor Protection and Corporate Governance ", *The Journal of Finance*, vol. LVII, NO. 3, pp. 1147 – 1170 和 Friedman, E., S. Johnson, T. Mitton, 2003, "propping and Tunneling", *Journal of Comparative Economics*, 31: 732 – 750.

外，还可得到 $d^2 s_{t+1}^*/d\alpha_t\, dk = 1/k^2 > 0$，则表示在投资者保护法律强制力量越大的国家，由于大股东持股比例引起的掠夺份额变化的速率越大，因此，各国的投资者保护法律强制力量将直接影响大股东的最优掠夺行为，法律强制力量越大将能够更加有效地制约大股东掠夺行为。这一论点与 LLSV 的相关研究结论相似。

5.2.3 投资者保护与资本成本理论模型

5.2.3.1 模型设计

假定大股东 t 期投资于企业的资产为 A_t，并用于企业的持续投资；而中小股东在 t 期的收益等于他们在 $t+1$ 期拥有企业利润部分折现到 t 期的期望收益，并假定其用于企业的持续投资①。具体的函数关系可以表示为：

$$V_t = E[M_{t+1}(1 - \alpha_t)(1 - s_{t+1})F(K_{t+1})] \tag{5.3}$$

其中，M_{t+1} 表示市场折现因子，满足 $E(M_{t+1}) = 1/(1 + R_{t+1}^F)$，$R_{t+1}^F$ 为证券市场上的无风险资产收益率。该式表示：中小股东在证券市场上拥有股票的价值为其利润部分折现的期望。因此，可得大股东在 $t+1$ 时刻消费企业资产的变动方程为：

$$C_{t+1} = \prod_{t+1} + (1 + R_{t+1})(A_t + V_t - K_{t+1} - C_t) \tag{5.4}$$

其中，R_{t+1} 表示 $t+1$ 时刻大股东的机会成本②。方程（5.4）表示大股东在 $t+1$ 期消费企业的资金来源于两部分：一部分为大股东在 $t+1$ 期的收益（见方程5.1）；另一部分为 t 期的持续

---

① 假定企业利润都通过送配股等方式用于继续投资生产。

② R 表示大股东的机会成本，反映大股东放弃当前消费（占用资产）换取未来消费的增加额。参见罗默著，苏剑、罗涛译：《高级宏观经济学》，商务印书馆 2004 年版，第96—117 页。

投资资金减去企业在 $t+1$ 期的投资额以及在 t 期被大股东消费的资金，并将其乘 1 加上 $t+1$ 期大股东的机会成本。所以，可以构造大股东投资决策的 Bellman 方程：

$$\underset{K_{t+1},\alpha_t,C_t}{\text{Max}} \quad U(C_t) + \beta E[U(C_{t+1})], 0 < \beta < 1 \tag{5.5}$$

$$\text{s. t. } (5.1),(5.2),(5.3),(5.4)$$

其中，β 代表时间偏好，假定 $U(C)$ 是标准的凸的效用函数。下面笔者将用此方程来讨论在完善的投资者保护和不完善的投资者保护情况下，大股东效用最大化的动态问题。

5.2.3.2 完善的投资者保护情况

在这种理想情况下，由于掠夺将受到很大的惩罚，因此，大股东将不会选择掠夺企业资源。并且，外部中小股东很清楚地认识到这一点。故此，$s_{t+1} = 0, P(k, s_{t+1}) = 0$。所以，大股东收益函数为 $\prod_{t+1} = \alpha_t F(K_{t+1})$。因此，大股东投资决策的 Bellman 方程：

$$\underset{K_{t+1},\alpha_t,C_t}{\text{Max}} \quad U(C_t) + \beta E[U(C_{t+1})], 0 < \beta < 1 \tag{5.6}$$

$$\text{s. t. } C_{t+1} = \alpha_t F(K_{t+1}) + (1 + R_{t+1})\{A_t + E[M_{t+1}(1 - \alpha_t)$$
$$F(K_{t+1})] - K_{t+1} - C_t\}$$

对 Bellman 方程（5.6）做动态最优化处理，可得（具体的求解过程请看本章附录 5 - 1）：

$$E[M_{t+1} F^K] = 1 \tag{5.7}$$

记 $F^K = \mathrm{d}F(K_{t+1})/\mathrm{d}K_{t+1}$，此时，大股东机会成本等于市场的无风险资产收益率，即 $R_{t+1} = R^F_{t+1}$。因此，在完善的投资者保护情况下，企业单位资本边际收益折现的期望等于 1，也即投资者的预期投资期望是没有获益也不至于受到损失。

引入企业的 t 期的利润函数 f，并假定 δ 为资本的折旧率，为一常数。则动态方程可表述为 $F = f + (1 - \delta)K_{t+1}$[①]。将其代入方程 (5.7)，可得到（具体推导过程请看本章附录 5 – 2）：

$$E[f^K] = R_{t+1}^F + \delta - \text{cov}[M_{t+1}, f^K]/E[M_{t+1}] \tag{5.8}$$

其中，记 $f^K = \mathrm{d}f/\mathrm{d}K_{t+1}$[②]。方程 (5.8) 表示：单位资本边际收益期望等于市场无风险收益率与资本折旧率之和减去市场的风险溢价。如果公司回报率趋近于市场回报率，则公司回报率与市场折旧因子之间的协方差就为负的，因而增加了企业的单位资本边际收益，也即增加了企业的权益资本成本。反之，当公司回报率远离市场回报率时，则减少了企业的权益资本成本。

5.2.3.3 不完善的投资者保护情况

在此种情况下，中小投资者知道大股东将会掠夺企业的资源。此时，大股东也有掠夺企业资源的动机与能力[③]。因此，$s_{t+1} > 0$，$P(k, s_{t+1}) > 0$。对 Bellman 方程 (5.5) 做动态最优化处理，可得（具体推导过程请看本章附录 5 – 3）：

$$c_1 E[m_{t+1}F^K] + c_2 E(M_{t+1}F^K) = 1 \tag{5.9}$$

其中，$E[m_{t+1}] = \beta E[U'(C_{t+1})/U'(C_t)]$ 表示大股东机会成

---

① 假定企业的规模报酬不变，则企业的 $t+1$ 期的利润为 t 期利润加上企业在 $t+1$ 期的资本存量再减去资本折旧，也是 $F = f + K_{t+1} - \delta K_{t+1}$。

② 表示对企业在 t 期预计在 $t+1$ 期投资 K_{t+1} 所获得的收益，作为企业的资本成本的指标。

③ Classens 和 Lang 等 (2000) 发现，在所有国家和地区，所有权与控制权分离的状况，控股股东都普遍持有超出现金流权利的投票权（通过金字塔式和交叉持股），最大股东可以通过控制相对较少现金流来控制企业的运营，这也许是导致掠夺产生的本质原因。也即现金流权与控制权的分离使得大股东有动机和能力掠夺企业资源。Johnson、La Porta、Lopez-De-Silanes 和 Shleifer (2000) 与 Fiedman、Johnson 和 Mitton (2003) 分别提出了掏空和支撑来反映两种截然不同的掠夺行为来分析大股东对企业资源的掠夺。并且根据 Fiedman、Johnson 和 Mitton (2003) 的观察，只有将控股股东这两种行为结合起来分析才可以完整地解释新兴市场中上市企业的融资行为。

本折现因子，因此，$E[m_{t+1}] = 1/(1 + R_{t+1})$，$c_1 = \alpha_t(1 - s_{t+1}) + s_{t+1} - P(k, s_{t+1})$，$c_2 = (1 - \alpha_t)(1 - s_{t+1})$。同样笔者引入动态方程 $F = f + (1 - \delta)K_{t+1}$，将其代入方程（5.9）中，可得（具体推导请看本章附录 5 - 4）：

$$E(f^K) = \frac{1 + R_{t+1}^F}{c_1 + c_2} - 1 + \delta - \frac{c_1}{c_1 + c_2} \frac{\text{cov}(m_{t+1}, f^K)}{E(m_{t+1})} -$$

$$\frac{c_2}{c_1 + c_2} \frac{\text{cov}(M_{t+1}, f^K)}{E(M_{t+1})} \tag{5.10}$$

其中，假设大股东机会成本与证券市场无风险收益率相等，也即 $R_{t+1} = R_{t+1}^F$，此外，$\text{cov}[m_{t+1}, f^K]/E[m_{t+1}]$ 表示企业的风险溢价，描述企业的特质风险溢价。由于随着大股东使用企业资本的增加，资本的边际效用将减少，所以，第一个方差是为负的。$\text{cov}[M_{t+1}, f^K]/E[M_{t+1}]$ 表示市场的风险溢价，描述市场的系统风险。

假定在投资者保护不完善的情况下，大股东对企业利润的最优掠夺比例很小，也即假定 s_{t+1} 趋向于零，那么，对大股东的惩罚也可以忽略不记，记为 $P(k, s_{t+1}) = 0$。因此，可得到 $c_1 \approx \alpha_t$，$c_2 \approx 1 - \alpha_t$。代入方程（5.10），可以得到：

$$E(f^K) = R_{t+1}^F + \delta - \alpha_t \frac{\text{cov}(m_{t+1}, f^K)}{E(m_{t+1})} -$$

$$(1 - \alpha_t) \frac{\text{cov}(M_{t+1}, f^K)}{E(M_{t+1})} \tag{5.11}$$

方程（5.11）给出了企业权益资本成本与第一大股东持股比例、企业特质风险溢价、市场风险溢价、市场无风险收益率和企业资本折旧率之间的关系。

命题 1： 在不完善投资者保护情况下，投资者对企业单位资本的未来收益折现期望将小于其对单位资本在无风险市场上的未来收益折现期望，因而大股东将有减少向企业投资的倾向。

对方程（5.4）的左右两边分别对 α_t 求导，可得（具体推导请看本章附录 5 - 5）：

$$c_1^\alpha E[m_{t+1} F(K_{t+1})] + c_2^\alpha E[M_{t+1} F(K_{t+1})] = 0 \qquad (5.12)$$

其中，$c_1^\alpha = \partial c_1 / \partial \alpha_t$，$c_2^\alpha = \partial c_2 / \partial \alpha_t$，然后，求出 c_1^α 与 c_2^α，并代入方程（5.12）可得（具体推导请看本章附录 5 - 6）：

$$E[m_{t+1} F(K_{t+1})] = \frac{1 - 2s_{t+1}}{1 - s_{t+1}} E[M_{t+1} F(K_{t+1})] \qquad (5.13)$$

假定 $K_{t+1} = 1$，又由于 $(1 - 2s_{t+1})/(1 - s_{t+1}) < 1$，则 $E[m_{t+1} f(1)] < E[M_{t+1} f(1)]$，这意味着在不完善的投资者保护情况下，投资者对企业单位资本的未来收益折现期望将小于其对单位资本在无风险市场上的未来收益折现期望，因而大股东将有减少向企业投资的倾向。故命题 1 得证。

命题 2：在不完善投资者保护和大股东最优掠夺行为条件下，随着投资者保护越好，企业单位资本边际收益折现的期望越大，也即企业的权益资本成本越大，则在此制度下企业的获利能力越强，因此，在国际资本自由流动的情况下，国际资本将偏好于投资者保护较好的国家，而不会盲目向投资者保护较弱的发展中国家输入。

假定企业的投资行为满足函数关系 $K_{t+1} F^K = F(K_{t+1})$，结合方程（5.9）和方程（5.12），可得到：

$$E[m_{t+1} F^K] = c_2^\alpha / (c_1 c_2^\alpha - c_2 c_1^\alpha) \qquad (5.14)$$

将 c_1，c_2，c_1^α 和 c_2^α 代入，可得（具体推导请看本章附录 5 - 7）：

$$E[m_{t+1} F^K] = \frac{1 - 2s_{t+1}}{1 - \frac{1}{2} s_{t+1}(3 + \alpha_t)} \qquad (5.15)$$

在方程（5.15）中，当 $s_{t+1} = 0$ 时，$E[m_{t+1}F^K] = 1$，企业单位资本边际收益折现的期望等于 1。此时也有 $E[M_{t+1}F^K] = 1$，与方程（5.7）等同，因此，在这种情况下，由于大股东没有掠夺企业利润，其结论与完善投资者保护情况下相同。

如若 $s_{t+1} \neq 0$，此时，在大股东最优掠夺行为模型中（本章 5.2 节），大股东的最优掠夺行为是 $s_{t+1}{}^* = (1 - \alpha_t)/k$。将其代入方程（5.15）中可得：

$$E[m_{t+1}F^K] = (2k - 4 + 4\alpha_t)/[2k - (3 + \alpha_t)(1 - \alpha_t)] \qquad (5.16)$$

考虑在大股东持股比例保持不变时，有 $\mathrm{d}E/\mathrm{d}k = 2(1 - \alpha)^2/[2k - (3 + \alpha)(1 - \alpha)]^2 > 0$，因此，当 k 越大，$E[m_{t+1}F^K]$ 的值越大。所以，随着投资者保护越好，企业单位资本边际收益折现的期望越大，也即企业的权益资本成本越大。

此外，在其他生产条件不变的情况下，投资者保护越好，企业的权益资本越大，则在此制度下企业的相对获利能力越强。因此，在一定程度上，从投资者保护的角度可以解释国际资本为何不流向发展中国家的卢卡斯之谜（Lucas Puzzle）[①]。此结论与 Shleifer 和 Wolfenzon（2002）从投资者保护的角度研究得出的结论类似，他们的解释是：更好的投资者保护会导致更高的利息率，并消除资本流向较弱投资者保护的国家。因此，他们认为：发展中国家不足的投资者保护是制约发展中国家资本流入的一个重要制度因素。故命题 2 得证。

命题 3：假定企业在 $t + 1$ 期的托宾 Q 值为 $Tobin's\ Q_{t+1}$，则在

---

① Lucas（1990）提出了一个困扰现代经济学家的困惑（Lucas Puzzle）：资本为什么不从富裕国家流向贫穷国家（或从发达国家流向发展中国家）。Andrei Shleifera and Daniel Wolfenzonb, 2002, "Investor Protection and Equity Markets". *Journal of Financial Economics*, vol. 66, pp. 3 – 27.

此模型中，可以推导出 $Tobin's\ Q_{t+1} = \dfrac{2\ (1-s_{t+1})^2}{2-s_{t+1}\ (3+a_t)}$。

在传统意义上，$Tobin's\ Q$ = 公司价值/企业重置成本。而在本书中，企业在 $t+1$ 期的托宾 Q 值可以表述为 $Tobin's\ Q_{t+1} = E[M_{t+1}(1-s_{t+1})F(K_{t+1})]/K_{t+1}$。参照命题2的假定有假定 $K_{t+1}F^K = F(K_{t+1})$，在完善的投资者保护情况下，$E[M_{t+1}F^K] = 1$，所以，$Tobin's\ Q_{t+1} = 1$；在不完善投资者保护情况下，$Tobin's\ Q_{t+1} = 2(1-s_{t+1})^2/[2-s_{t+1}(3+\alpha_t)]$，此时，$s_{t+1} < 2/(3+\alpha_t)$，由于该式也满足完善投资者保护情况下托宾 Q 等于1的要求，因此，命题3得证（具体推导请看本章附录5-8）。

5.2.3.4 小结

本节建立了资本成本理论模型，并对模型作了动态最优化处理，得出了影响企业权益资本成本的主要因素有：第一大股东持股比例、企业特质风险溢价、市场风险溢价、市场无风险收益率和企业资本折旧率。在模型推导过程中，笔者得出了三个结论：第一，在不完善投资者保护情况下，投资者对企业单位资本的未来收益折现期望将小于其对单位资本在无风险市场上的未来收益折现期望，因而大股东将有减少向企业投资的倾向；第二，在不完善投资者保护和大股东最优掠夺行为条件下，随着投资者保护越好，企业单位资本边际收益折现的期望越大，也即企业的权益资本成本越大，则在此制度下企业的获利能力越强，因此，在国际资本自由流动的情况下，国际资本将偏好于投资者保护较好的国家，而不会盲目向投资者保护较弱的发展中国家输入；第三，推导出了企业托宾 Q 值的表达式 $Tobin's\ Q_{t+1} = 2(1-s_{t+1})^2/[2-s_{t+1}(3+\alpha_t)]$。同时，本节的理论模型研究还为本章5.3节和5.4节的实证检验作了铺垫。

5.3　企业权益资本成本影响因素的实证研究

5.3.1　计量方法的选择

由于考察的对象为不同年份的不同上市公司，因此，必须建立面板数据模型进行实证分析。用面板数据建立的模型通常有 3 种。即混合估计模型、固定效应模型和随机效应模型。其中，固定效应模型又可分为 3 种类型，即个体固定效应模型（entity fixed effects regression model）、时刻固定效应模型（time fixed effects regression model）和时刻个体固定效应模型（time and entity fixed effects regression model）。[①]

首先，Hausman 检验是用于在固定效应模型和随机效应模型中筛选出合适的计量回归模型。其主要思想是寻找两个不同的估计值 a_1 和 a_2。估计值 a_1 永远是一致的。即使零假设 a_1 不成立的情况下，a_1 仍然具有一致性。估计值 a_2 只有在零假设成立的情况下才具有一致性。在零假设不成立的情况下，a_2 不一致。因此，$a_1 - a_2$ 在零假设成立的情况下接近于零的，而在零假设不成立的时候，$a_1 - a_2$ 不接近于零。Hausman 的思想是把验证 H_0 的正确性变成检验 $a_1 - a_2$ 是否为零。因此不论何种检验问题，只要我们能够找到 Hausman 所要求的两个估计值，我们就能应用 Hausman 检验。因此，在这里，我们可以利用 Hausman 检验，对

---

① 具体请看：Cheng Hsiao, *Analysis of Panel Dada*, 2nd ed. Originally published by Cambridge University Press in 2003.

固定效应的系数和随机效应的系数是否存在差别进行判别。H_0：$\alpha_{FE} = \alpha_{RE}$，零假设为固定效应的系数和随机效应的系数没有差别。如果该假设被拒绝，那么固定效应模型就是更好的选择。

其次，基于方程（5.17）而言，对不同企业截面的资本折旧率是不同，而市场无风险利率在各年份间的差异不大，因此，应选择对个体不同的模型进行回归。下面笔者以建立个体固定效应模型和个体随机效应模型为例来讨论对模型建立的检验问题。

第一，个体固定效应模型与混合估计模型的选择①。

相对混合估计模型来说，是否有必要建立个体固定效应模型需通过 F 检验来完成。

H_0：对于不同横截面模型截距项相同（建立混合估计模型）。

H_1：对于不同横截面模型的截距项不同（建立个体固定效应模型）。

此外，F 统计量的定义为：

$$F = \frac{(SSE_r - SSE_u)/[(NT - k - 1) - (NT - N - k)]}{SSE_u/(NT - N - k)}$$
$$= \frac{(SSE_r - SSE_u)/(N - 1)}{SSE_u/(NT - N - k)} \tag{5.17}$$

其中，SSE_r、SSE_u 分别表示约束模型（混合估计模型）和非约束模型（个体固定效应模型）的残差平方和。非约束模型比约束模型多了 $N - 1$ 个被估参数。需要指出的是：当模型中含有 k 个解释变量时，F 统计量的分母自由度是 $NT - N - k$。

检验准则：当 $F > F_{\alpha(N-1, NT-N-k)}$，$\alpha = 0.01$，$0.05$ 或 0.1 时，拒绝原假设，则结论是应该建立个体固定效应模型，反之，接受

---

① William Ⅱ. Greene, *Econometric Analysis* (Fifth edition), Prentice Hall Press.

原假设，则不能建立个体固定效应模型。

第二，个体随机效应模型和混合估计模型的选择。

下面笔者将简要介绍个体随机效应模型和混合估计模型选择的检验标准。检验个体随机效应的原假设与检验统计量是：

H_0：$\sigma_u 2 = 0$。（混合估计模型）

H_1：$\sigma_u 2 \neq 0$。（个体随机效应模型）

$$LM = \frac{NT}{2(T-1)}\left[\frac{\sum_{i=1}^{N}\left[\sum_{t=1}^{T}\hat{u}_{it}\right]^2}{\sum_{i=1}^{N}\sum_{t=1}^{T}\hat{u}_{it}^2} - 1\right]^2 = \frac{NT}{2(T-1)}\left[\frac{\sum_{i=1}^{N}\left[T\bar{u}_{i\cdot}\right]^2}{\sum_{i=1}^{N}\sum_{t=1}^{T}\hat{u}_{it}^2} - 1\right]^2$$

$$= \frac{NT}{2(T-1)}\left[\frac{T^2\ \bar{\hat{u}}'\bar{\hat{u}}}{\hat{u}'\hat{u}} - 1\right]^2 \tag{5.18}$$

其中$\bar{\hat{u}}'\bar{\hat{u}}$表示由个体随机效应模型计算的残差平方和。$\hat{u}'\hat{u}$表示由混合估计模型计算的残差平方和。统计量 LM（也称 Wald Test）服从 1 个自由度的 χ^2 分布。

可以对随机效应模型进行广义最小二乘估计。以观测值方差的倒数为权。为了求权数，必须采用两阶段最小二乘法估计。因为各随机误差分量的方差一般是未知的，第一阶段用普通最小二乘估计法对混合数据进行估计。用估计的残差计算随机误差分量的方差。第二步用这些估计的方差计算参数的广义最小二乘估计值。如果随机误差分量服从的是正态分布，模型的参数还可以用极大似然法估计。

检验准则：当 $LM > \chi^2_{a(1)}$，$a = 0.01$，0.05 或 0.1 时，拒绝原假设，则结论是应该建立个体随机效应模型，反之，接受原假设，则不能建立个体随机效应模型。

5.3.2 研究设计：模型与变量

假定 β 系数是市场风险溢价 $\dfrac{\text{cov}(M_{t+1}, f^K)}{E(M_{t+1})}$ 的函数，而市净

率（PB）是企业特质风险溢价 $\dfrac{\text{cov}\,(m_{t+1},\,f^K)}{E\,(m_{t+1})}$ 的函数，则基于方程（5.17）可得基本计量模型如下：

$$MPK_{it+1} = \gamma_i + \gamma_1 Largest_{it} + \gamma_2 \beta_{it+1} + \gamma_3{}^* PB_{t+1} + \mu_{it} \qquad (5.19)$$

其中，MPK：企业权益资本成本；$Largest$：第一大股东控股比例；PB：反映企业的特质风险溢价；β：证券市场的风险溢价；γ_i：表示不同截面的截距；μ_{it}：白噪声序列。

此外，陈晓和单鑫（1999）研究表明：总财务杠杆对资本成本没有显著影响；而长期财务杠杆与资本成本显著负相关。而企业规模与资本成本正相关，行业因素对资本成本没有显著影响。因此，在本章研究中，笔者将引入企业规模（Size）和财务杠杆（Leverage）作为控制变量，以使得实证模型更加准确，更能考察影响企业权益资本成本的主要因素。模型中具体的变量说明及描述见表5-4。引入控制变量后的计量模型为：

$$MPK_{it+1} = \eta_i + \eta_1 Largest_{it} + \eta_2 \beta_{it+1} + \eta_3 PB_{t+1} + \eta_5 Size_{it+1} + \eta_6 Leverage_{it+1} + \zeta_{it} \qquad (5.20)$$

表5-4　变量定义一览表

变量（符号）	性质	描述	备注
权益资本成本（MPK）	因变量	$MPK_{it}=\theta_j(s_{it}/k_{it})$ 其中是 s_{it} 主营收入，k_{it} 是固定资产净值，θ_j 是产业系数	为单位资本边际收益，用于衡量权益资本成本
大股东持股比例（Largest）	解释变量	第一大股东持股比例占总股本比重	反映股权集中度（股权结构）
β 系数	解释变量	β 系数（Beta系数）	反映证券市场的风险溢价
市净率（PB）	解释变量	年末每股市价与年末每股净资产之比	反映企业的风险溢价

续表 5 – 4

变量(符号)	性　质	描　　述	备　　注
企业规模 （*Size*）	控制变量	企业账面总资产的对数（单位： 1 亿元）	反映了企业规模大小
财务杠杆 （*Leverage*）	控制变量	企业资产负债率：总负债比总 资产	反映了总体负债水平

本研究为 5 年的面板数据分析，所有变量的取值为 2001 年至 2005 年末数据

注：关于单位资本边际收益（*MPK*）的度量推导请看本章附录 5 – 9；关于 θ_j 的计算以及具体数值请看本章附录 5 – 10，其中 θ_j 是产业系数，用于调整不同产业 j 的价格弹性和每单位资本收入的差异，同时也使 *MPK* 的样本在合理的均值范围内变动，减少固定资本过低的产业出现异常值的机会；关于 β 系数的计算公式请看本章附录 5 – 11。

5.3.3　样本数据准备

5.3.3.1　资料来源与样本的选择

本研究选择 1995 年至 2005 年间在上海证券交易所（SH）和上市交易的 6223 家（观察值）上市公司作为研究样本，在计量分析中，剔除财务数据缺损的公司，最后的计量观察样本为剩余的 5188 家公司（观察值），其中各年份具体的分布见表 5 – 5。

表 5 – 5　研究对象一览表

年　　份	1995	1996	1997	1998	1999	2000
企业数量（家）	116	146	284	368	423	463
年　　份	2001	2002	2003	2004	2005	总计
企业数量（家）	572	623	682	734	777	5188

注：本研究进行面板数据数据分析，数据采用样本公司 1995 年至 2005 年的年报数据，年报数据来源于中国证券监督委员会网站（http：//www. csrc. gov. cn），市场数据来自于"巨潮资讯"网站（http：//data. cninfo. com. cn）。

5.3.3.2　样本特征的描述性统计

表 5 – 6 给出了权益资本成本、第一大股东持股比例、β 系

数和市净率的描述性统计数据。从权益资本成本的均值看，是先减少后增加；从第一大股东持股比例的均值和中位数看：随着时间推移而不断减少；从市净率的中位数看：随着时间推移也不断减少，也即整体企业的特质风险溢价越来越小；从 β 系数的均值看，随着时间推移有增加的趋势，也即市场的风险溢价越来越大。

表 5 - 6　数据的描述性统计：1996—2005

年份	权益资本成本			第一大股东持股比例			β 系数			市　净　率		
	均值	中位数	标准差	均值	中位数	标准差	均值	中位数	标准差	均值	中位数	标准差
1996	0.172	0.107	0.181	0.452	0.450	0.177	0.950	0.942	0.136	3.350	2.970	1.437
1997	0.192	0.122	0.274	0.456	0.460	0.178	4.530	3.780	3.997	4.530	3.780	3.997
1998	0.184	0.107	0.380	0.461	0.460	0.181	0.994	0.986	0.250	4.623	3.890	5.422
1999	0.162	0.107	0.282	0.458	0.459	0.178	0.942	0.928	0.250	5.575	4.251	13.087
2000	0.145	0.107	0.155	0.452	0.452	0.176	0.946	0.921	0.291	7.832	5.820	10.392
2001	0.178	0.105	0.402	0.450	0.450	0.175	1.060	1.106	0.263	5.702	4.347	7.665
2002	0.178	0.104	0.359	0.448	0.452	0.174	1.055	1.058	0.294	4.483	3.189	5.766
2003	0.196	0.111	0.371	0.436	0.426	0.175	1.076	1.128	0.336	3.976	2.549	11.893
2004	0.188	0.113	0.245	0.435	0.423	0.172	1.093	1.088	0.267	3.594	2.025	16.506
2005	0.195	0.126	0.257	—	—	—	1.180	1.188	0.292	2.596	1.652	6.819

资料来源：作者根据色诺芬数据库数据整理获得，其中，统计数据为实证研究部分数据，网址：www.ccerdata.com。

表 5 - 7 是对所有沪市样本上市公司企业权益资本成本、第一大股东持股比例、β 系数、市净率、企业规模和财务杠杆的行业统计描述，表 5 - 7 显示：从权益资本成本的均值来看，房地产业最高（0.2442），其次是建筑业（0.1879），再次是传播与文化产业（0.1877），采掘业最低（0.0926）；而采掘业、制造业、电力煤气及水的生产和供应业、信息技术业和金融、保险业

的均值低于总体样本的平均水平，其他行业则高于平均水平；其中，就标准差而言，房地产业的离散程度最大（0.8018），采掘业最低（0.0249）。从第一大股东持股比例的均值来看，采掘业最高（0.6129），其次是建筑业（0.5000），再次是制造业（0.4876），金融、保险业最低（0.2481）；而信息技术业、批发和零售贸易业、金融、保险业、房地产业、社会服务业和综合类的均值低于总体样本的平均水平，其他行业则高于平均水平；其中，就标准差而言，电力煤气及水的生产和供应业的离散程度最大（0.1855），金融、保险业最低（0.0306）。从 β 系数的均值来看，金融、保险业最高（1.5029），其次是信息技术业（1.4181），再次是综合类（1.4155），采掘业最低（0.9990）；而农林牧渔业、采掘业、电力煤气及水的生产和供应业、建筑业、交通运输、仓储业和社会服务业的均值低于总体样本的平均水平，其他行业则高于平均水平；其中，就标准差而言，批发和零售贸易业的离散程度最大（0.362），采掘业最低（0.200）。从市净率的均值来看，综合类最高（6.8475），其次是传播与文化产业（6.2103），再次是信息技术业（5.9609），金融、保险业最低（采掘业）；而信息技术业、传播与文化产业和综合类的均值高于总体样本的平均水平，其他行业则低于平均水平；其中，就标准差而言，综合类企业的离散程度最大（16.5532），采掘业最低（0.8465）。从企业规模的均值来看，采掘业最高（3.8583），其次是建筑业（3.3161），再次是电力煤气及水的生产和供应业（3.0765），传播与文化产业最低（2.0188）；而农林牧渔业、制造业、信息技术业、批发和零售贸易业、传播与文化产业和综合类的均值低于总体样本的平均水平，其他行业则高于平均水平；其中，就标准差而言，交通运输、仓储业的离散程度最大（1.1956），金融、保险业最低（0.3545）。从财务杠杆的

表5-7 模型研究变量的行业描述性统计特征

Panel A:

行　业	编码	权益资本成本			第一大股东持股比例			β系数			观测值
		均值	中位数	标准差	均值	中位数	标准差	均值	中位数	标准差	
农林牧渔业	A	0.1847	0.1612	0.1221	0.4692	0.5208	0.1631	1.2614	1.1166	0.9722	90
采掘业	B	0.0926	0.0864	0.0249	0.6129	0.6121	0.0321	0.9990	0.9288	0.2305	14
制造业	C	0.1770	0.1249	0.2088	0.4876	0.5040	0.1686	1.2186	1.0728	0.9361	2407
电力煤气及水的生产和供应业	D	0.1568	0.1358	0.0875	0.4620	0.4016	0.1855	1.2362	1.0147	1.0347	177
建筑业	E	0.1879	0.1105	0.2043	0.5000	0.5112	0.1853	1.1771	1.0815	0.5804	65
交通运输·仓储业	F	0.1857	0.1092	0.2565	0.4770	0.4748	0.1816	1.0894	0.9845	0.7393	179
信息技术业	G	0.1615	0.0793	0.2338	0.3520	0.2979	0.1484	1.4181	1.1770	1.2854	234
批发和零售贸易业	H	0.1835	0.0625	0.4312	0.3994	0.3658	0.1602	1.3617	1.0609	2.8191	504
金融·保险业	I	0.1710	0.1692	0.0703	0.2481	0.2271	0.0306	1.5029	1.2302	1.2809	10
房地产业	J	0.2442	0.0554	0.8018	0.4294	0.4596	0.1454	1.4021	1.1078	1.1969	161
社会服务业	K	0.1829	0.1464	0.1700	0.4237	0.4048	0.1609	1.2305	1.0358	1.0739	144
传播与文化产业	L	0.1877	0.0873	0.4881	0.4613	0.4963	0.1664	1.3876	1.1233	1.0910	62
综合类	M	0.1838	0.0666	0.4562	0.3094	0.2950	0.1614	1.4155	1.1286	1.2564	389
总体样本		0.1799	0.1103	0.3119	0.4485	0.4478	0.1762	1.2677	1.0790	1.3441	4436

续表 5－7

行　业	编码	市　净　率			企　业　规　模			财　务　杠　杆			观测值
		均　值	中位数	标准差	均　值	中位数	标准差	均　值	中位数	标准差	
Panel B:											
农林牧渔业	A	3.1853	2.8162	3.4812	2.4701	2.3926	0.5718	0.4644	0.4498	0.1750	90
采掘业	B	3.1681	3.0492	0.8465	3.8583	3.8539	1.0668	0.3258	0.3102	0.1318	14
制造业	C	4.5428	3.2100	10.8746	2.6288	2.5626	0.9273	0.4577	0.4550	0.1823	2407
电力煤气及水的生产和供应业	D	3.4799	3.0441	2.2874	3.0765	2.7410	1.0314	0.3950	0.4109	0.1728	177
建筑业	E	3.4112	3.0573	2.3113	3.3161	3.6235	0.9081	0.6159	0.6392	0.1462	65
交通运输、仓储业	F	3.7537	3.1072	2.7083	3.0764	2.6983	1.1956	0.3729	0.3245	0.2173	179
信息技术业	G	5.9609	4.3674	7.4983	2.4159	2.4993	0.8620	0.5073	0.5087	0.1615	234
批发和零售贸易业	H	4.2259	2.9650	6.4828	2.4726	2.3908	0.7741	0.5304	0.5130	0.2019	504
金融、保险业	I	3.2215	2.9339	1.3586	3.1911	3.3241	0.3545	0.3712	0.3346	0.2095	10
房地产业	J	4.5693	3.4233	9.6603	2.9219	3.0512	0.8600	0.4924	0.4884	0.1760	161
社会服务业	K	4.0020	3.3824	2.5962	2.7574	2.8552	0.9702	0.3939	0.3863	0.1780	144
传播与文化产业	L	6.2103	4.8912	5.0139	2.0188	2.0528	0.6067	0.3541	0.3572	0.1813	62
综合类	M	6.8475	4.1085	16.5532	2.4158	2.4546	0.9382	0.5021	0.5055	0.1684	389
总体样本		4.6647	3.2712	10.0677	2.6354	2.5626	0.9387	0.4661	0.4673	0.1878	4436

资料来源：作者根据色诺芬数据库数据整理获得，其中，统计数据为本章实证研究部分的样本，即表 5.8 中实证研究样本网址：www. ccerdata. com。

均值来看，建筑业最高（0.6159），其次是批发和零售贸易业企业（0.5304），再次是信息技术业（0.5073），采掘业最低（0.3258）；而农林牧渔业、采掘业、制造业、电力煤气及水的生产和供应业、交通运输、仓储业、金融、保险业、社会服务业和传播与文化产业的均值低于总体样本的平均水平，其他行业则高于平均水平；其中，就标准差而言，交通运输、仓储业的离散程度最大（0.2173），采掘业最低（0.1318）。

5.3.4 实证结果及分析

5.3.4.1 实证分析

本节将选取沪市所有上市公司（除数据欠缺和异常外），并挑选至少上市经营 5 年的企业作为研究对象，建立了 6 个回归模型。采取的回归研究方法为个体固定效应模型（entity fixed effects regression model）回归（结果见表 5 - 8），其中，Panel A 中的模型 1 至模型 3 检验的模型为方程（5.19），Panel B 中的模型 4 至模型 6 考虑了企业规模和财务杠杆控制变量，检验的模型为方程（5.20）。

表 5 - 8 权益资本成本与大股东持股比例之间的关系：总样本

自变量	因变量:权益资本成本(MPK)					
	模 型 1		模 型 2		模 型 3	
	估计系数	标准误	估计系数	标准误	估计系数	标准误
Panel A:						
截 距	是		是		是	
Largest	-0.009830 **	0.004966	-0.010048 **	0.004486	-0.009935 **	0.005018
β 系数	0.003892 ***	0.000476			0.003505 ***	0.000503
PB			-0.000128 **	5.61E -05	-0.000110 **	4.49E -05
Hausman specification Test	H_0:difference in coefficients not systematic chi2(2) = 5.4903 Prob = 0.0642		H_0:difference in coefficients not systematic chi2(2) = 5.3821 Prob = 0.0678		H_0:difference in coefficients not systematic chi2(3) = 6.0912 Prob = 0.1073	

自变量	因变量:权益资本成本(MPK)					
	模 型 1		模 型 2		模 型 3	
	估计系数	标准误	估计系数	标准误	估计系数	标准误
F Test	$4.7808 > F(576,3857)$		$4.7666 > F(576,3857)$		$4.8053 > F(576,3856)$	
Adjusted R^2	0.826386		0.856596		0.825396	

自变量	因变量:权益资本成本(MPK)					
	模 型 4		模 型 5		模 型 6	
	估计系数	标准误	估计系数	标准误	估计系数	标准误
Panel B:						
截 距	是		是		是	
Largest	−0.012113**	0.005284	−0.011816**	0.004931	−0.012158**	0.005298
β系数	0.003750***	0.000501			0.003664***	0.000509
PB			−9.77E−05*	5.87E−05	−5.24E−05	4.61E−05
Size	0.002789**	0.001302	−5.12E−05	0.001256	0.002460*	0.001345
Leverage	−0.033777***	0.004193	−0.028310***	0.004080	−0.032763***	0.004331
Hausman specification Test	H_0:difference in coefficients not systematic chi2(2) = 16.8307 Prob = 0.0021		H_0:difference in coefficients not systematic chi2(4) = 18.9829 Prob = 0.0008		H_0:difference in coefficients not systematic chi2(5) = 18.8855 Prob = 0.0020	
F Test	$4.6451 > F(576,3855)$		$4.5607 > F(576,3855)$		$4.6554 > F(576,3854)$	
Adjusted R2	0.834757		0.850491		0.834510	

注：截距为固定效应（Fixed effect）下截面单元特定截距，故省略；其中，Hausman specification Test 用于检验 Fixed vs Random effect，6 个方程都在15% 内的显著水平上拒绝了建立随机效应的原假设，而应建立固定效应模型；而模型的有效性通过使用 F Test 进行检验，该统计量是根据方程（5.17）计算获得，用于判别建立个体固定效用模型的有效性。检验结果为都拒绝了建立混合估计模型的原假设，满足建立个体固定效应模型（entity fixed effects regression model），并且回归采用广义最小二乘法（GLS）的方法进行检验，以消除异方差性和序列相关性的影响。其中，*** 为 0.01 水平显著，** 为 0.05 水平显著，* 为 0.10 水平显著。

对于所有模型而言，根据 F 检验结果可以得到，面板回归模型比混合估计模型更适用，而由 Hausman 检验可知，个体固定效益模型较好。所以，计量结果应基于个体固定效用模型来进行分析。根据个体固定效应模型可以得到如下结论：在总体样本回归中，所有模型显示：股权集中度与企业权益资本成本存在显著的负相关关系，因此，降低企业的股权集中度将会增加企业的权益资本成本，从而提高企业的经营绩效；另外，β 系数与权益资本成本存在显著的正相关关系，而市净率与权益资本成本存在显著的负相关关系（除模型 6 外），这表明，市场的风险溢价增加将会提高企业的权益资本成本，而企业的特质风险增加将会降低提高企业的权益资本成本。此外，模型 4 和模型 6 的回归结果显示，企业规模与权益资本成本存在显著正相关关系，而模型 4 至模型 6 显示，财务杠杆与权益资本成本存在显著的负相关关系。

5.3.4.2　结论解释

根据实证分析的结果，企业权益资本成本影响因素的特征可表述如下：

（一）股权制衡效应：实证分析结果显示，企业权益资本成本与股权集中度存在显著的负相关，这表明我国上市公司存在内部人与外部人的利益冲突关系。此外，股权集中对企业绩效有反作用，表明提高我国上市公司绩效的有效方法之一是改善股权结构的过度集中，同时，股权结构的分散还能激活大股东之间的股权制衡，制约大股东的行为，从而更能保护投资者的合法权益。

（二）高风险高回报效应：β 系数与权益资本成本存在显著的正相关关系，这与 CAPM 的结论一致。这表明股票价格的波动幅度越大，也即股票的市场风险越大，则股东相应的回报要求权越高，即企业的权益资本成本越高。实证分析的结果满足：高风险高回报的效应，与经济学常识相吻合。

（三）企业风险性：实证结果显示，市净率越高，则企业的权益资本成本越低，这表明市场不仅没有低估市净率较高的企业的价值，反而可能高估了这些企业的价值，或意味着对于市净率较高的企业，股东的回报要求权较低，从而企业风险相对较小。

（四）企业规模递增效应：企业的权益资本成本随着企业规模的增加而递增。企业规模递增效应表明，对于规模越大的企业，股东的回报要求权越大，即规模越大的企业，越容易被股东所看好，其公司价值越高。

（五）财务风险性：企业的负债率越高，企业的权益资本成本反而越低，这与最优资本结构的 MM 定理的结论相悖。[1] 这表明高负债并未能给股东带来高回报，从另一个方面，这也反映我国上市公司的负债行为还处于被动的负债阶段，即上市公司并非处于提高股东回报动机而进行主动负债融资，而是出于某种压力，如现金流短缺、资金周转危机或破产风险而进行的负债融资。

5.3.5 小结

通过对沪市上市公司的描述性统计发现，从权益资本成本的均值来看，房地产业最高（0.2442），其次是建筑业（0.1879），再次是传播与文化产业（0.1877），采掘业最低（0.0926），最高为最低的2.64倍，行业差异明显。此外，采掘业、制造业、电力煤气及水的生产和供应业、信息技术业和金融、保险业的权益资本成本均值低于总体样本的平均水平，其他行业则高于平均水平。

本节利用本章5.2节建立的资本成本理论模型建立实证计量模型，并采用面板数据（panel dada）个体固定效应模型对总体样本进行实证回归分析，结果显示，股权集中度与企业权益资本

---

[1] 企业最优资本结构的 MM 定理支出，企业负债率越高，则企业面临的破产风险也会随之上升，从而股东相应会要求高回报以弥补其承担风险的破产风险，即企业权益资本成本将上升。

成本存在显著的负相关关系，因此，降低企业的第一大股东持股比例将会激活大股东之间的股权制衡，制约大股东的行为，从而提高公司价值。我们的结论还表明，市场风险性，即 β 系数与权益资本成本存在显著的正相关关系，此实证结果与 CAPM 的结论相吻合；另外，企业特质风险，即市净率与企业的权益资本成本存在显著负相关，这表明市场不仅没有低估市净率较高的企业的价值，反而可能高估了这些企业的价值，或意味着对于市净率较高的企业，股东的回报要求权较低，从而企业风险相对较小。此外，企业规模与权益资本成本存在显著的正相关关系，表明企业的权益资本成本存在企业规模递增效应；而财务杠杆与权益资本成本存在显著的负相关关系，这与最优资本结构的 MM 定理的结论相悖，也从另一个角度反映出我国上市公司的负债行为还处于被动的负债阶段。

5.4 中国投资者法律保护实践与企业权益资本成本的实证研究

5.4.1 中国投资者法律保护的演变

投资者保护是近年来研究公司治理的核心内容，也是公司治理所要实现的基本目标之一。LLSV（1997，1998，2000），LLS（1999），JLLS（2000），Friedman et al.（2003）等相关的理论研究证实了在投资者和小股东保护不足的国家中，大股东往往将会有倾向于转移掠夺企业资源的强烈动机和实际行动，这严重地侵害了中小股东的合法权益。但是，LLSV 的系统研究只是横向比较了国别在法律和融资上的差异，而没有认识到一个国家的投资者法律保护本身也是一个历史实践的发展过程，每一法系下任何国家的投资者保护都经历了由弱到强的过程。

我国的投资者法律保护也经历了从弱到强，逐步健全的历史过程。沈艺峰等（2004）的研究指出，我国的投资者法律保护随着我国证券市场的规范与发展而逐渐建立与完善起来，其发展过程大致上可以划分为三个阶段：第一阶段：中小投资者法律保护的初级阶段（1994 年 7 月以前）；第二阶段：中小投资者法律保护的发展阶段（1994 年 7 月至 1998 年 7 月）；第三阶段：中小投资者法律保护的成熟阶段（1999 年 7 月以后）。但是由于他们研究的主题只是上市公司 IPOs 的初期收益率与投资者法律保护分值之间的关系，因此，忽略了投资者法律保护对企业经营过程中绩效的影响。本节将在 LLSV（1998）和沈艺峰等（2004）研究的基础上，合理利用他们的研究指标，以更全面地衡量我国自 1995 年以来投资者法律保护的历史实践进程，并考察企业权益资本成本随投资者法律实践的变化情况，进而实证研究企业权益资本成本与投资者法律保护之间的关系。

5.4.2　中国投资者法律保护程度的指标设定

5.4.2.1　中国投资者法律保护条款的选择及设定

本节将从三个方面设定 20 个指标用于考察我国投资者法律保护情况，其中：（1）股东权利，主要包括 LLSV（1998）采用的指标与中小投资者权益法律保护的相关 8 条规定条款：代理表决权、一股一票制、通信表决权、累计表决权、强制股利政策、股东起诉权利、优先认股权和临时股东大会召集权，此外，遵照沈艺峰等（2004）的研究，本节也增加股东大会的重大事项（如分立、合并和解散等等）的表决权，共 9 项条款。（2）其他制度与政策。主要遵照沈艺峰等（2004）的研究，包括上市公司信息披露制度、会计制度与审计制度、外部独立董事制度、送配股政策、内部人股权转让制度、管理层、董监事持股比例规定、内幕交易、关联交易和限制大股东行为的相关法律规定、股权分置改革规定、首次发行股票募资规定，共 11 个条款。其中，信息披露制度包括三个内容：一是初次发行股票的信息披露；二是公司的定期报告；三是企业的临时报告。研究参照沈艺峰等[①]（2004）的指标设定方法，同时，增加了四个投资者保护指标，以使更加全面合理地度量出我国投资者法律保护系数。

5.4.2.2 中国投资者法律保护程度指标的赋值原则

本节将参照沈艺峰等（2004）的统计方法，以使赋值原则具有一定的权威性。由于法律与行政法规、部委规章的法律效力不同，因此，本章在对各类法律法规在前述 20 项保护条款的规定上分别赋予不同的分值，赋分原则如表 5 – 9 所示。此外，本章还参照循 LLSV[②]（1998）的统计方法对每一条款进行加分或者减分处理。

表 5 – 9 24 项投资者法律保护条款的赋值原则

对保护条款的规定		法律或法规	分值大小
当某项条款首次由法律或法规作相应规定时		法　律	2
		行政法规或部委规章	1
当某项条款已由法律或法规作了规定，而后出台的法律或法律又对相同条款作了规定	新规定与旧规定相同	法　律	1
		行政法规或部委规章	0
	新规定比旧规定在相同条款上作更强具体规定	法　律	1
		行政法规或部委规章	0.5

① 沈艺峰、许年行等：《我国中小投资者法律保护历史实践的实证检验》，《经济研究》，2004 年第 9 期，第 90—100 页。

② Rafael La Porta, Florencio Lopez-de-silanes, Andrei Shleifer, and Robert W. Vishny (1998a), "Law and Finance", *Journal of Political Economy*, vol. 106, pp. 1113 – 1155。

（一）加分

对于法律规定，一股一票表决权，准许有临时股东大会召集权（满足 10% 的最低股权比例要求）、代理表决权、通信表决权、累计表决权、强制股利政策、优先认股权，规定股东大会的重大事项表决权必须经 2/3 以上才能表决通过，规定上市公司信息披露、会计制度与审计制度、外部独立董事制度、送配股政策、内部人股权转让制度、内幕交易、关联交易，有限制大股东行为的规定，有管理层、董监事持股比例规定，股权分置改革规定，首次发行股票募资规定。以上均为加分情况。对于企业的信息披露方面，主要依照中国证券会发布的《年度报告的内容与格式》以及更新资料进行统计，每一次修订如果有利于减少中小股东与大股东之间的信息不对称，则每一条款加 0.5 分。

（二）减分

对于以上 20 条款，如果新发布的法律文件或规章制度禁止了相关已有的规定，则属减分情况。相关的法律条款赋值情况请看表 5-9。

5.4.3　研究设计：模型与变量

5.4.3.1　模型构建

本节主要考察我国投资者保护历史实践对企业权益资本成本的影响。根据本章 5.2 节资本成本理论模型，有方程（5.16）：$E[m_{t+1} F_{t+1}^K] = (2k - 4 + 4\alpha_t)/[2k - (3 + \alpha_t)(2 - \alpha_t)]$ 中，引入动态方程 $F = f + (2 - \delta)K_{t+1}$，代入可得：

$$E(f^K) = \frac{2k - 4 + 4\alpha}{2k - (3 + \alpha)(1 - \alpha)} \frac{1}{E(m_{t+1})} -$$

$$(1 - \delta) - \frac{\text{cov}(m_{t+1}, f^K)}{E(m_{t+1})} \tag{5.21}$$

其中，$f^K = \mathrm{d}f/\mathrm{d}K_{t+1}$；$E[m_{t+1}] = 1/(1 + R_{t+1})$，$R_{t+1}$ 表示 $t +$

1 期大股东机会成本，且满足 $R_{t+1} = R_{t+1}^F$，R_{t+1}^F 为市场无风险收益率；d 为企业资本折旧率；k 为投资者保护系数；$\mathrm{cov}(m_{t+1}, f^k)/E[m_{t+1}]$ 代表企业的特质风险溢价。因此，方程（5.21）给出了企业权益资本成本与投资者保护程度、大股东持股比例、企业资本折旧率、市场无风险收益率和企业特质风险溢价之间的关系。

其次，LLSV（1997，1998）对世界 49 个国家的实证研究发现，股权集中度与投资者保护程度成反比，因此，他们认为股权的高度集中是弱投资者保护的一种反映，强的投资者保护伴随着分散的股权结构。[①] 从这个角度而言，投资者保护的强弱将直接影响企业股权集中度，从而影响企业的经营绩效。为了实证研究第一大股东持股比例和投资者法律保护对企业权益资本成本的影响，并基于方程（5.21），本章所采用的基本计量模型如下：

$$MPK_{it+1} = \theta_i + \theta_1 Largest_{it} + \theta_2 IPI_{t+1} {}^* Largest_{it} +$$
$$\theta_3 PB_{it+1} + \zeta_{it+1} \tag{5.22}$$

其中，MPK：表示企业权益资本成本；$Largest$：表示第一大股东控股比例，反映股权集中度；IPI：反映投资者保护程度；PB：反映企业的特质风险溢价；θ_i：表示不同截面的截距；ζ_{it}：白噪声序列。

本模型中通过将投资者保护系数 IPI 以交叉乘项的形式引入方程，用于考察投资者法律保护对企业权益资本成本的影响。在计量模型建立上，由于交叉乘项 $IPI_{t+1} {}^* Largest_{it}$ 之间存在共线性，因此，本研究采用子集回归法，即回归采用的因变量 MPK_{it+1}^* 是

[①] 参见：La Porta, R., Lopez-de-Silanes, F., Shleifer, A., Vishny, R. (1998a), "Law and Finance", *Journal of Political Economy*, vol. 106, pp. 1113 – 1155 和 La Porta, R., Lopez-de-Silanes, F., Shleifer, A., Vishny, R. (1997), "Legal Determinants of External Finance", *Journal of Finance*, 52; 1131 – 1150.

MPK_{it+1}对$Largest_{it}$回归残差，通过此种方法可以避免多重共线性带来的影响，又可以达到检验方程回归的目的。因此，本研究将采取的计量回归模型为：

$$MPK^*_{it+1} = \theta_i + \theta_1 IPI_{t+1} * Largest_{it} + \theta_2 B_{it+1} + \xi_{it+1} \qquad (5.23)$$

此外，在本节研究中，笔者将引入企业规模（$Size$）和财务杠杆（$Leverage$）作为控制变量，以使得实证模型更加准确，更能考察影响企业权益资本成本的主要因素。模型中具体的变量说明及描述见表5-10。引入控制变量后的计量模型为：

$$MPK_{it+1} = \theta_i + \theta_1 Largest_{it} + \theta_2 IPI_{t+1} * Largest_{it} +$$
$$\theta_3 PB_{it+1} + \theta_4 Size + \theta_5 Leverage + \zeta_{it+1} \qquad (5.24)$$

表5-10　变量定义一览表

变量（符号）	性　质	描　述	备　注
权益资本成本（MPK）	因变量	$MPK_{it} = \theta_j(s_{it}/k_{it})$其中是$s_{it}$主营收入，$k_{it}$是固定资产净值，$\theta_j$是产业系数	为单位资本边际收益，用于衡量权益资本成本
大股东持股比例（$Largest$）	解释变量	第一大股东持股比例占总股本比重	反映股权集中度（股权结构）
投资者保护系数（IPI）	解释变量	根据表5-13统计整理获得	反映我国投资者保护的实践
市净率（PB）	解释变量	年末每股市价与年末每股净资产之比	反映企业的特质风险溢价
企业规模（$Size$）	控制变量	企业账面总资产的对数（单位：1亿元）	反映了企业规模大小
财务杠杆（$Leverage$）	控制变量	企业资产负债率:总负债比总资产	反映了总体负债水平

本研究为10年的面板数据分析，所有变量的取值为1996年至2005年末数据

注：关于单位资本边际收益（MPK）的度量推导请看本章附录5-9；关于θ_j的计算以及具体数值请看本章附录5-11。

同时，采用子集回归法，建立本研究的计量回归模型为：

$$MPK_{it+1}^* = \theta_i + \theta_1 IPI_{t+1}^* Largest_{it} + \theta_2 B_{it+1} +$$
$$\theta_3 Size_{it+1} + \theta_4 Leverage_{it+1} + \xi_{it+1} \tag{5.25}$$

其中，因变量 MPK_{it+1}^* 是 MPK_{it+1} 对 $Largest_{it}$ 回归残差。模型（5.22）与模型（5.23）和模型（5.24）与模型（5.25）必须使用一致的回归方法。

5.4.3.2　变量设计：中国投资者法律保护程度的赋值

本节参照沈艺峰等（2004）的研究方法，根据中国证券会发布的《投资者维权教育手册》中"维护证券投资者权益的主要法律、法规和其他规范性文件目录索引"以及其他有关的法律法规，选取 1992 年 5 月至 2005 年 12 月实施的 78 部法律文件，具体法律文件请参见表 5 - 11。并参照沈艺峰等（2004）的研究方法，将所有列举的法律文件与上述 20 各指标进行一一对照，在所涉及的有关中小投资者法律保护的对应条款上进行加分减分的处理，从而形成一套完整的中小投资者法律保护分值，见表 5 - 12。其中，有 16 项指标 1992 年和 2002 年的数据来自沈艺峰等（2004）的统计，增加的四项投资者法律保护指标和其他数据为笔者按照所列举地法律文件和业已介绍的方法进行的统计。表 5 - 12 列出了完整的投资者保护系数分值分布情况，并将用于衡量我国投资者保护实践的进程。

表 5 - 11　投资者保护法律文件总汇

日　　期		法　律　名　称
1992.5.15 前		《股份有限公司规范意见》★
1993	4.22	《股票发行与交易管理暂行条例》★
	6.12	《公开发行股票公司信息披露实施细则》
	8.15	《禁止证券欺诈行为暂行办法》
	12.17	《证监会关于上市公司送配股的暂行规定》

日　期		法　律　名　称
1994	1.1	《会计法》★
	1.10	《年度报告的内容与格式》(试行)
	6.23	《中期报告的内容与格式》(试行)
	7.1	《公司法》★
	7.27	《公司股份变动报告的内容与格式(试行)》;《配股说明书的内容与格式》
	9.28	《关于执行〈公司法〉规范上市公司配股的通知》
	10.27	《上市公司办理配股申请和信息披露的具体规定》
1995	10.20	《关于股票发行与认购办法的意见》
	12.21	《年度报告的内容与格式》第1次修订
1996	1.24	《关于1996年上市公司配股工作的通知》
	2.7	《关于规范上市公司股东大会的通知》★
	4.22	《关于加强对上市公司董事、监事、经理持有本公司股份管理的通知》
	6.20	《中期报告的内容与格式》第1次修订
	7.24	《关于规范上市公司行为若干问题的通知》★
	8.1	《关于做好上市公司董监事及高级管理人员持股监管工作的通知》
	12.20	《上市公司检查制度实施办法》
	12.26	《关于股票发行与认购方式的暂行规定》
1997	1.1	《企业会计准则——关联方关系及其交易的披露》★
	1.6	《上市公告书的内容与格式(试行)》
	3.3	《证券市场禁入暂行规定》
	4.1	《招股说明书的内容与格式》
	10.1	《刑法》★
	12.16	《上市公司章程指引》★
1998	3.17	《关于股票发行工作若干问题的补充通知》
	6.18	《中期报告的内容与格式》第2次修订
	12.10	《年度报告的内容与格式》第2次修订★
1999	2.12	《股票发行定价分析报告指引(试行)》
	3.17	《配股说明书的内容与格式》第1次修订
	5.6	《关于上市公司总经理及高层管理人员不得在控股股东单位兼职的通知》
	6.14	《关于上市公司大股东出资到位情况进行检查的通知》
	7.1	《证券法》★
	7.28	《关于进一步完善股票发行方式的通知》
	12.8	《年度报告的内容与格式》第3次修订

日　　期	法　律　名　称
2000 3.16	《中国证监会股票发行核准程序》
5.18	《上市股东大会规范意见》★
6.6	《关于上市公司为他人提供担保有关问题的通知》
6.15	《中期报告的内容与格式》第 3 次修订
7.1	新《会计法》★
2001 3.15	《关于做好上市公司新股发行工作的通知》；《招股说明书》；《上市公告书》
3.19	《上市公司检查办法》
3.28	《上市公司新股发行管理办法》★
4.6	《季度报告的内容与格式的特别规定》
5.11	《关于上市公司新股发行审核工作的指导意见》
12.10	《年度报告的内容与格式》第 4 次修订
2002 1.7	《上市公司治理准则》★
1.15	《关于受理证券市场因虚假陈述引发的民事侵权纠纷案件有关问题的通知》
6.22	《中期报告的内容与格式》第 4 次修订
6.30	《关于在上市公司建立独立董事制度的指导意见》（至少 2 名独立董事）★
7.24	《关于上市公司增发新股有关条件的通知》
9.9	《关于公开发行证券的公司重大关联交易等事项的审核要求》
12.1	《上市公司股东持股变动信息披露管理办法》；《上市公司收购管理办法》
2003 1.6	《年度报告的内容与格式》第 5 次修订
2.1	《关于审理证券市场因虚假陈述引发的民事赔偿案件的若干规定》★
3.24	《招股说明书的内容与格式》（2003 年修订）
3.26	《季度报告内容与格式的特别规定》（2003 年修订）
6.24	《中期报告的内容与格式》第 5 次修订
8.28	《关于规范上市公司与关联方资金往来及上市公司对外担保若干问题的通知》
12.1	《公开发行证券的公司信息披露编报规则第 19 号——财务信息的更正及相关披露》
12.5	《股票发行审核委员会暂行办法》
12.11	《股票发行审核委员会工作细则》
12.22	《年度报告的内容与格式》第 6 次修订

日 期	法 律 名 称	
2004	1. 6	《关于规范上市公司实际控制权转移行为有关问题的通知》★
	1. 7	《关于进一步提高上市公司财务信息披露质量的通知》
	1. 15	《公开发行证券的公司信息披露规范问答》第 1 号(2004 年修订)
	1. 31	《关于推进资本市场改革开放和稳定发展的若干意见》★
	8. 8	《证券法》(2004 年修正)★
	12. 7	《关于加强社会公众股股东权益保护的若干规定》
	12. 13	《公开发行证券的公司信息披露内容与格式准则第 2 号〈年度报告的内容与格式〉》
2005	4. 29	《关于上市公司股权分置改革试点有关问题的通知》★
	6. 16	《上市公司回购社会公众股份管理办法(试行)》
	9. 4	《上市公司股权分置改革管理办法》★
	12. 15	《年度报告的内容与格式》
	12. 16	《公司股份变动报告的内容与格式》

资料来源：法律法规主要来自：《上市公司监督法规汇编》，中国证券监督委员会编，2002 年；《证券法规政策汇编——企业改制上市行为指南》，上海证券交易所编，2000 年 7 月；www.law-lib.com 网站所提供的法律法规；www.csrc.gov.cn 网站提供的有关投资者保护法律法规。此外，本文还参考了沈艺峰、许年行等：《我国中小投资者法律保护历史实践的实证检验》，《经济研究》，2004 年第 9 期，第 90—100 页。

注："★"表示与投资者法律保护有关的重要法律法规。

5. 4. 4 实证结果及分析

5. 4. 4. 1 投资者法律保护对企业资本成本的影响

（一）描述性统计

根据表 5 – 12 对我国投资者法律保护历史实践进程的统计，通过图 5 – 5 我们可以看出投资者法律保护的分值在不断增加，这说明我国的投资者法律保护程度在不断加强。其中，在我国投资者法律保护的历史实践过程中，可以划分为 24 个时期，各个时期的法律分值分别为 0、8、13.5、16.5、28.5、30、32.5、34、

表5-12　中国投资者保护实践进程量化表

| 时间 | 股东权利 | | | | | | | | | 其他制度与政策 | | | | | | | | | | | 法律赋值 | | |
	1 临时股东大会召集权	2 代理股东大会决策权	3 一股一表决权	4 信息决策权	5 累计表决权	6 强制表决制决策	7 股东起诉权利	8 优先认股股权利政策	9 股东大会认重大事项决权	10 上市公司重大事项决权	11 会计制度与审计制度	12 外部独立董事制度	13 送配股政策	14 内部股权转让制度	15 管理层持股规定	16 内幕交易监管	17 关联交易	18 限大股东行为的规定	19 股权分置改革的规定	20 首次发行股票募资规定	新增法律保护条款赋值	法律保护系数累计赋值	律保护分值各段
1992 5.15前																					0	0	0
1992 5.15	1	1	1						1	1	1		1	1		1					8	8	8
4.22								1		1	0.5		1	0.5		0.5				1	5.5	13.5	13.5
6.12										0.5											0.5	14	
8.15									0.5	0.5											1	15	16.5
12.17													0.5			0.5					0.5	15.5	
1993 1.1											1										1	16.5	16.5
1.10										0.5											0.5	17	17
6.23										0.5			0.5								0.5	17.5	17.5
1994 7.1	1	1	1					2	1	1	1	1		1							11	28.5	28.5
7.27																					0.5	29	29
9.28													0.5								0.5	29.5	29.5
10.27													0.5								0.5	30	30

续表 5－12

时间		股东权利									其他制度与政策											法律赋值		
年	日	1 临时股东大会召集权	2 代理股东表决权	3 股东大会决议表决权	4 通信表决权	5 一股一票制	6 累计表决权	7 强制表决权	8 股东起诉权利或政策	9 优先认股权（股东大会重大事项决权）	10 上市公司信息披露制度	11 会计制度与审计制度	12 外部独立董事制度	13 送配股政策	14 内部股东股权转让制度	15 管理层持股规定	16 内募交易规定	17 关联交易	18 限制大股东行为的规定	19 股权分置改革规定	20 首发股票募资规定	新增法律保护条款赋值	律保护系数	律各段分值累计
1995	10.20									0.5											0.5	1	31	
	12.21										0.5											0.5	31.5	32.5
1996	1.24													0.5								0.5	32	
	2.7													0.5								0.5	32.5	
	4.22															0.5						0.5	33	
	6.20										0.5											0.5	33.5	34
	7.24															0.5						0.5	34	
	8.1													0.5								0.5	34.5	
	12.20															0.5						0.5	35	
	12.26									0.5											0.5	1	36	36.5
1997	1.1																	0.5				0.5	36.5	
	1.6										0.5						0.5					1	37.5	
	3.3										0.5						0.5					1	38.5	
	4.1										0.5											0.5	39	
	10.1										1						1					2	41	
	12.16			0.5				0.5	0.5			0.5						0.5	1			3.5	44.5	44.5

续表 5-12

时间	股东权利									其他制度与政策											法律赋值		
	1 临时股东大会召集权	2 代理股东表决权	3 一股一票制	4 通信表决权	5 累计表决权	6 强制表决权政策	7 股东起诉权利	8 优先认股权	9 股东大会重大事项表决权	10 上市公司信息披露	11 会计制度与审计制度	12 外部独立董事制度	13 送配股政策	14 内部人理层股权转让事持制度	15 管理层、董事持股规定	16 内幕交易监管	17 关联交易	18 限大股东置股东行为的规定	19 股权分置改革的规定	20 首发行股票募规资定	新增法律保护条款赋值	法律保护系数累计赋值	各段分值
1998 3.17																					0.5	45	
6.18								0.5													0.5	45.5	46
12.10										0.5											0.5	46	
1999 2.12																				0.5	0.5	46.5	
3.17										0.5											0.5	47	
5.6													0.5								0.5	47.5	53
6.14																	0.5				0.5	48	
7.1										1						1					5	53	
7.28															1						1	54	
12.8										0.5											0.5	54.5	55.5
2000 3.16								0.5													1	55.5	
5.18	0.5		-1				0.5														0	55.5	
6.6																	0.5				0.5	56	
6.15										0.5											0.5	56.5	57.5
7.1											1										1	57.5	

续表 5－12

时间		股东权利									其他制度与政策											法律赋值		
		1 临时股东大会召集权	2 代理股东大表决权	3 一股一票制	4 通信表决权	5 累计表决权	6 强制表决权利政策	7 股东起诉权利政策	8 优先认股股权	9 股东大会重大事项表决权	10 上市公司信息披露制器	11 会计审计制度	12 外部独立董事制立事度	13 送配股政策与计算器	14 内部股权转让制度	15 管理层、董事持股规定	16 内幕交易监管规定	17 关联交易规定	18 限制大股东置换行为改革的规定	19 股权分置改革规定	20 首发新股募资规定	新增法律保护条款赋值	法律保护系数累计赋值	各段法律保护分值
2001	3.15													0.5								0.5	58	
	3.19											0.5						0.5	0.5			1.5	59.5	61
	3.28										0.5	0.5		0.5								1.5	61	
	4.6													0.5								0.5	61.5	
	5.11								0.5		0.5											1	62.5	
	12.10																				0.5	0.5	63	67
2002	1.7					1	1	0.5			0.5							0.5	0.5			4	67	
	1.15							0.5			0.5											0.5	67.5	
	6.22										0.5											0.5	68	69
	6.30												1									1	69	
	7.24																	0.5				0.5	69.5	
	9.9													0.5				0.5				0.5	70	
	12.1										0.5							0.5				0.5	70.5	
2003	1.6										0.5											0.5	71	
	2.1													0.5								0.5	71.5	71.5

续表 5-12

时间		1 临时股东大会召集权	2 代理股票表决权制度	3-4 通信表决权	5 累计表决权制度	6 强制表决权制度	7 股东起诉权利政策	8 优先认股权利政策	9 股东大会重大事项决权	10 上市公司信息披露	11 会计制度与审计制度	12 外部独立董事制度	13 送配股政策	14 内部股权转让制度	15 管理层、董事持股规定	16 内幕交易监管	17 关联交易	18 限制大股东控制行为的规定	19 股权分置改革规定	20 首发股票募资规定	新增法律保护条款赋值	法律保护系数累计赋值	各段法律保护分值
										股东权利					其他制度与政策							法律赋值	
2003	3.24									0.5											0.5	72	
	3.26									0.5											0.5	72.5	
	6.24									0.5											0.5	73	
	8.28																0.5				0.5	73.5	
	12.1									0.5											0.5	74	
	12.5																			0.5	0.5	74.5	79
	12.11										0.5										0.5	75	
	12.22							0.5													0.5	75.5	
2004	1.6																	0.5			0.5	76	
	1.7									0.5	0.5						0.5				1.5	77.5	
	1.15									0.5											0.5	78	
	1.31															1					1	79	
	8.8					1	1	1							1						4	83	
	12.7								0.5	0.5	0.5	0.5					0.5	0.5			3	86	89
	12.13								0.5	0.5	0.5	0.5						0.5			2.5	88.5	
2005	4.29																		0.5		0.5	89	
	6.16																		0.5		0.5	89.5	
	9.4																		0.5		0.5	90	90
	12.15									0.5											0.5	90.5	
	12.16									0.5											0.5	91	91

注：表中参考的法律文献请看表5-11。

36.5、44.5、46、53、55.5、57.5、61、67、69、71.5、79、89、90 和 91。而根据表 4－4 和沈艺峰等（2004）的研究，笔者将我国的投资者法律保护划分为 4 个阶段。第一阶段：投资者法律保护的初级阶段（1994 年 7 月以前）；第二阶段：投资者法律保护的发展阶段（1994 年 7 月至 1998 年 12 月）；第三阶段：投资者法律保护的逐步成熟阶段（1999 年 1 月至 2003 年 2 月），其中，第三阶段又可分为逐步成熟阶段 Ⅰ（1999 年 1 月至 2000 年 12 月）和逐步成熟阶段 Ⅱ（2001 年 1 月至 2003 年 2 月）；第四阶段：投资者法律保护的完善阶段（2003 年以后）。各个阶段的法律分值区间分布分别为 0—28.5；29—46；46.5—71.5 和72—91。这表明在不同的历史阶段里，我国的投资者法律保护得到不断的完善。

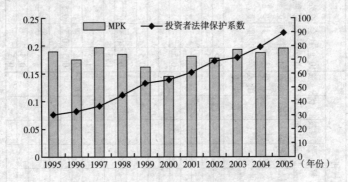

图 5－5 企业权益资本成本与投资者法律保护

依据表 5－13 的分析结果，在我国投资者法律保护发展的不同历史阶段，企业权益资本成本存在显著的差异。其中，就权益资本成本平均值而言，在投资者法律保护的成熟阶段 Ⅰ 最小，而在成熟阶段 Ⅱ 得到回升，并且在投资者法律保护的完善阶段达到最大值（0.191131）。因此，从成熟阶段 Ⅰ 到完善阶段，总体而言，随着我国投资者法律保护的不断完善，沪市上市公司的权益资本成本越大，也即企业的经营绩效越好。

表5-13　不同投资者法律保护阶段的企业权益资本成本描述性统计

阶　　段	样本期间	样本数	均　值	中位数	标准差	最大值	最小值
发展阶段	1995—1998	914	0.187509	0.117618	0.304375	3.877120	-0.015170
成熟阶段 I	1999—2000	885	0.152802	0.107492	0.224024	4.717154	-0.003004
成熟阶段 II	2001—2003	1869	0.183755	0.109208	0.363089	7.676743	2.84E-14
成熟阶段	1999—2003	2754	0.173809	0.108797	0.325235	7.676743	-0.003004
完善阶段	2004—2005	1511	0.191131	0.125865	0.232066	2.634696	5.64E-13
总体样本	1995—2005	5179	0.181280	0.114702	0.297228	7.676743	-0.015170

（二）投资者保护的激励作用：回归结果

表5-14列出了对方程（5.22）和方程（5.23）的回归结果，采用了子集回归方法，模型7、模型9、模型11和模型13重点讨论投资者法律保护与企业权益资本成本之间的关系，模型8、模型10、模型12和模型14控制了企业规模和财务杠杆。实证研究的结果显示，在模型13中，交乘项的回归系数为0.000258，在1%统计水平上显著为正，同时，模型14中，交乘项的回归系数为0.000455，在1%统计水平上显著为正，这表明在综合考察第一大股东持股比例对企业权益资本成本影响的情况下，中小投资者法律保护与企业权益资本成本存在显著的正相关关系。由此可见，在我国中小投资者法律保护历史实践进程中，随着投资者法律保护体制的不断健全，企业权益资本成本逐渐上升，也即企业的获利能力越强。此实证研究结论证实了本章5.2节资本成本理论模型命题二的理论结论。

分段结果显示，在发展阶段（1996—1998），模型7和模型8显示交乘项的回归系数分别为-0.000362和-0.001333，与总

表 5－14　投资者法律保护与企业权益资本成本之间的关系：总样本

因变量：权益资本成本（MPK）

自变量	发展阶段 (1996—1998) 随机效应模型回归		逐步成熟阶段 (1999—2003) 随机效应模型回归		完善阶段 (2004—2005) 固定效应模型回归		总体样本回归 (1996—2005) 固定效应模型回归	
	模型 7	模型 8	模型 9	模型 10	模型 11	模型 12	模型 13	模型 14
	是	是	是	是	是	是	是	是
截距	-0.000362 (0.8912)	-0.001333 (0.6436)	0.001264^* (0.0805)	0.001265^* (0.0809)	0.000332^{***} (0.0000)	$4.14E-05$ (0.1297)	0.000258^{***} (0.0000)	0.00455^{***} (0.0000)
Largest * IPI	0.021898^{***} (0.0030)	0.023252^{***} (0.0032)	-0.000475 (0.5872)	-0.000565 (0.5549)	-0.001219^{***} (0.0000)	0.001051^{***} (0.0000)	-0.00118^{***} (0.0440)	$-9.05E-05$ (0.1494)
-PB								
Size		-0.014657 (0.9032)		0.022736 (0.4206)		-0.366659^{***} (0.0000)		-0.029850^{***} (0.0000)
Leverage		0.021167 (0.3713)		0.001758 (0.7590)		0.147316^{***} (0.0000)		-0.003457^{***} (0.0100)
Hausman-Test	0.2179	0.2179	0.3362	0.3362	0.0481	0.0481	0.0261	0.0261
观测值	426	426	1915	1915	1420	1420	4436	4436
F 统计量或 LM	2940.5436	2940.5436	52012.6171	52012.6171	9.4349	9.4349	6.7733	6.7733

注：分阶段讨论的样本必须持续整个时间跨度，而总体样本回归统计了 10 年数据，且每一家企业至少经营 5 年。表内数字为自变量的回归系数，对应括号内数字为 P 值；截距为随机效应（Random effect）或固定效应（Fixed effect）下载面单元格特定截距，故省略。Hausman Test 为 Correlated Random Effects-Hausman Test 的 P 值，检验结果显示前 4 个方程设定能建立随机效应模型，而应建立固定效应模型；而后 4 个方程都在 5% 内的显著水平上拒绝了随机效应的原假设（5.17），个体随机效应的 LM 统计量是根据方程（5.18）计算求得，用于判别是否能建立个体固定效应模型和个体随机效应模型。检验结果为都拒绝了建立混合估计模型的原假设，满足建立个体固定效应模型（entity fixed effects regression model）或个体随机效应模型（entity random effects regression model），并且采用广义最小二乘法（FGLS）的方法进行检验，以消除异方差性和序列相关性的影响。需要指出的是：Hausman Test 和 F 统计量是 MPK 单独对 Largest 求出的，此处，没有报告该检验结果。其中，*** 为 0.01 水平显著，** 为 0.05 水平显著，* 为 0.10 水平显著。

体样本的回归结果相反，而且不显著。这表明在此阶段，投资者法律保护并没能增加企业的权益资本成本，也即没能提高企业的获利能力。追其原因，可能在于此阶段大多法律法规主要从信息披露的角度来保护中小股东的权益，还缺乏从公司内部治理机制角度立法来实现对中小投资者权益的保护，因此，相关的法律法规不能有效制约大股东（内部人）对中小股东的掠夺，因而没能有效地对企业经营绩效产生积极的作用。

在我国投资者法律保护的成熟阶段（1999—2003），模型9和模型10显示交乘项的回归系数分别为0.001264和0.001265，在10%统计水平上显著为正，这表明随着投资者法律保护的不断完善，企业的经营绩效得到提高。特别在进入了投资者法律保护的完善阶段（2004—2005）后，模型29回归结果显示，交乘项的回归系数变为0.000332，在1%统计水平上显著为正，这说明在此阶段，投资者法律保护仍起着积极的作用。追究原因，在此期间我国颁布了《证券法》、新《会计法》、《上市公司治理准则》、《关于在上市公司建立独立董事制度的指导意见》等相关规范上市公司内部治理机制的重要法律文件，因此，实现了公司内部治理的自律，对中小投资者权益的保护发挥了作用。

5.4.4.2 结论解释

通过以上的实证研究，就总体样本而言，笔者发现：在综合考察第一大股东持股比例对企业权益资本成本影响的情况下，中小投资者法律保护与企业权益资本成本存在显著的正相关关系。可见，随着我国投资者法律保护的不断完善，企业的权益资本成本呈上升的趋势。因此，加强我国的投资者法律保护力度，可以提高我国企业的获利能力，则在国际资本自由流动的情况下，国外资本将会更加青睐于对我国进行投资。此实证研究结论间接证实投资者保护对资本流向的正效应作用。

依据实证研究的分析，在投资者保护的完善阶段，随着我国法律制度的完善，企业的相对获利能力在增强，按照本章5.2节命题二的分析，我国应该能够吸引更多的外资。此外，2004年10月29日我国法定存款利率的个人储蓄6个月期、1年期、2年期、3年期和5年期，以及企业6个月期和1年期都加息，[①] 因此，就利率而言，将使得国际上的热钱流向中国。但是，相关的统计数据却显示：2003年我国实际使用外资金额比2002年同比增长1.44%；2004年比2003年同比增长13.32%，但是2005年2—11月实际使用外资金额却比同比下降1.90%，同时，2006年比2005年同比下降4.06%。[②] 资料显示：我国实际利用外资呈现下降趋势。从本章的理论模型和投资者保护的角度，一种可能的解释原因在于我国的投资者法律保护在全球范围之内整体上仍处于较低的水平，许多机制善未建立健全，如卖空机制和替代性金融衍生工具等等的引入，使得投资者缺乏信心。因此，基于此国际背景条件下，在现阶段加强我国的投资者法律保护建设显得甚为迫切。

5.4.5　小结

本节利用本章5.2节的资本成本理论模型研究结论，建立计量回归模型，参照LLSV（1998）和沈艺峰等（2004）的指标设计和研究方法，选取20个指标用于考察我国的投资者法律保护系数。并根据中国证券会发布的《投资者维权教育手册》中的"维护证券投资者权益的主要法律、法规和其他规范性文件目录索引"以及其他有关的法律法规，选取1992年5月至2005年12

---

① 资料来源：金融信息中心，网址：http://www.cfn.com.cn/。
② 资料来源：中华人民共和国商务部，网站：http://www.mofcom.gov.cn/。

月实施的78部法律文件，对20个指标进行一一对照，统计出各年度和阶段的投资者法律保护系数。

接着，本节采用子集回归方法，对我国沪市A股上市公司1996年至2005年的统计数据进行实证研究。得出结论：在综合考察第一大股东持股比例对企业权益资本成本影响的情况下，中小投资者法律保护与企业权益资本成本存在显著的正相关关系。由此可见，在我国中小投资者法律保护历史实践进程上，随着投资者法律保护体制的不断健全，企业权益资本成本逐渐上升，也即股东的回报要求权越大。此实证研究结论证实了本章5.2节资本成本理论模型命题二的理论结论：在不完善投资者保护和大股东最优掠夺行为条件下，随着投资者保护越好，企业单位资本边际收益折现的期望越大，也即企业的权益资本成本越大，则在此制度下股东的回报要求权越大，因此，在国际资本自由流动的情况下，国际资本将偏好于投资者保护较好的国家，而不会盲目向投资者保护较弱的发展中国家输入。

5.5　研究结论与政策建议

5.5.1　研究结论

本章研究通过建立资本成本理论模型，分析影响企业权益资本成本的因素，并利用计量模型考察企业权益资本成本与股权集中度之间的关系。理论分析和实证研究得出的结论如下：

（1）在大股东最优掠夺行为模型中发现，在既定的法律体系中，大股东的最优掠夺行为与其持股比例成反比关系；各国的投资者保护法律强制力量将直接影响大股东的最优掠夺行为，法律强制力量越大将能够更加有效地制约大股东掠夺行为。

（2）在资本成本理论模型中，我们发现影响企业权益资本成本的主要因素有：第一大股东持股比例、企业特质风险溢价、市场风险溢价、市场无风险收益率和企业资本折旧率。在模型推导过程中，笔者得出了三个结论：第一，在不完善投资者保护情况下，投资者对企业单位资本的未来收益折现期望将小于其对单位资本在无风险市场上的未来收益折现期望，因而大股东将有减少向企业投资的倾向；第二，在不完善投资者保护和大股东最优掠夺行为条件下，随着投资者保护越好，企业单位资本边际收益折现的期望越大，也即企业的权益资本成本越大，则在此制度下股东的回报要求权越大，因此，在国际资本自由流动的情况下，国际资本将偏好于投资者保护较好的发展中国家，而不会盲目向投资者保护较弱的国家输入，这在一定程度上从投资者保护的角度可以解释国际资本为何不流向发展中国家的卢卡斯之谜（Lucas Puzzle）；第三，推导出了企业托宾 Q 值的表达式 $Tobin's$ $Q_{t+1} = 2(2 - s_{t+1})^2 / [3 - s_{t+1}(3 + \alpha_t)]$。

（3）通过对沪市上市公司的描述性统计发现，从权益资本成本的均值来看，房地产业最高（0.2442），其次是建筑业（0.1879），再次是传播与文化产业（0.1877），采掘业最低（0.0926），最高为最低的 2.64 倍，行业差异明显。此外，采掘业、制造业、电力煤气及水的生产和供应业、信息技术业和金融、保险业的权益资本成本均值低于总体样本的平均水平，其他行业则高于平均水平。

（4）实证研究结果显示，股权集中度与企业权益资本成本存在显著的负相关关系，因此，降低企业的第一大股东持股比例将会激活大股东之间的股权制衡，制约大股东的行为，从而提高公司价值。我们的结论还表明，市场风险性，即 β 系数与权益资本成本存在显著的正相关关系，此实证结果与CAPM的结论相吻合；另外，企业特质风险，即市净率与企业的权益资本成本存在显著负相关，这表明市场不仅没有低估市净率较高的企业的价值，反而可能高估了这些企业的价值，或意味着对于市净率较高的企业，股东的回报要求权较低，从而企业风险相对较小。此外，企业规模与权益资本成本存在显著的正相关关系，表明企业的权益资本成本存在企业规模递增效应；而财务杠杆与权益资本成本存在显著的负相关关系，这与最优资本结构的 MM 定理的结论相悖，也从另一个角度反映出我国上市公司的负债行为还处于被动的负债阶段。

（5）本研究采用子集回归方法，对我国沪市 A 股上市公司1996 年至 2005 年的统计数据进行实证研究。得出结论：在综合考察第一大股东持股比例对企业权益资本成本影响的情况下，中小投资者法律保护与企业权益资本成本存在显著的正相关关系。由此可见，在我国中小投资者法律保护的历史实践进程上，随着投资者法律保护体制的不断健全，企业权益资本成本逐渐上升，也即股东的回报要求权越大。此实证研究结论间接证实投资者保护对资本流向的正效应作用。

（6）在分阶段分析中，1998 年以前投资者法律保护较弱的阶段，相关的法律法规不能有效制约大股东（内部人）对中小股东的掠夺，因而没能有效地对企业经营绩效产生积极的作用。而进入 1999 年以后，随着投资者法律保护的不断完善，相关法律法规发挥了作用，与企业的权益资本成本存在显著的正相关关系，也即对企业的经营绩效产生积极的作用。

5.5.2 政策建议

基于以上的研究结论，本研究具有如下政策含义：

（1）依据资本成本理论模型分析，我们知道弱的投资者保护是影响国际资本流动的重要因素,① 此外, 本研究第五章实证研究了我国投资者法律保护历史实践对沪市上市公司的权益资本成本的影响, 发现随着投资者法律保护体制的不断健全, 企业权益资本成本逐渐上升, 也即股东的回报要求权越大。因此, 在制定实施我国经济开放政策时, 应更加着重于加强我国资本市场的投资者保护力度, 以使得在同样投资生产条件下, 企业的权益资本成本越大, 获利能力越强, 那么, 我国就能在激烈的国际竞争中把握有利的先机, 吸引国际资本向我国资本市场流入, 以推动我国经济的持续快速发展。

(2) 股权集中对企业绩效有反作用, 表明提高我国上市公司绩效的有效方法之一是改善股权结构的过度集中, 同时, 股权结构的分散还能激活大股东之间的股权制衡, 制约大股东的行为, 从而更能保护投资者的合法权益。

(3) 在完善我国投资者保护的法律制度中, 相关法律文件的制定应着重于健全公司内部治理机制的制度规范, 以实现公司内部治理的自律; 而非只是从信息披露角度的立法来规范内部人的行为, 以实现对中小股东权益的保护。

(4) 由于我国上市公司的负债行为还处于被动的负债阶段, 并且, 企业的权益资本成本在行业间存在明显差异, 因此, 为了防止资本市场资金资源配置的扭曲, 很有必要对那些明显偏离企业基本面的恶性投机行为加强监管, 以促进企业权益资本成本的合理化, 使得我国社会经济资源配置向良性方向发展。

---

① 栾天虹 (2004) 认为, 以文件法律而言, 中国投资者法律保护状况处于中等水平。其中, 法治、腐败和司法体系指数的数据资料却显示中国所有的法律执行指标, 中国的法治和腐败两类指标的数值明显低于发达国家、大部分新兴国家和 La Porta 等人样本国家的世界平均水平, 她认为, 中国的法律权利只有形式的规定而没有得到很好的贯彻实施, 中国的投资者法律保护状况在整体上仍处于世界较低水平。参见: 栾天虹, 2005, 《投资者法律保护与外部监督股权的选择》, 《经济学家》第 4 期。

本 章 附 录

附录 5 −1

对 Bellman 方程（5.5）求一阶导得：

$$F.\,O.\,C \qquad \frac{\partial U(C_t)}{\partial C_t} + \beta E\Big[\frac{\partial U(C_{t+1})}{\partial C_{t+1}} \frac{\partial C_{t+1}}{\partial C_t}\Big] = 0$$

$$\frac{\partial U(C_t)}{\partial C_t} \frac{\partial C_t}{\partial K_{t+1}} + \beta E\Big[\frac{\partial U(C_{t+1})}{\partial C_{t+1}} \frac{\partial C_{t+1}}{K_{t+1}}\Big] = 0$$

整理得：

$$E\Big[\beta \frac{U'(C_{t+1})}{U'(C_t)}\Big] = \frac{1}{1 + R_{t+1}}$$

$$\frac{\partial C_t}{\partial K_{t+1}} = -E\Big[\beta \frac{U'(C_{t+1})}{U'(C_t)} \frac{\partial C_{t+1}}{\partial K_{t+1}}\Big]$$

我们假设 $E[m_{t+1}] = E\Big[\beta \frac{U'(C_{t+1})}{U'(C_t)}\Big]$，又 $\frac{\partial C_t}{\partial K_{t+1}} = 0$，代入上式，可得：

$$E[m_{t+1}] = \frac{1}{1+R_{t+1}} \qquad ①$$

$$E\left[m_{t+1}\frac{\partial C_{t+1}}{\partial K_{t+1}}\right] = 0 \qquad ②$$

由 $C_{t+1} = F_{t+1} + (1+R_{t+1})(A_t + V_t - K_{t+1} - C_t)$，利用前面方程 (5.1) 和 (5.3)，结合 $s_{t+1} = 0$ 和 $P(k, s_{t+1}) = 0$ 我们可得到：

$$C_{t+1} = \alpha_t F(K_{t+1}) + (1+R_{t+1})(A_t + E[M_{t+1}(1-\alpha_t)F(K_{t+1})] - K_{t+1} - C_t)$$

两边分别对 K_{t+1} 求导得：

$$s.t. \quad \frac{\partial C_{t+1}}{\partial K_{t+1}} = \alpha_t F^K + (1+R_{t+1})(E[M_{t+1}(1-\alpha_t)F^K] - 1)$$

其中，$F^K = \dfrac{\mathrm{d}F(K_{t+1})}{\mathrm{d}K_{t+1}}$，结合①和②，得：

$$\alpha_t E[m_{t+1}F^K] + (1-\alpha_t)E[M_{t+1}F^K] = 1$$

由于在完善投资者保护情况下，$R_{t+1} = R_{t+1}^F$，所以，$E[m_{t+1}] = E[M_{t+1}]$

因此，有 $E[M_{t+1}F^K] = 1$。

附录 5 - 2

由 $F = f + (1-\delta)K_{t+1}$，可得：$F^K = f^K + (1-\delta)$，将其代入方程 (5.7) 可以得到：

$$E[M_{t+1}(f^K + (1-\delta))] = 1，记 f^K = \frac{\mathrm{d}f}{\mathrm{d}K_{t+1}}。那么，展开可$$

以得到：

$E[M_{t+1}]E[f^K+(1-\delta)]+\text{cov}[M_{t+1}, f^K]=1$，根据设定有

$E[M_{t+1}]=\dfrac{1}{1+R^F_{t+1}}$，所以，可得到：

$$E[f^K]=R^F_{t+1}+\delta-\frac{\text{cov}[M_{t+1}, f^K]}{E[M_{t+1}]}$$

附录 5 - 3

对于 Bellman 方程（5.5）的 $s.t.\ C_{t+1}=\Pi_{t+1}+(1+R_{t+1})(A_t+V_t-K_{t+1}-C_t)$，两边分别对 K_{t+1} 求导，可得到：

$s.t.\quad \dfrac{\partial C_{t+1}}{\partial K_{t+1}}=\dfrac{\partial \Pi_{t+1}}{\partial F(K_{t+1})}\dfrac{dF(K_{t+1})}{dK_{t+1}}+(1+R_{t+1})\left[\dfrac{\partial V_t}{\partial F(K_{t+1})}\dfrac{dF(K_{t+1})}{dK_{t+1}}-1\right]$

我们假定 $c_1=\alpha_t(1-s_{t+1})+s_{t+1}-P(k,s_{t+1})$，$c_2=(1-\alpha_t)(1-s_{t+1})$，并代入上式，可得：

$\dfrac{\partial C_{t+1}}{\partial K_{t+1}}=c_1 F^K+(1+R_{t+1})(c_2 E[M_{t+1}F^K]-1)$，结合式子 $E\left[m_{t+1}\dfrac{\partial C_{t+1}}{\partial K_{t+1}}\right]=0$，我们可以得到：$c_1 E[m_{t+1}F^K]+E[m_{t+1}(1+R_{t+1})](c_2 E[M_{t+1}F^K]-1)=0$

附录 5 - 4

假定 $F=f+(1-\delta)K_{t+1}$，可得 $F^K=f^K+(1-\delta)$，将其代入

方程 (5.9) 可得：

$$c_1 E[m_{t+1}(f^K + (1-\delta))] + c_2 E[M_{t+1}(f^K + (1-\delta))] = 1,$$

其中 $f^K = \dfrac{\mathrm{d}f}{\mathrm{d}K_{t+1}}$。利用协方差公式展可得：

$$c_1[E(m_{t+1})E(f^K) + (1-\delta)E(m_{t+1}) + \mathrm{cov}(m_{t+1}, f^K)] +$$

$$c_2[E(M_{t+1})E(f^K) + (1-\delta)E(M_{t+1}) + \mathrm{cov}(M_{t+1}, f^K)] = 1$$

整理得：

$$[c_1 E(m_{t+1}) + c_2 E(M_{t+1})]E(f^K) + (1-\delta)[c_1 E(m_{t+1}) +$$

$$c_2 E(M_{t+1})] + c_1 \mathrm{cov}(m_{t+1}, f^K) + c_2 \mathrm{cov}(M_{t+1}, f^K) = 1$$

因此，可得：

$$E(f^K) = \frac{1}{c_1 E(m_{t+1}) + c_2 E(M_{t+1})} - 1 +$$

$$\delta - \frac{c_1}{c_1 E(m_{t+1}) + c_2 E(M_{t+1})}\mathrm{cov}(m_{t+1}, f^K) +$$

$$\frac{c_2}{c_1 E(m_{t+1}) + c_2 E(M_{t+1})}\mathrm{cov}(M_{t+1}, f^K)$$

按照假定我们有 $E[M_{t+1}] = \dfrac{1}{1 + R^F_{t+1}}$，$E[m_{t+1}] = \dfrac{1}{1 + R_{t+1}}$，并假设大股东机会成本与证券市场的无风险收益相等，也即 $R_{t+1} = R^E_{t+1}$，可得 $E[M_{t+1}] = E[m_{t+1}]$，代入上式，得：

$$E(f^K) = \frac{1 + R^F_{t+1}}{c_1 + c_2} - 1 + \delta - \frac{c_1}{c_1 + c_2}\frac{\mathrm{cov}(m_{t+1}, f^K)}{E(m_{t+1})} -$$

$$\frac{c_2}{c_1 + c_2}\frac{\mathrm{cov}(M_{t+1}, f^K)}{E(M_{t+1})}$$

附录 5 – 5

在本章附录 5 – 3 中，我们推导出：$E\left[m_{t+1}\dfrac{\partial C_{t+1}}{\partial K_{t+1}}\right] = 0$，对方程 (5.4) 的左右两边分别对 α_t 求导，可得：

$$\frac{\partial C_{t+1}}{\partial \alpha_t} = \frac{\partial \Pi_{t+1}}{\partial \alpha_t} + (1 + R_{t+1}^F)\frac{\partial V_t}{\partial \alpha_t}$$

而利用方程 (5.1) 和 (5.3) 和 $c_1 = \alpha_t(1 - s_{t+1}) + s_{t+1} - P(k, s_{t+1})$，$c_2 = (1 - \alpha_t)(1 - s_{t+1})$，我们可以得到：$\Pi_{t+1} = c_1 F(K_{t+1})$，$V_t = E[M_{t+1}c_2 F(K_{t+1})]$，这两式的两边分别对 α_t 求导有：

$$\frac{\partial \Pi_{t+1}}{\partial \alpha_t} = c_1^\alpha F(K_{t+1}),\ \frac{\partial V_t}{\partial \alpha_t} = c_2^\alpha E[M_{t+1}F(K_{t+1})]$$

代入上一方程可得：

$$c_1^\alpha E[m_{t+1}F(K_{t+1})] + c_2^\alpha E[M_{t+1}F(K_{t+1})] = 0$$

附录 5 – 6

对 $c_1 = \alpha_t(1 - s_{t+1}) + s_{t+1} - P(k, s_{t+1})$，$c_2 = (1 - \alpha_t)(1 - s_{t+1})$ 的两边分别对 α_t 求导有：

$$c_1^{\alpha} = 1 - s_{t+1} + \alpha_t \left(-\frac{\partial s_{t+1}}{\partial \alpha_t} \right) + \frac{\partial s_{t+1}}{\partial \alpha_t} - \frac{\partial P(k, s_{t+1})}{\partial \alpha_t},$$

$$c_2^{\alpha} = -1 + s_{t+1} + (1 - \alpha_t) \left(-\frac{\partial s_{t+1}}{\partial \alpha_t} \right)$$

又 $s_{t+1}^* = \dfrac{1 - \alpha_t}{k}$, $\dfrac{\partial s_{t+1}}{\partial \alpha_t} = -\dfrac{1}{k}$, $\dfrac{\partial P(k, s_{t+1})}{\partial \alpha_t} = k s_{t+1} \left(-\dfrac{1}{k} \right) = -s_{t+1}$,

因此，有：

$c_1^{\alpha} = 1 - s_{t+1}$, $c_2^{\alpha} = -(1 - 2s_{t+1})$，代入方程（5.12），可得：

$$(1 - s_{t+1}) E[m_{t+1} F(K_{t+1})] - (1 - 2s_{t+1}) E[M_{t+1} F(K_{t+1})] = 0$$

整理得：

$$E[m_{t+1} F(K_{t+1})] = \frac{1 - 2s_{t+1}}{1 - s_{t+1}} E[M_{t+1} F(K_{t+1})]$$

附录 5 - 7

由于 $c_1 = \alpha_t(1 - s_{t+1}) + s_{t+1} - P(k, s_{t+1})$, $P(k, s_{t+1}) = \dfrac{1}{2} k s_{t+1}^2$,

$s^* = \dfrac{1 - \alpha_t}{k}$，可得：

$$c_1 = \alpha_t(1 - s_{t+1}) + \frac{1}{2}(1 + \alpha_t) s_{t+1} ; c_2 = (1 - \alpha_t)(1 - s_{t+1})$$

$c_1^{\alpha} = 1 - s_{t+1} ; c_2^{\alpha} = -(1 - 2s_{t+1})$，代入方程（5.14），可得：

$$E[m_{t+1} F^K] = \frac{1 - 2s_{t+1}}{1 - \frac{1}{2} s_{t+1}(3 + \alpha_t)}$$

附录 5 - 8

在完善投资者保护情况下，大股东不掠夺企业资源，即 $s_{t+1} = 0$，且有 $E[M_{t+1}F^K] = 1$，又由于 $Tobin's\ Q_{t+1} = E[M_{t+1}(1-s_{t+1})F(K_{t+1})]$，假定 $K_{t+1}F^K = F(K_{t+1})$，可得 $Tobin's\ Q = 1$；在不完善投资者保护情况下，由方程（5.9）、（5.12）和本章附录 5 - 8，我们可以得出：

$$E[M_{t+1}f^K] = \frac{1 - s_{t+1}}{1 - \frac{1}{2}s_{t+1}(3 + \alpha_t)}$$

则

$$Tobin's\ Q_{t+1} = \frac{(1 - s_{t+1})^2}{1 - \frac{1}{2}s_{t+1}(3 + \alpha_t)}$$

综上，将两种情况合而为一可得：

$$Tobin's\ Q_{t+1} = \frac{(1 - s_{t+1})^2}{1 - \frac{1}{2}s_{t+1}(3 + \alpha_t)}$$

附录 5 - 9

Gilchrist 和 Himmelberg（1998）单位资本边际收益（Marginal Profitability of Capital，MPK）。

考虑标准的 Cobb-Douglas 生产函数 $y = AK^\alpha L^\beta$，其中，y 表示产出，A 表示技术进步率，K 表示资本，L 表示人口。假定企业面临的需求函数为 $p(y)$，固定成本为 F，工资率为 w。因此，我们可以得到企业的利润函数为 $\Pi(K, w, L)$[①]，设定企业利润最大化的动态最优化问题为：

$$\max_L \quad p(y)y - wL - F$$

其中 $L > 0$

$$subject\ to\ y = AK^\alpha L^\beta$$

对资本求一阶导得：

$$\frac{\partial \Pi}{\partial K} = \frac{\partial [p(y)y - wL - F]}{\partial K} = \frac{\partial p(y)}{\partial y}\frac{\partial y}{\partial K}y + p(y)\frac{\partial y}{\partial K}$$

由 $\frac{\partial y}{\partial K} = A\alpha K^{\alpha-1}L^\beta = \frac{\alpha}{K}y$，需求的价格弹性为 $\eta = \frac{\partial y}{\partial p}\frac{p}{y}$，所以，一阶条件 $F.O.C$ 可变为：

$$\frac{\partial \Pi}{\partial K} = \left[\frac{\partial p(y)}{y}\frac{y}{p} + 1\right]\frac{\partial y}{\partial K}p(y) = \alpha\left(1 + \frac{1}{\eta}\right)\frac{p(y)y}{K}$$

令 $\theta = \alpha\left(1 + \frac{1}{\eta}\right)$，我们就可以得到 $MPK = \frac{\partial \Pi}{\partial K} = \theta\frac{py}{K} = \theta\frac{S}{K}$，其中 θ 为产业调整系数；S 为企业的销售收入；K 为企业资本投资额。

在实际计算中，每一企业的单位资本边际收益 $MPK_{it} = \theta_j\frac{S_{it}}{K_{it}}$，其中 S_{it} 是主营业收入，K_{it} 是固定资产净值，θ_j 是产业系数。

---

① 此处的 Π 与前文中的 Π 是不同的概念，此处的 Π 表示企业利润，与前文中的 F 等同，为了有别于柯布—道格拉斯生产函数的 F，此处才使用 Π。

根据 Gilchrist 和 Himmelberg（1998）的研究，均衡时，企业的边际收益的预期等于单位资本成本，此时，企业将不再进行投资，并假定 r_{it} 为风险调整折现率，δ_{it} 为资本折旧率，且企业的资本成本为 $r_{it} + \delta_{it}$。从而有对于任意行业 j 每一企业平均边际收益的预期为 $\theta_j \frac{1}{TN} \sum_{i=1}^{N} \sum_{t=1}^{T} \frac{S_{it}}{K_{it}}$，每一企业的单位资本成本为 $\frac{1}{TN} \sum_{i=1}^{N} \sum_{t=1}^{T} (\delta_{it} + r_{it})$。均衡时 $\theta_j \frac{1}{TN} \sum_{i=1}^{N} \sum_{t=1}^{T} \frac{S_{it}}{K_{it}} = \frac{1}{TN} \sum_{i=1}^{N} \sum_{t=1}^{T} (\delta_{it} + r_{it})$，所以，可得到针对所有时期所有企业的每一行业 j 的调整系数为：$\theta_j = \left(\frac{1}{TN} \sum_{i=1}^{N} \sum_{t=1}^{T} \frac{S_{it}}{K_{it}} \right)^{-1} \frac{1}{TN} \sum_{i=1}^{N} \sum_{t=1}^{T} (\delta_{it} + r_{it})$，根据已有文献，其中 $\frac{1}{TN} \sum_{i=1}^{N} \sum_{t=1}^{T} (\delta_{it} + r_{it}) = 0.18$。

附录 5 – 10

依据本章附录 5 – 9 的计算公式，$\theta_j = \left(\frac{1}{TN} \sum_{i=1}^{N} \sum_{t=1}^{T} \frac{S_{it}}{K_{it}} \right)^{-1} \frac{1}{TN} \sum_{i=1}^{N} \sum_{t=1}^{T} (\delta_{it} + r_{it})$，其中，$r_{it}$ 是风险调整折现率，δ_{it} 是资本折旧率；根据已有文献，一般，在实际计算中通常假定对每一个行业 j 都有 $\frac{1}{TN} \sum_{i=1}^{N} \sum_{t=1}^{T} (\delta_{it} + r_{it}) = 0.18$。本章统计数据选择 1995 年至 2005 年间在上海证券交易所（SH）和上市交易的 6223 家（观察值）上市公司作为研究样本，在计量分析中，剔除财务数据缺损的公司，最后的计量观察样本为剩余的 5188 家公司（观察值），其中各年份具体的分布见表 5 – 5。

根据以上的计算方法和中国证券会（CSRC China Securities

Regulatory Commission）在 1998 年制定的行业分类方法，参见《中国上市公司分类指引》，计算出行业调整系数 θ_j（j = 1, 2, …, 13）。具体数值如下表：

行业代码 （13 个行业）	行业名称 （13 个行业）	企业数 （共 5188 家）	θ_j 行业系数
A	农林牧渔业	119	0.097574
B	采掘业	41	0.088543
C	制造业	2838	0.071791
D	电力、煤气及水的生产和供应业	217	0.248266
E	建筑业	92	0.024238
F	交通运输、仓储业	218	0.188658
G	信息技术业	302	0.018802
H	批发和零售贸易	551	0.018764
I	金融、保险业	11	0.012974
J	房地产业	190	0.005293
K	社会服务业	147	0.149131
L	传播与文化产业	67	0.063944
M	综合类	395	0.034714

具体行业划分详情请看：http：//www. csrc. gov. cn/cn/search/search_ detail. jsp? infoid = 1059804100100&type = CMS. STD。

附录 5 - 11

计算公式：$\beta_i = \dfrac{Cov(r_i, r_m)}{\sigma^2}$，其中 $Cov(r_i, r_m)$ 是证券 i 的收益与市场收益的协方差；σ^2 是市场收益的方差。本研究采取的计

算公式为：

$$\beta_i = \frac{\sum_t (ret_{it} \, mret3_t) - \left(\frac{1}{N}\right)\left(\sum_t ret_{it}\right)\left(\sum_t mret3_t\right)}{\sum_t (ret_t \, mret3_t) - \left(\frac{1}{N}\right)\left(\sum_t ret_t\right)\left(\sum_t mret3_t\right)}$$

$ret_{it} = logof$（1 + 股票 i 在时刻 t 考虑分红的日收益率）

$mret_{it} = logof$（1 + 按流通市值加权的市场回报率）

$mret3_t = mre_{t-1} + mre_t + mret_{t+1}$

$N = $ 一年中有效观测值个数，注意从一年第二个交易日开始截至倒数第二个交易日。

注：小于 125 天交易日的不计算。

6 投资者保护与区域金融
发展：案例分析

6.1 区域发展的不平衡性

6.1.1 广东省区域经济发展概述

2007 年，广东省 GDP 达 30673.71 亿元，比上年增长
14.5%，总量继续在全国各省、直辖市、自治区中居首位，人均
GDP 接近 4273 美元，第一产业、第二产业、第三产业增加值分
别为 1746.23 亿元、15938.20 亿元和 12989.28 亿元，增幅分别
为 3.3%、16.9% 和 13.0%。然而，广东经济在飞速发展的同
时，地区经济却具有很大的不平衡性。全省区域经济发展总体上
可以划分三个区域：珠江三角洲、东西两翼和山区。珠江三角洲
地区充分利用区位优势承接港澳产业转移，吸引大量资金投资、
技术、人才和其他社会经济资源，获得了经济腾飞、快速发展的
基本条件。珠江三角洲地理上位于中国东南沿海，隶属珠江水系
冲积平原。目前区域内基础设施建设齐全，域外与港澳相邻，有

天然的海运良港，利于发展对外贸易，具有独特的自然资源和旅游资源。而自然资源条件较差的北部山区和东西两翼区位优势不明显。2005 年珠江三角洲 GDP 为东西两翼 GDP 的 4 倍、是全省山区 GDP 总和的 5.6 倍。而 2006 年珠江三角洲 GDP 为东西两翼 GDP 的 5.6 倍、是全省山区 GDP 总和的 7.6 倍。广东地区经济发展的差异性十分明显，而且区域发展的不平衡有继续加大的趋势。

6.1.2 三个经济区域

6.1.2.1 珠江三角洲

珠江三角洲经济区面积为 4.17 万平方公里，约占全省面积的 23.2%。2006 年，地区生产总值 21458.53 亿元，比上年增长 16.2%，三次产业比重为 2.8∶51.5∶45.7。全社会固定资产投资和社会消费品零售总额分别达到 5953.7 亿元和 6748.4 亿元，占全省的 73.3% 和 74.0%。其发展具有以下几个特点：

（1）工业化进程显著加快。珠三角地区全年工业增加值 9341.38 亿元，增长 17.3%。产业结构优化升级，作为世界重要的电子信息和家电制造基地的地位不断巩固，产业结构向技术要求高及产业关联度高、产业链相对长的行业集中，高新技术产业、重化工业迅速发展。

（2）对外开放不断深化。珠三角地区主动适应国家对外经济贸易政策的调整，积极转变外贸增长方式，对外贸易既快又稳增长，较好地发挥了龙头带动作用。全年实现进出口贸易总值 5069.46 亿美元，增长 23.3%，占全省的比重达到 96.2%。其中，出口 2887.49 亿美元，增长 27%，占全省比重 95.6%；进口 2182.0 亿美元，增长 18.7%，占全省比重 96.9%。一般贸易出口 714.83 亿美元，增长 55.2%，远超加工贸易出口 18.8% 的增速，占出口总额的比重比上年提高 4.5 个百分点，达 24.8%。

民营企业出口总额达 429.8 亿美元，增长 62.8%，超过国有企业 9.5%、集体企业 18.1% 的增幅。珠三角地区仍然是外商在广东投资较为集中的地区。全年外商直接投资珠三角地区的合同额 210.41 亿美元，实际额 130.86 亿美元，分别比上年增长 2.7% 和 15.5%，占全省外商直接投资合同总额和实际额的比重分别为 85.6% 和 90%，均与上年基本持平。

（3）投资力度继续加大。2006 年，共安排珠三角地区省重点建设项目 117 项，总投资 6353 亿元，年度计划投资 789 亿元，累计完成投资 886 亿元。

（4）高技术产业发展迅猛。珠三角地区继续发挥全省高技术产业聚集地和扩散源的重要作用。全年高技术产业产值 12629.04 亿元，增长 18.2%，占全省的 97.5%；拥有 6 个国家级高新技术产业开发区和 4 个省级高新技术产业开发区，省级高新技术企业 4000 多家。知识产权工作稳步推进，专利申请总量为 81868 件，授权量为 43516 件，分别占全省的 90.1% 和 92.8%。

6.1.2.2 东西两翼地区

东西两翼地区包括东翼的汕头、潮州、揭阳、汕尾 4 市和西翼的湛江、茂名、阳江 3 市。全区面积共 4.74 万平方公里（东翼 1.57 万平方公里，西翼 3.17 万平方公里），约占全省的 26.4%；年末常住总人口 3090.6 万人（东翼 1594.7 万人，西翼 1495.9 万人），约占全省常住总人口的 33.2%。

2006 年，广东大力实施区域协调发展战略，按照"分类指导、层次推进、梯度发展、共同富裕"的方针，加快推进东西两翼发展，取得明显成效。东西两翼地区全年生产总值共 3833.70 亿元，比上年增长 13.4%。其中东翼 1801.07 亿元，增长 13.3%；西翼 2032.63 亿元，增长 13.5%。工业增长加快。全年规模以上工业增加值 969.86 亿元，增长 17.8%。其中东翼 431.84 亿元，增长 17.7%；西翼 538.02 亿元，增长 18.0%。固定资产投资增长较快。全年全社会固定资产投资 1045.80 亿元，增长 20.4%。其中东翼 568.24 亿元，增长 21.1%；西翼 477.56 亿元，增长 19.7%，增速分别比全省高 4.4 和 3 个百分点。社会消费畅旺。全年社会消费品零售总额 1722.29 亿元，增长 16.3%，高出全省 0.6 个百分点。其中东翼 857.13 亿元，增长 15.4%；西翼 865.16 亿元，增长 17.4%。出口和实际利用外资快速增长。全年外贸出口总额 100.95 亿美元，增长 17.4%；实际利用外资 6.02 亿美元，增长 29.4%，高出全省 12 个百分点。其中东翼出口 75.6 亿美元，增长 17.4%；西翼 25.4 亿美元，增长 20.4%。东翼实际利用外资 4.13 亿美元，增长 25.4%；西翼 1.89 亿美元，增长 39.3%。西翼出口和实际利用外资增长显著，扭转了 2005 年负增长的态势。一般预算收入增长较快。全年实现地方一般预算收入 135.12 亿元，增长 21.7%，高于全省 1.2 个百分点。其中东翼 68.6 亿元，增长 21.7%；西翼 66.52 亿元，增长 23.2%。

6.1.2.3　山区经济

广东省山区包括 51 个县（市、区），面积共 11.44 万平方公里，占全省的 64%。2006 年末户籍人口为 3208.46 万人，占全省总人口的 39.86%。

（1）区域协调发展战略的深入推进给山区带来了经济腾飞。2006 年，山区经济社会加快发展，成为广东新亮点。全省山区地区生产总值达 2808.15 亿元，比上年增长 15.2%；人均地区生产总值为 10189 元。全区第一、二、三产业增加值分别为 690.69 亿元、1141.14 亿元、976.32 亿元，分别比上年增长 4.5%、23.9%、14.1%。全区工业总产值 1006.07 亿元（1990 年不变价），增长 26%。

（2）产业转移工业园建设取得重大进展。全省山区已认定 10 个省级园区。第四届"山洽会"以推动全省山区与珠江三角洲联手推进产业转移为主线，取得了十分显著的成效，共签订合作项目 307 个，总成交额 696.60 亿元，比上届增长 27.19%。

（3）农业现代化进程加快。2006 年 7 月 10 日，省政府下发《关于进一步提高我省农业综合生产能力的意见》，加快全省农业现代化建设，提高农业竞争能力；提升农业科技水平，提高农业科技推广创新能力；广泛开展农业合作，提高农业外源性扩展能力；组织实施农村劳动力培训，提高农民奔康致富能力。自 2001 年全省开始实施《关于加强农业科技推广服务工作议案》后，议案项目的安排对山区采取了一系列倾斜政策，省级财政共安排给 60 个山区县议案项目资金 5000 多万元，使山区县不同程度上存在的良种良法推广不到位、农民教育培训困难等问题得到改善。

6.2　投资者保护的地区差异性分析

从上一节的介绍我们可以清楚看出广东经济发展具有很大的不平衡性。珠江三角洲地理优势明显，基础设施齐全，经济势力雄厚，经济发展迅速；东西两翼虽然经济社会发展情况良好，投资力度继续加大，但是相比珠江三角洲明显不足；山区交通闭塞，相比珠江三角洲经济发展缓慢。

经济的发展虽系于投资，受投资环境之影响，但制度差异的反作用不可低估。制度差异将直接表现为市场化进程的差异，而在市场化进程发展迅速的珠江三角洲地区，不仅市场体系健全，而且市场的运行机制也相对完善，市场关系比较规范，市场竞争相对有序，因此，可以在相对公平的市场竞争中获得比较完全的市场信息，以此来配置生产资源、获得资金和销售产品，从而降低市场风险，吸引国内、国外资金投资，促进其经济的发展。在市场化进程缓慢的北部山区和东西两翼地区，由于市场信息不灵，往往要承受巨大的市场风险，许多投资者不愿冒此风险，吸引资金明显不足，从而影响其经济发展。有何途径可改变这种状况呢？下面我们将从投资者保护的角度来探讨广东经济的地区差异性，并在此基础上提出相应的政策建议。

6.2.1　总体概述

投资者保护环境分硬环境和软环境。硬环境指投资地的基础设施，包括交通、通讯、生产经营环境等；软环境则指与投资相应的服务环境，包括投资优惠政策、审批程序等。目前各地政府部门在城市发展规划中对于投资硬环境的改善，如基础设施的建设等，都投入了较大的关注，而对于软环境的改善则力度不够。软环境主要指各种投资优惠条件、审批制度以及其他对外来投资者的权益保护措施。在国家和省规定的投资政策之外的地市自行规定的投资优惠条件以及其他规定构成了各地投资者保护的主要差异。国家和省对投资的优惠政策主要侧重于税收，而其他方面比如说行政性费用、审批程序、水、电、工业用地以及对外来投资者的权益保护在更大程度上是由当地政府自行规定的，而水电、工业用地以及行政收费也是投资成本中的主要部分，所以成为吸引投资的重要条件。

2002 年广东省人民政府《关于进一步优化广东投资软环境的若干意见》就曾提出加强吸引外资必须进一步优化投资软环境。在此报告出台之后，各地方政府也相应推出了一系列措施对当地的投资软环境进行改进。

在各地区的政策措施中都能发现税收相关的各种优惠办法，例如：税收奖励，比如广州市对符合国家金融政策的外商投资金融机构，包括中外合资银行、鼓励其经批准后在区内注册与开办分支机构，并享受如下优惠：自开业年度起，前三年按项目当年入库所得税税款的金额予以奖励，第四、五年按项目当年入库所得税税款金额的 50% 予以奖励；企业所得税税率优惠；再投资退税优惠；出口退税；鼓励类项目，其进口设备经确认后免税进口等。各种行政规费的减免规定也频见于各地的行政法规中，各地均努力减少投资者的投资成本。

土地转让政策也是各地区政府在招商引资方面的重头策略，土地价格直接影响投资成本，是投资者非常关注的问题。各地出台的土地转让政策主要集中于土地使用年限、延长使用，地价问题及租赁问题。

水电等能源设施及提供成为广东北部山区投资者环境改善的重要内容，北部山区基础设施不够完善，对当地招商引资影响较大，要发展经济，能源基础设施的完善是首要工作。

本研究在认真研究广东省各地吸引外来投资的优惠政策相关文件的基础上，从用地、用电、用水、规费、税收、权益保护和其他 7 个方面进行评估，并对每个方面以十分制进行评分。用地主要考察土地使用期限、土地转让价格、厂房租赁价格和房产税；用电主要考察工业用电分段收费水平以及用电报装费的优惠情况；用水考察用水的收费水平、用水初装费的优惠情况以及企业自办水厂是否收费的情况；规费指的是行政性收费，包括的范围很广，各地的优惠条件差异也很大；税收是指在国家和省的政策规定之外，各市对地方性税收的优惠承诺，以及优惠期限的长短；权益保护是各地对外来投资者的公民权益的保障、子女亲属的户口及入学，外籍职工的个人所得税起征点等方面的规定；上述规定之外的其他规定都包含在其他一项中。

表 6 - 1　广东省各地区外商投资优惠政策评分表

	用　地	用　电	用　水	规　费	税　收	权益保护	其　他	总　分	排　名
广州	7.2	6.5	6.5	7	7.9	8	8.2	51.3	18
深圳	7	6.5	6.5	7.2	8	8.2	8.5	51.9	16
珠海	7.5	6.9	6.8	7.5	8	7.9	9	53.6	11
东莞	7.5	7	8	7	7.8	7.8	8	53.1	12
中山	7.8	6.8	8.2	7.8	8.1	8.2	8.3	55.2	7
江门	8.1	7	7.6	7.8	7.6	8	8.2	54.3	10
佛山	8	7	8.5	7.5	8	8.1	8.5	55.6	4
惠州	8.5	7.2	8	7.9	8.1	7.6	8	55.3	6
肇庆	8.8	7	8	7	7.2	8	7.8	52.8	14
汕头	8.6	7.2	8.5	7.5	7.8	7	7.8	54.4	9
汕尾	9	7.5	7.5	8	7.6	6.5	9	55.1	8
潮州	7.9	7.2	7.5	7.5	7.8	7	8	52.7	15
揭阳	7	7.5	7.5	6.5	6.5	6.8	8	49.8	21
阳江	6.5	6.5	7	7.5	8	8.8	8.5	50.8	20
湛江	8	6	6	7	7.6	8.8	8	51.4	17
茂名	7.5	7	6	7.8	7.9	6.5	8.5	51.2	19
韶关	9	8	8.5	7.8	8	9	8.3	58.6	2
河源	9	8	9	8.5	9	9	8.5	59	1
梅州	9	7.8	7	7.2	8	9	8.5	55.5	5
清远	8.5	7.2	7.8	8.5	7.5	9	8.5	57	3
云浮	9.5	7	7	7	7.9	6.5	8	52.9	13

　　从表 6 - 1 可以看出，广东山区的用地、用电和用水的成本明显低于珠三角地区和东西两翼，东西两翼稍低于珠三角。这也是一个被普遍认可的现象，珠三角地区经过几十年的发展，其工

业及服务业已经形成很大规模，人口集中，工业用地量有限，水电需求量大，导致水电地的成本比较高。而山区则相反，人口稀少，待开发土地面积多，水电费用都很低，从而降低了投资成本。在规费和税收方面三个地带之间没有明显差异，这归因于珠三角地区在发展初期为了吸引外来投资规定了很多的优惠条件，并且经过几十年发展已经形成了成熟的税收和规费优惠体系，而东西两翼和山区近年来在省政府的指导下也提出有利的优惠税收和规费，但尚未能形成体系。权益保护和其他方面三个地区的差异也不明显，总体上，各地对外来投资者的权益保护都有相关规定，鉴于权益的概念广泛且界限模糊，笔者认为，其考察重点在于政府在现实中的作为，因此通过调查问卷的方式，结合政府工作效率等指标，从投资者方面获得的信息更能考察权益保护程度。

6.2.2 经济因素的比较

经济因素是指东道国或地区经济发展状况以及趋势，经济体制及其运行，市场规模及其潜力以及开放程度，产业结构、消费结构及水平，经济发展政策和措施，资源和原材料的供应情况，基础设施建设，工业配套水平，企业生产经营的成本，金融信贷制度，财政税收制度，国际收支状况等。由于投资者进行跨国投资，一般都出于开拓市场、获得廉价生产要素、提高经济效益的动机。而这些动机的实现，又直接受到上述因素的影响和制约。因此，经济因素对投资资金的流向、运营和收益状况起着直接影响和支配作用。同时由于经济因素指标化量化程度较高，数据可获得性较强，且具有相对良好的客观性，因此也是投资者保护评价中研究得最为透彻的方面。

本节并不追求对经济因素全面详细的讨论，而是基于投资者保护制度的层面，从市场对外来投资的影响入手，从三个方面，即市场规模、市场开放程度和经济外向性方面来考察经济因素对投资者保护的影响。

6.2.2.1 市场规模

一般意义而言，市场规模属于总量指标，它是总购买力的体现。潜在的市场规模体现为一个地区的人口总数。现实的市场规模在考虑人口数量的同时，也要考虑人均消费能力，有的地区虽然人口众多，但是由于收入水平低消费能力也低。因此在该项评价中选用反映该地区收入水平和消费水平的指标是很有必要的。市场规模对投资的保护有极大影响，其主要原因在于：公司销售利润最终是通过市场实现的，无论投资主体出于何种动机，受资地若拥有较大规模的市场以及足够的消费能力消化投资主体所生产的产品或消费，那么该地区在吸引直接投资中就会拥有巨大优势，投资者的经济效益也就得到了一定程度的保证。因此市场规模是影响投资者保护的重要因素之一，特别是对于那些依赖本地消费的投资者来说，市场规模更是其投资决策时重点考虑的内容。

本节选定人均 GDP、社会消费品零售总额、批发零售贸易业商品销售总额和居民可支配收入四个指标来反映广东省各区域的市场规模对投资者的保护程度。人均 GDP 反映的是一个地区的人均经济规模，居民可支配收入反映了一地平均的有效消费能力，而社会消费品零售总额和批发零售贸易业商品销售总额这两个指标从总量上反映了一地的消费规模和商品流通规率。

从图 6-1 可以明显看出，珠三角的 9 个市人均 GDP 包揽了全省 21 市的前 9 位，并且全都在 20000 元以上，超过 30000 元的有 7 个，其中珠三角的龙头城市广州、深圳的人均 GDP 都超过了 45000 元，东莞和惠州也超过了 40000 元；而东西两翼和山区的 12 个市中，除了汕头刚达到 20000 元外，其他地区都在

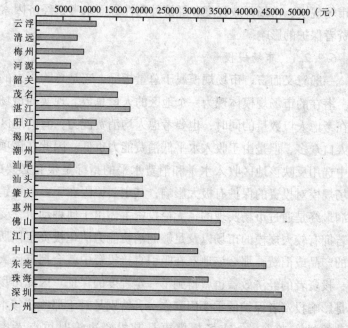

图 6 − 1　2002 年广东省各市人均 GDP 比较

资料来源：作者根据《广东统计年鉴》各卷整理获得。

20000 以下，东西两翼 7 市人均 GDP 在 15000 以上的有 3 个，10000 元以上的 3 个，低于 10000 元的 1 个；而山区 5 市中超过 10000 元的 2 个，低于 10000 元的 3 个。整体呈现出明显的珠三角优于东西两翼，东西两翼优于山区的特征。

从图 6 − 2 可以发现，社会消费品零售总额和批发零售贸易业商品销售总额这两个指标，珠三角各市在全省明显处于优势地位，广州作为省会城市其商业中心的地位十分突出，上述两项指标都远高于省内其他城市，两项都居于第二位的是深圳，两项居第三位的是佛山，广州、深圳和佛山的领先地位虽然也与其人口总量大不无关系，人口总量对产品和服务的消化能力也是投资者保护的内容之一；西翼 3 市上述两项指标的平均水平高于东翼以及山区；东翼和山区上述两项指标没有明显区别。

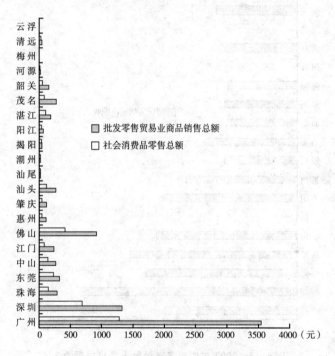

图 6 – 2　2002 年广东各市销售总额

资料来源：作者根据《广东统计年鉴》各卷整理获得。

由图 6 – 3 可以看出，2002 年广东省各市的人均可支配收入有 4 个市的数据缺失，从现有数据中仍然可以发现，珠三角各市的人均可支配收入明显高于东西两翼和山区各市，其中人均可支配收入最高的是深圳，达到了 21914 元，其次是东莞 16949 元。由于山区有 3 个市的数据缺失，无法完全体现东西两翼和山区之间的区别，东西两翼各市中汕头领先，而有数据的山区各市比西翼各市平均水平高，山区各市之间则没有明显差距。

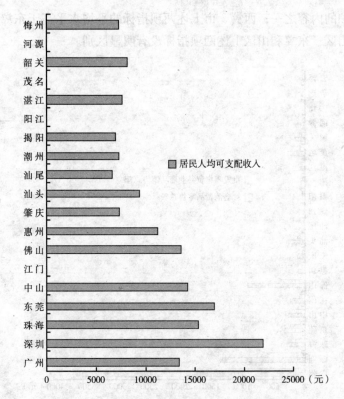

图 6 - 3　2002 年广东各市居民人均可支配收入

资料来源：作者根据《广东统计年鉴》各卷整理获得。

6.2.2.2　市场开放程度

市场开放程度表示投资者在一个地区投资的门槛，尤其是对私人投资和外国投资而言。而私人企业和外国企业的年产值在地区生产总值所占比重能够比较完整地对投资门槛进行度量，进而体现一个地区的市场开放程度。鉴于能够收集到的数据，本研究用港澳台及外国投资工业企业年产值占工业总产值的比重来度量广东省各市的市场开放程度。其中港澳台和外国投资工业企业仅包括规模以上工业企业。

由图 6-4 可以看出，港澳台及外国投资工业企业年产值占工业总产值比重最大的是惠州，达到 92.4%，其次是东莞 80.7%，最低的是茂名，只有 1.7%；珠三角地区的 9 个城市中 7 个超过了 60%，东翼的 4 个城市该指标值均在 50% 以下，西翼的 3 个城市之间相差很大，除了最低的茂名，湛江达到了 67.1%，山区除了河源的 78.4% 和清远的 52.4% 外，普遍较低，在 10%—25% 之间。

珠三角经过多年的积极引进外资，其非内资经济的比重明显要高于东西两翼和北部山区。而同时，珠三角这种市场高度开放的格局能够更有效的保障外来投资者的权益，从而对外来资本具

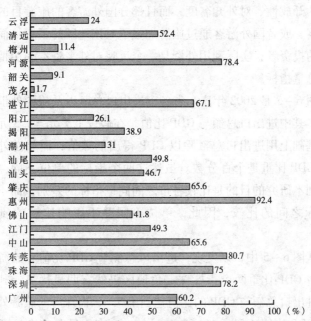

图 6-4 2002 年港澳台及外资工业企业产值占广东省工业总产值比重

资料来源：作者根据《广东统计年鉴》各卷整理获得。

有更大的吸引力。

6.2.2.3 经济外向性

涉外因素反映了一个地区参与国际分工和世界贸易的深度和广度。一般来说，一个地区经济的外向度越高，该地区参与国际经济活动的能力也就越强，对外来投资的保护程度也就越高。本研究选取进出口总额与 GDP 比值、旅游外汇收入占 GDP 比重、实际利用外商直接投资来测度广东省各市经济外向性对投资者保护的影响。进出口总额与 GDP 比值反映了一个地区的对外贸易在国民经济中的地位，也反映了当地经济对对外贸易的依赖程度，是当地经济外向性程度的有效计量指标；旅游外汇收入虽然不是体现外来投资的直接指标，但是国外游客规模也反映了一个地区的开放性、对外知名度，而且部分国外游客的旅游目的是商务考察，或者国外游客通过旅游加强了对该地区的了解从而成为潜在的投资者；实际利用外资是一个反映对外来资本利用情况的静态总量指标。

图 6 - 5 是 2002 年广东省各市进出口总额以及旅游外汇收入情况。其中进出口总额与 GDP 比值是在假设 1 美元 = 8.5 元人民币的基础上用进出口总额除以 GDP 得出的数值；而旅游外汇收入占 GDP 比重是个百分数。虽然这两个指标的单位不同，但是考虑到本研究的目的是比较各市之间同一指标的差别，而不是不同指标之间的比较，因此，单位不同并不影响比较的质量和结果。

从图 6 - 5 中可以发现，进出口总额与 GDP 比值和旅游外汇收入占 GDP 比重两个指标珠三角地区仍然有明显优势，其中东莞的进出口总额与 GDP 的比值达到了 5.6，而珠海的旅游外汇收入占 GDP 比值达到了 10.5%。另外，广东山区各市在这两个指标上的表现要好于东西两翼，而情况最差的是西翼地区。

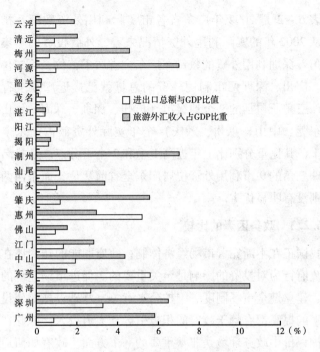

图 6-5 广东省经济外向性比较

资料来源：作者根据《广东统计年鉴》各卷整理获得。

表 6-2 2002 年广东各市实际利用外资及排名

	广 州	深 圳	珠 海	东 莞	中 山	江 门	佛 山
实际利用外资	228386	319101	69801	145868	63857	73546	98355
排　　名	2	1	7	3	8	6	5

	惠 州	肇 庆	汕 头	汕 尾	潮 州	揭 阳	阳 江
实际利用外资	108208	54550	15745	9063	10513	19933	10119
排　　名	4	9	12	19	17	11	18

	湛 江	茂 名	韶 关	河 源	梅 州	清 远	云 浮
实际利用外资	11009	8893	26501	12549	10901	11350	2635
排　　名	15	20	10	13	16	14	21

资料来源：作者根据《广东统计年鉴》各卷整理获得。

表 6 - 2 是 2002 年广东省各市实际利用外资数额及排名情况。从 2002 年的实际利用外资情况来看，外商投资仍然集中于珠三角。深圳利用外资的数量在广东全省居于首位，第二位的是广州。广州、深圳两市利用外资的总量就已接近广东全省的一半。珠三角所包括的 9 个地级市（广州、深圳、珠海、佛山、江门、东莞、中山、惠州、肇庆）全年实际外资额占广东全省的 88.6%，其比重分别比上年提高 1 个和 2 个百分点。从排名情况看，珠三角的 9 市利用外资位居广东全省前 9 位，而东西两翼和山区则没有明显优劣。

6.2.3 政务因素的比较

我国正在不断完善市场经济体制，政府职能的转变还在进行中。政府行为对投资的影响是至关重要的。促进市场经济的健康发展、建立健全市场制度、维护公平竞争、基础设施的建设、教育水平的提高都有赖于政府的积极引导和大力投入。因此在投资者保护评价中政务环境是非常重要的一个方面。政府如何通过自身的努力改善本地区的投资者保护制度，以吸引更多资金流入，为投资者提供良好的生产经营和销售环境，做到企业与地区双赢的效果，这是近年来政府工作的研究方向。

但是，政务因素是难以量化和统计的，只能通过定性的调查来完成。本研究在仔细研究广东省各地的投资优惠政策和发放回收调查问卷的基础上，把政务因素分为政府对外资的保护和优惠政策、政府效率和政府工作人员素质三个方面来进行考察。

6.2.3.1 对外资的保护和投资优惠政策

投资者保护环境分硬环境和软环境。硬环境指投资地的基础设施，包括交通、通讯、生产经营环境等；软环境则指与投资相应的服务环境，包括投资优惠政策、审批程序等。目前各地政府部门在城市发展规划中对于投资硬环境的改善，如基础设施的建设等，都投入了较大的关注，而对于软环境的改善则力度不够。软环境主要指各种投资优惠条件、审批制度以及其他对外来投资者的权益保护措施。在国家和省规定的投资政策之外的地市自行规定的投资优惠条件以及其他规定构成了各地投资者保护的主要差异。国家和省对投资的优惠政策主要侧重于税收，而其他方面比如说行政性费用、审批程序、水、电、工业用地以及对外来投资者的权益保护在更大程度上是由当地政府自行规定的，而水电、工业用地以及行政收费也是投资成本中的主要部分，所以成为吸引投资的重要条件。

表6-3 广东省开发区分区域名单（共83个）

区域	城市	数量	开 发 区 名 称
珠江三角洲（个）	广州	6	广州经济技术开发区、广州高新技术产业开发区、广州保税区、广州出口加工区、广州南沙经济技术开发区、花都华侨经济开发试验区
	深圳	6	深圳市高新技术产业带、深圳市高新技术产业园区、深圳沙头角保税区、深圳福田保税区、深圳盐田港保税区、深圳出口加工区
	珠海	3	珠海保税区、珠海高新技术开发区、珠海万山海洋开发试验区
	佛山	2	佛山高新技术开发区、西樵山旅游度假区
	惠州	4	惠州大亚湾经济技术开发区、惠州仲凯高新技术开发区、惠州盐洲岛经济开发试验区、惠阳三和经济开发试验区
	东莞	1	东莞松山湖高新技术产业开发区
	中山	2	中山火炬高新技术开发区、中山高科技外向型农业开发试验区
	江门	4	台山川岛旅游开发综合试验区、台山广海湾华侨投资开发试验区、江门高新技术产业开发区、新会今古洲经济开发试验区
	肇庆	3	肇庆七星岩旅游度假区、肇庆西江走廊经济开发试验区、肇庆高新技术产业开发区

区域	城市	数量	开 发 区 名 称
粤东（个）	汕头	6	汕头保税区、南澳岛经济开发试验区、澄海莱芜经济开发试验区、汕头高新技术产业开发区、潮阳经济开发试验区、澄海岭海工业园
	汕尾	4	汕尾红海湾经济开发试验区、海丰老区经济开发试验区、陆丰星都经济开发试验区、陆丰东海经济开发试验区
	潮州	4	潮州经济开发试验区、潮安庵埠经济开发试验区、饶平台商投资开发试验区、潮州三百门港经济开发试验区
	揭阳	4	揭阳经济开发试验区、揭东经济开发试验区、广东省仙梅民营科技园、揭阳（惠来）沿海经济开发试验区
粤西（个）	阳江	6	阳江海陵岛经济开发试验区、阳江金朗岛经济开发试验区、阳江港经济开发试验区、阳东东平沿海经济开发试验区、农垦金海湾经济开发试验区、阳江高新技术产业开发区
	湛江	6	湛江经济技术开发区、湛江东海岛经济开发试验区、徐闻海安经济开发试验区、廉江九洲江经济开发试验区、吴川经济开发试验区、麻章经济开发试验区
	茂名	7	茂名水东经济开发试验区、信宜扶贫经济开发试验区、茂名茂南经济开发试验区、化州鉴江经济开发试验区、高州金山经济开发试验区、农垦南山经济开发试验区、茂名石化工业区
山区（个）	韶关	6	粤北工业开发区、仁化丹霞旅游开发试验区、翁源官渡经济开发试验区、始兴林产经济开发试验区、乐昌经济开发试验区、曲江经济开发试验区
	河源	3	河源市高新技术产业开发区、河源扶贫经济开发试验区、紫金古竹经济开发试验区
	梅州	4	梅州经济开发试验区、丰顺经济开发试验区、五华经济开发试验区、梅州高新技术产业开发区
	清远	1	清远高新技术产业开发区
	云浮	1	云浮六都经济开发试验区

　　表 6 - 3 是广东省各市的经济技术开发区的统计表。单纯的个数无法表现各市在利用外来资金方面的情况，但是却也代表了

外来资金在广东省的分布趋势。珠江三角洲的开发区建立较早，规模较大，基础设施和服务以及优惠条件也都比较完善，对外来资金具有更大的吸引力。而广东省广大山区对外开放时间较晚，开发区的建设和完善也尚在探索之中。

6.2.3.2　政府工作效率和公务员素质

我国的市场经济体制尚在不断完善之中，制度创新和政府职能转变也还在进行中，政府工作效率和公务员素质和企业的日常运营密切相关，直接影响到企业运营成本的高低，因此政府行为和政府改革步伐对于投资者保护的影响是至关重要的。然而政府的工作效率和公务员素质是很难量化的，通常只能通过定性调查完成。国际上较为通用的对政府工作效率的评价方法，是传统基金会（The Heritage Foundation）对政府管理环境的评价体系。其具体评估标准见表6-4：

表6-4　政府管理环境评价体系标准

得分	政府干预程度	评　　　价
1	很低	现行的管理办法很简洁透明，并按统一标准适用于所有企业，政府管理没有成为企业运营的障碍，腐败行为几乎不存在
2	低	审批程序简单，现行的管理比较简洁透明，绝大多数情况下按统一标准适用，但有时会给企业造成负担，很少有腐败行为
3	中等	审批程序复杂，政府管理给企业造成很大负担，现行政策法规在某些情况下被随意适用，有些法规政府甚至不出版，存在腐败，并给企业造成少量负担
4	高	政府对生产进行限制，一定程度的国家计划，设立新企业存在较大障碍，复杂的审批程序，手续费很高，有时必须进行贿赂，存在腐败，并给企业运营造成较大负担
5	很高	政府限制了新企业的设立，腐败盛行，政策法规随意使用

资料来源：The Heritage Foundation, *Index of Economic Freedom*.

本研究按照传统基金会的评价内容设计调查问卷，发放给广东省内各市的部分企业，通过问卷的回收和统计对各地政府的投资者保护状况进行评估。

公务员素质也是投资者保护中的一项重要内容，他们的知识水平、专业化程度以及服务意识等方面都直接影响着当地政府的形象，公务员的工作和腐败情况直接影响到投资者的运营成本。因此，各地政府应该按照国家对公务员的要求培养具有良好政治素质、专业知识和服务意识的公务员，为投资者提供优质的服务，为当地的经济发展贡献力量。

6.2.4 法律环境的比较

法律因素是指东道国或地区为调整投资关系而制订并实施的各项与国际投资相关的法律、法规、条例以及有关政策和措施等。在范围上，它既包括东道国国内的法制建设问题，也涉及到国际法规问题。在内容上，首先它要充分体现东道国或地区的外资政策，比如对外商投资的范围、投资经营的期限、持股比例等实行的政策，以及对土地租用、税收、产品销售、资本和利润汇出或再投资等所提供的优惠政策；再者，要明确对外资的管理程序，主要包括对外商投资的管理体制、机构设置和审批程序等。所有这些，对于外商的投资和经营活动能否顺利进行，能否达到预期的获利目标，具有至关重要的意义，因而是构成投资者保护的一个必要因素。

然而，在一个国家内部其法律基本是一致的，不存在地区差异。但是在法律的执行质量上有差别是肯定的。而法律的执行质量从本质上表现了法律对投资者保护的程度。因此本研究主要从法律的执行质量上来体现广东省各地区的投资者保护差距。

从 2002 年广东省 21 个市的执法情况来看，三个区域的总案件结案率和民商案件结案率均没有明显差距，除了缺失的数据之外，只有云浮的总结案率低于90%，其他市的总结案率和民商案件结案率均在90%以上，湛江的两个指标都居全省首位。这表明广东省各地区在法律执行方面对投资者的保护程度不存在明显差距。

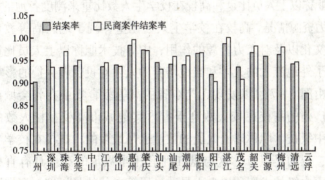

图 6-6　广东省各市 2002 年执法情况

资料来源：作者根据《广东统计年鉴》各卷整理获得。

6.2.5　社会环境的比较

这里的社会环境是指东道国或地区影响和制约投资及经营活动的各种社会文化因素的总称，它的内容很广泛，主要包括民族语言、文字、宗教信仰、风俗习惯、文化传统、价值观念、道德准则、教育水平及人口素质等。这些对外来投资者的行为和生产经营管理活动的顺利进行具有不可忽视的重要意义，也是投资者保护中不可或缺的影响因素。

社会文化因素也是一个比较难把握的指标，因为其渗透在社会生活的各方各面。本研究从教育和人才、文化氛围和医疗卫生条件三个方面来考察社会文化因素对投资者保护的影响。

6.2.5.1 教育和人才

本研究的社会文化因素除了对各地教育、文化的考察之外，还包括人力资源差异。教育在一定程度上与人力资源相关，但是人力资源除了当地教育培养的之外，还包括外来人才，而人才对一个地区的社会和文化的推动作用无疑是巨大的。本研究应用中等技术职称以上人员比重和高校在校学生人数比重来测度各地的教育和人力资源情况。高校在校学生人数比重体现了地区高等教育对社会文化以及对人力资源的作用；中等技术职称以上人员比重则综合了外地流入的人才和当地培养的人才对投资者保护的影响。

由图 6－7 可以发现，广东省的高等教育集中在省会城市广州，广州的高校在校人数高于省内其他城市高校在校人数的总和，中级技术职称以上人员的数量也是最多的；高校在校学生数居第二位的是湛江，这与湛江拥有相当数量的高校具有直接关系；而中级技术职称以上人员数量居第二位的是深圳，深圳因为其地理位置以及特区的优惠政策曾经吸引了全国各地的优秀人才

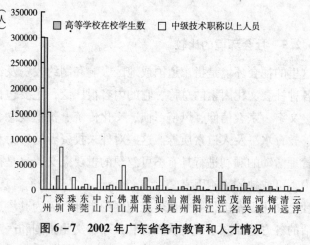

图 6－7 2002 年广东省各市教育和人才情况

资料来源：作者根据《广东统计年鉴》各卷整理获得。

前来创业，至今深圳仍然是吸引人才最多的城市之一。高校在校学生数量方面除广州远远领先之外，广东省内其他各市之间没有明显差距，但是珠三角各市的中级技术职称以上人数明显高于东西两翼和广大山区。这也体现了珠三角经济发达地区对人才的吸引力度。

6.2.5.2 文化氛围

文化氛围虽然不会对投资者做出投资决策造成直接影响，但是文化氛围会影响到外来投资者及外来的员工的文化追求和文化生活，尤其对长期投资者来说，居住地提供的文化生活的优劣具有很关键的作用，因此文化氛围也是形成投资者保护的不可或缺的内容之一。

文化氛围包括的范围很广，相对来说也很难测度，本研究运用公共图书馆每万人藏书量、剧院和影剧院个数 2 个指标，虽然不够全面，基本能够达到定性反映的要求。

从图 6－8 中看出，广东省公共图书馆藏书量最大的是深圳，

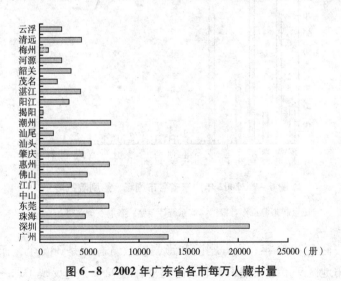

图 6－8 2002 年广东省各市每万人藏书量

资料来源：作者根据《广东统计年鉴》各卷整理获得。

每万人藏书21133册，其次是广州，每万人藏书12936册，珠三角各市的每万人藏书量普遍较高；东西两翼地区除了潮州每万人藏书量较大外，其他各市都比较少，其中揭阳的每万人藏书量只有377册，居全省之末；山区各市在这个指标上虽然落后于珠三角地区，但是与东西两翼没有明显差距，甚至还略优于东西两翼。

剧院、影剧院数量反映了一个地区的文化和娱乐水平，虽然其不会成为外来投资决策的关键因素，但是也对外来员工融入并喜爱当地生活起到关键作用。从图6－9中可以发现，深圳、东莞和佛山三个城市的剧院和影剧院数量远远高于其他城市，其次较高的是中山、珠海、江门、广州；东翼各城市稍高于西翼和山区各市，而西翼和山区各市则没有差距。

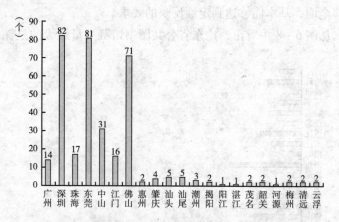

图6－9　2002年广东省各市剧场、影剧院数量

资料来源：作者根据《广东统计年鉴》各卷整理获得。

截至2002年，全省剧院和影剧院数量总和是346个，而珠三角地区9市之和是318个，占到全省的92%，这反映了珠三角的文化氛围和娱乐生活远远好于省内其他地区，从而实现了对外来投资保护文化方面的更优。

6.2.5.3 医疗卫生条件

医疗卫生条件虽然不是投资者考虑的重点内容，但是随着外来投资规模的逐渐增大，外来员工人数也会增多，对于医疗卫生条件的要求也相应提高。因此，政府对当地医疗设施投入也构成投资者保护的一个环节。同时也能够提供给当地居民良好的医疗保障。下面是广东省各市每万人床位数和每万人医生数的数据图表。

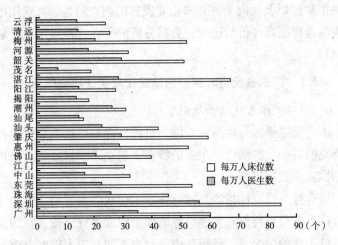

图6-10　广东省各市每万人床位数和每万人医生数

资料来源：作者根据《广东统计年鉴》各卷整理获得。

广东省医疗条件最完善的是深圳市，每万人床位数和医生数都是全省最多的，其次是广州；珠三角地区的医疗条件相对较好，每万人床位数均在30以上，其中7个市达到或超过了40，每万人医生数超过20的有7个市。东西两翼的医疗卫生条件和北部山区相比没有明显差距，两个区域12个市中共有6个市每万人床位数低于30，有7个市每万人医生数低于20。

6.3 基于投资者保护的广东省 区域金融发展比较

本章根据收集到的数据建立广东省各地区投资者保护的评价体系。这些数据主要来源于《广东省统计年鉴2003》、《广东省法院年鉴》以及面向全省外来企业发放的调查问卷，并选用因子分析法进行综合评价与比较，数据分析的所有过程运用统计软件SPSS13.0进行。

6.3.1 广东省投资者保护的地区比较实证研究体系

6.3.1.1 体系建立的原则

本研究遵循综合性与针对性、可操作性与可比性原则，在前人研究的基础上，结合广东省的特点，建立广东省投资者保护的指标体系和数据模型。

综合性与针对性指的是指标体系主要从广东省的角度，选择适合广东省自身特点和发展目标的评价因素进行比较。在国家大政方针不变的情况下，省级和市级政府不能在很大程度上改变国际投资者保护的一些主要因素，因此指标体系中剔除了政策性因素，而只把政府工作效率纳入其中。

可操作性与可比性指的是考虑资料数据的可获取性和可量化性。因此，本研究采取统计取舍法，采集《广东省统计年鉴》以及《广东省法院年鉴》中的相关数据，构成广东省三个区域投资者保护比较的评价因素。由于地方政府办事效率、地方文化等因素没有直接量化的数据，则采取调查问卷的方式取得。

6.3.1.2 指标体系的结构

根据综合性和针对性、可操作性和可比性原则，在数据收集的基础上建立起指标体系，力求能够比较全面地反映广东省各地区投资者保护的差异。数据的形式既有总量数据，也有均量数据和百分比数据。体系结构由三个级别的指标组成，详细如表6-5所示。

表6-5 投资者评价体系结构表

一级指标	二级指标	三 级 指 标
经济因素	市场规模	人均 GDP
		社会消费品零售总额
		批发零售贸易业商品销售总额
		居民可支配收入
	市场开放程度	港澳台及外国投资企业年产值占工业总产值的比重
		非国有资产比重
	经济外向性	进出口总额与 GDP 比值
		旅游外汇收入占 GDP 比重
		实际利用外资
政务因素	政策法规	对外资的优惠政策
	政府效率	审批速度
		廉政建设
		政务公开
	政府工作人员素质	权威性
		办实事
法律因素	法律规定	法律法规完善程度
		依法行政情况
	法律执行	结案率
		民商案件结案率
社会文化因素	教育和人才	中等技术职称以上人员比重
		高校在校学生人数比重
	文化氛围	公共图书馆每万人藏书量
		剧院和影剧院个数
	医疗卫生条件	每万人床位数
		每万人医生数

6.3.1.3 计算及结果分析

运用 SPSS13.0 进行计算，选取 6 个公共因子。结果如表 6 - 6
所示：

表 6 - 6 总方差解释表

公共因子	特征值	占方差百分比(%)	累加值
1	12.077	48.308	48.308
2	2.970	11.880	60.188
3	2.161	8.646	68.834
4	1.992	7.968	76.802
5	1.171	4.683	81.484
6	1.058	4.230	85.715

特征值是原始数据的协方差矩阵的特征值，用特征值占标准
化数据矩阵的方差的百分比来反映公共因子对原始数据矩阵的解
释程度，称为主成分贡献率。从表 6 - 6 的结果可以看出，6 个
公共因子对整体数据的解释程度已经达到了 85.715%，能够比
较全面反映所有信息。第一个公共因子的解释程度达到了
48.308%，第二个公共因子的解释程度是 11.88%，解释程度依
次降低，第六个公共因子的解释程度是 4.23%。

6.3.1.4 调查问卷的设计与处理

政务环境的指标除了政策法规之外，其他全部来自于调查问
卷，调查问卷格式详见本章附录。通过该问卷对广东省 21 个市
的近 300 家企业进行调查。这些被调查企业都是有一定经营规模
或者一定影响力的中小企业，排除了那些受到政府特殊"关注"
的大型企业，从而能够反映出一般意义上政府对投资者的保护。

调查问卷中对政府工作效率和政府工作人员素质按照高、较
高、一般、较低、低的标准划分，每项选择赋予相应的得分 80、

60、40、20、0，再进行加权汇总得出每个城市每项指标的得分。然后把所有数据进行因子分析得出 21 个城市的投资者保护得分。

表 6-7 是 25 个指标对于 6 个公共因子的载荷值，载荷值就是指各主因子与指标间的相关系数。

表 6-7　因子载荷矩阵表

指　　标	公　共　因　子					
	1	2	3	4	5	6
人均 GDP	0.075	- 0.013	0.048	- 0.013	- 0.155	0.032
批发零售贸易业商品销售总额	0.057	0.068	- 0.258	- 0.068	0.015	- 0.096
社会消费品零售总额	0.063	0.056	- 0.224	- 0.095	- 0.024	- 0.064
居民人均可支配收入	0.059	- 0.114	0.047	- 0.226	- 0.106	0.087
港澳台及外资企业产值比重	0.050	- 0.014	0.282	0.026	0.074	- 0.262
非国有资产所占比重	0.031	- 0.227	0.089	0.049	0.037	- 0.394
进出口总额与 GDP 比值	0.045	- 0.093	0.279	- 0.018	- 0.186	0.032
旅游外汇收入占 GDP 比重	0.036	0.028	0.077	- 0.097	0.586	- 0.292
实际利用外资	0.075	0.011	- 0.038	- 0.153	- 0.039	- 0.019
对外资的优惠政策	- 0.021	0.020	0.181	- 0.103	0.452	0.442
审批速度	0.069	- 0.058	- 0.025	0.143	- 0.075	- 0.013
廉政建设	0.066	- 0.039	- 0.042	0.233	0.201	0.126
政务公开	0.069	- 0.039	- 0.035	0.183	0.145	0.235
权威性	0.065	- 0.077	- 0.043	0.173	0.213	0.174
办实事	0.069	- 0.053	- 0.022	0.200	- 0.097	- 0.087
法律法规完善程度	0.071	0.019	0.029	0.193	- 0.036	- 0.059
依法行政情况	0.073	0.007	- 0.038	0.047	0.011	0.062
结案率	- 0.005	0.200	0.202	0.173	- 0.135	0.292
民商案件结案率	- 0.004	0.208	0.212	0.093	- 0.084	- 0.351
中等技术职称人员人口比重	0.062	0.048	0.031	- 0.206	0.120	- 0.053
高校在校学生占人口比重	0.027	0.265	- 0.143	0.085	0.027	- 0.066
每万人藏书量	0.072	0.044	- 0.017	- 0.181	- 0.028	0.006
剧场、影剧院(个)	0.057	- 0.113	0.067	- 0.124	- 0.221	0.283
每万人床位数	0.056	0.200	0.107	- 0.079	- 0.115	0.048
每万人医生数	0.064	0.166	0.065	- 0.101	0.030	0.058

从表 6-7 中可以看出，第一个公共因子对各个指标的解释程度是均匀分布的，不管是总量指标、分数指标还是百分比指标，第一个公共因子对其都有一定的解释力。第二个公共因子解释程度较强的指标有：居民人均可支配收入、非国有资产所占比重、结案率和民商案件结案率、高校在校学生占人口比重、剧院影剧院个数、每万人床位数、每万人医生数，第二个公共因子侧重于解释分数指标和百分比指标。第三个公共因子对批发零售业商品销售总额、社会消费品零售总额、对外资的优惠政策，以及港澳台及外资企业产值比重等总量指标和分数指标的解释力较强。而第四、第五和第六个公共因子则比较明显地对出自调查问卷的各指标解释力较强。

设各主因子分别为 F1，F2，F3，F4，F5，F6，利用上面的因子载荷矩阵可以将各主因子表达为指标变量的表达式，则可以得到因子得分函数：F1 = 人均 GDP × 0.075 + 批发零售贸易业商品销售总额 × 0.057 + 社会消费品零售总额 × 0.063 + 每万人医生数 × 0.061，同理可以得到其他各主因子得分函数。从而可以得到广东省各个区域主因子得分。

再根据主因子得分以及各主因子的方差贡献率占总方差贡献率的比重作为加权汇总，得到广东省各区域综合得分 E 如下：

$$E = (F1 \times 48.308 + F2 \times 11.880 + F3 \times 8.646 + F4 \times 7.968 +$$
$$F5 \times 4.683 + F6 \times 4.230)/85.715$$

从广东省各区域投资者保护综合排名表看出，主解释因子 F1 得分中，深圳居首位，广州次之。后面是珠三角的各个区域，按照得分高低顺序依次是中山、东莞、惠州、佛山、珠海、江门、肇庆。主解释因子 F1 得分最低的是云浮。

深圳在 F1 到 F6 的六个公共因子的得分都领先于其他区域，广州紧随其后，这与深圳和广州作为珠三角中心城市的地位相吻

表 6 - 8 广东省各区域投资者保护综合排名表

	F1	F2	F3	F4	F5	F6	E	排名
广州	22705.93	1254.1254	-7188.57	-41198.36	-17909.4	-1934.49	7341.816	2
深圳	30397.11	1463.1854	-9684.97	-58285.712	-22513.4	-2598.74	9580.897	1
珠海	8985.097	-1180.122	-518.641	-15352.179	-9488.64	1105.062	2957.021	7
东莞	12948.6	-976.2787	-1448.58	-22190.673	-12911.1	882.0462	4291.565	4
中山	14607.44	-112.1007	-3585.39	-27063.852	-12091.4	-490.921	4654.726	3
江门	6827.829	550.54164	-1421.29	-10594.188	-6148.79	-409.078	2440.075	8
佛山	9393.611	-910.7959	-873.209	-15665.631	-9805.34	898.4467	3132.18	6
惠州	12099.83	-482.4454	-1092.57	-19395.703	-12418.6	684.7553	4194.551	5
肇庆	6411.389	-296.1024	-841.664	-10997.3	-6129.31	327.5502	2146.44	9
汕头	3681.395	-907.9126	646.7373	-5681.8921	-4831.42	1228.803	1282.686	11
汕尾	1753.922	-692.923	299.9128	-3152.1964	-2175.08	698.0538	545.2921	21
潮州	2802.302	-578.3525	486.6553	-4663.6106	-3473.41	981.7772	973.4315	13
揭阳	2890.165	-720.2642	153.1803	-4787.498	-3404.21	663.2636	946.1897	14
阳江	1862.372	97.15548	97.17911	-2182.2622	-2208.28	229.9319	760.7172	16
湛江	2947.385	-775.123	678.208	-4351.283	-4060.88	1075.031	1048.788	12
茂名	1988.168	-5.41887	283.0958	-1850.888	-2734.15	349.8048	844.1399	15
韶关	4094.19	-708.0613	151.3215	-6659.9545	-4750.27	860.7554	1388.411	10
河源	1614.796	153.6456	-180.636	-2361.5931	-1508.21	19.10491	612.1662	19
梅州	2006.792	-782.0172	352.3712	-3553.7715	-2570.88	778.4861	625.7652	18
清远	1760.84	215.67343	-129.329	-2566.2072	-1716.8	90.49211	681.353	17
云浮	1221.073	-18.63888	411.265	-915.23481	-1870.1	369.5439	558.069	20

合。综合得分第三位的是中山，以后依次是东莞、惠州、佛山、珠海、江门、肇庆、韶关、汕头、湛江、潮州、揭阳、茂名、阳江、清远、梅州、河源、云浮、汕尾。

6.3.2 主要结论及完善投资者保护的政策建议

6.3.2.1 主要结论

根据经济、政务、法律和社会文化四个方面的 25 个指标进行因子分析，得出广东省各地区投资者保护程度的综合排名深圳居首位，其次是广州，后面依次是东莞、惠州、佛山、珠海、江门、肇庆、韶关、汕头、湛江、潮州、揭阳、茂名、阳江、清远、梅州、河源、云浮、汕尾。

深圳从 F1 到 F6 的六个解释因子在全省的排名都是首位，说明深圳无论是经济总量、均量、法律法规、政务还有社会文化方面对投资者的保护都有优势；广州六个解释因子全部排名第二，在各方面对投资者的保护仅次于深圳，远高于省内其他地区，这与现实中深圳和广州在广东省内的领头羊地位相吻合。

珠三角的 9 个地级市占据了前 9 位，说明珠三角在投资者保护方面与广东省内其他地方相比有很大优势。珠三角因为具有紧连港澳的地理优势，经过改革开放之后多年的招商和发展，投资者保护从制度上和经验上都有了长足的进步。

广东省东西两翼投资者保护的整体情况落后于珠三角，汕头作为第一批沿海开放城市得政策之先，另外潮州作为著名的侨乡得到大量来自海外的投资，因此其投资者保护也有了一定积累。

在三个区域中，粤北山区投资者保护情况相对较弱。其根源在于地理位置的劣势以及政策落后，直接导致了经济总量和均量、文化教育等方面对投资者保护的负面影响。山区各市中投资者保护表现最好的是韶关，在广东全省 21 个城市中排名第 10，这与韶关作为粤北重工业城市以及其发达的旅游业有直接关系。

东翼的汕尾综合排名最后，汕尾的六个解释因子单个排名都不是最后一位，但是六个解释因子都排在后几位，各解释因子一致落后的情况导致了其综合排名居于末位。

6.3.2.2　完善广东省投资者保护的政策建议

第一，对比长三角发展模式，改变内部区域不平衡现状。

广东省在改革开放以后由于政策倾斜以及地域环境的优势，在吸引外来投资方面一直走在全国的前列，经济也得到了长足发展。在广东的经济发展中，投资的作用功不可没，投资增长与经济增长之间的关联度极高。近年来，长三角整体投资增长和经济增长都得到长足发展，甚至超过了珠三角，而很多大型跨国公司在对中国进行战略布局时，更多地把其中华区总部设在长三角的领头羊城市上海，这种情况尤其值得我们深思。

首先，长江三角洲在地理位置以及政策方面的优势不输于珠三角，这种政策优势随着浦东开发越发明显。而珠三角却随着中国加入 WTO 而逐渐失去了其政策方面的优势。

其次，长三角虽然是一个跨省市的经济区域，但是区内没用明显的发展不平衡现象。上海虽然领先于长三角其他地区发展，但是南京、杭州、苏州、温州等地的发展也各有所长，使得上海有效发挥了其带头作用以及辐射作用，区内其他二线城市既能配合上海积极加快自身发展，也能带动辐射小城市和乡镇，形成整个区域内的均衡有序发展。而珠三角的一线城市深圳和广州集中在珠三角区域内，粤北山区没有自身的经济文化中心，深圳和广州的辐射作用无法通过二线城市传播到山区，造成了发达地区基数大、速度快、越来越发达，而不发达地区基础薄弱、速度慢，越来越落后的局面。

另外，长三角地区在高素质人力资源方面享有得天独厚的优势。该地区历史文化底蕴深厚，社会经济基础较好，不但人口密集，而且人口素质相对较高，高科技人才资源丰富。长江三角洲地区拥有 1000 余所科研机构，150 余所高等院校和 300 多所中等专业学校，教学科研基础雄厚，科技人才密度高，高级人才比重大。这些都对吸收、引进国外先进技术、改造传统产业、发展新兴产业十分有利。

珠三角的发展瓶颈在于与省内其他地区差距太大，因此珠三角的深入发展需要在广东全省甚至泛珠三角范围内进行整体规划、有效分工合作，在各城市的经济、社会及文化背景的基础上，确立各个城市在整个区域规划中的功能，中心城市发挥辐射作用，带动其他城市共同发展，广东省全省范围内的均衡发展才能使持续发展成为可能。

第二，发挥深圳、广州的领头作用，推动珠三角地区的产业升级。

深圳和广州是整个广东省投资和经济发展的领头羊，两个城市的 6 个解释因子的得分都分别居首位和第二位，说明深圳和广州在经济发展水平、政府服务质量、法律环境以及社会文化氛围都处于广东全省前列。经过改革开放三十年的发展，深圳广州包括整个珠三角地区的制造业已经形成了产业集群，深入发展的动力只能来自于产业的升级，这就要求东西两翼以及广大山区的有效合作。而就目前的情况来看，广东省东西两翼和山区在经济水平、政治法律环境以及人才等方面对广东省范围内的产业升级形成制约，要解决广东省区域发展不平衡的现状，就必须发挥深圳、广州以及珠三角其他城市的辐射作用，带动东西两翼和山区的经济发展，改善政治及法律环境，提高教育文化水平，一方面形成制造业产业集群的转移，另一方面为珠三角发展高新技术产业提供市场、人才等方面的有力支持。

第三，加大投入，加强广东省东西两翼和山区的政务和文化建设。

从上面的分析可以看出，广东省东西两翼和山区在经济水平、政务环境以及文化氛围方面和珠三角存在明显差距，而经济发展水平又受到投资者保护的影响。所以广东省东西两翼和山区投资发展的根本在于改善投资者保护，因此加强政务环境以及文化氛围的建设就成为必然选择。

投资者保护的本质以及更完善的投资者保护的宏观环境深深植根于国家的政府体制中，因此，服务型政府是完善投资者保护的必然选择。我国的现行制度在投资者保护方面已经远远落后于经济形势发展的需要，急需借鉴成熟资本市场国家的经验和教训，并结合我国的具体实际加以完善，才能从制度安排与供给上给投资者创造一个良好的环境。政府是作为秩序化统治的机构而存在的。作为秩序化的代表的政府，必须为人们和社会提供社会秩序的制度供给，也就是要为社会制定一个权威的人人必须遵守的制度框架或者制度模式。

广东省应进一步强化政府的职能转变，以服务型政府为方向，大力改善法律法规的合理性，提高政务的效率与透明度。在向市场经济的过渡中，政府要转变职能，即由经济建设型政府向公共服务型政府转变，不仅要实现政府经济管理职能的转变，更要实现政府治理方式的转变；政府不仅要为经济发展提供良好的市场环境，更要为经济和社会的协调发展提供基本而有保障的公共产品和有效的公共服务。只有这样，才能真正做到为企业服务，才能有效地形成一种良好的机制，促使资本的流入。

第四，以泛珠三角合作为依托，将投资者保护纳入到广东省整体发展战略中。

把投资者保护纳入到广东省整体发展战略，是从广东经济发展的长远利益出发的考虑。这将积极推动广东产业结构优化与升级，实现经济的可持续发展。而泛珠三角经济合作，不仅要求资本的流入融合，更为投资者保护提供了良好的平台与条件。

自20世纪80年代以来，广东经济的起飞和超常规发展主要是以高额投资、大量廉价劳动力以及资源的大规模投入为依托，传统产业的扩张成为推进经济成长的第一动力，其增长模式带有明显的外延粗放性增长特征。随着广东进入工业化中后期，客观上要求产业结构进一步调整优化，要求进一步的资本支持。所以政府加强对投资保护，支持结构创新，推动产业转移与优化，引导和扶持高新技术产业骨干企业，加快改造传统优势产业，对附加值高的产业和需改造的优良传统产业的投资给予必要的保护或优惠，将会吸引资本的流入。以资本为纽带，按照产业发展变迁规律，跨空间、地域、行业和所有制重新配置生产要素，提升产业的竞争力，实现产业结构的调整与优化。泛珠三角合作就是在基础上对整个南中国地区的资源、能源、资本等进行重新配置。而广东省则可以以泛珠三角的经济合作为依托，消除省内体制性障碍，统一市场政策，降低企业营运成本，在招商引资、土地批租、外贸出口、技术开发等方面形成统一法规，激发区域经济活力。

外贸发展形势不仅反映外贸挑战，更表明经济增长的后劲问题。外贸发展是以内源经济和外源经济组成，从上文分析可以看出，长三角境外投资增加的同时，内源经济已具备走出去能力，其外贸发展势头猛主要由内源经济拉动。而珠三角内源经济对出口贡献不大，以"三来一补"最为突出的东莞来说，其80%的工业产值由外资企业创造，20%由内源经济带来。发展内源经济不在于能创造多少财富，更主要的是增强本地创造财富的能力。所以，广东省在大力吸引外资，继续提升外资的增长效应的同时，更应以泛珠三角合作为契机，吸引区域内的资本对广东省的流入及促进经济发展，尤其是促进广东省两翼和北部山区的发展。目前，广东省与香港的关系一直没有理顺，由于过于依赖香港，出现了如香港同样的产业结构和发展瓶颈问题。泛珠三角区域的合作，以及内地与港澳更紧密经贸关系安排（CEPA）的实施，则为广东省加强内源经济的发展，开拓了一个广阔的空间。尤其是在泛珠三角区域内，面对广阔的内陆省份，其总量因素不可小视。广东省应凭借雄厚的经济基础，较好的市场经济体系，完善各种招商引资措施，对内地的资本形成"洼地效应"，大力发展内源经济，促进广东省落后地区的经济发展。

本 章 附 录

附录6-1 广东企业投资环境调查问卷

尊敬的女士/先生：

首先欢迎并感谢您参加我们组织的调查活动。此次我们调查的目的在于了解您对今日广东投资环境的看法。您所提供的资料和提出的看法，仅仅用于学术研究参考，我们将严格保密。

· ·

企业名称：_____注册地：_____

企业所在地：_____员工人数：_____注册资本：____

在目前所在地成立时间：_____年_____月

问题01：贵公司属于哪一个行业：

1. 信息技术　2. 电子技术　3. 金融业　4. 贸易商务　5. 咨询业
6. 证券投资业　7. 建筑设计　8. 互联网　9. 酒店餐饮　10. 交
通物流　11. 加工制造业　12. 旅游业　13. 房地产　14. 生物
15. 保健业　16. 文化界　17. 娱乐业　18. 体育业　19. 政府
20. 媒体　21. 广告业　22. 律师　23. 出版业　24. 制药

其他：＿＿＿＿＿＿

问题02：贵公司的性质是：

1. 党政机关、团体　2. 事业单位　3. 国有企业　4. 集体所有制
单位　5. 私营企业　6. 个体经营　7. 合资企业　8. 外资企业
9. 其他（请说明）：＿＿＿＿＿

问题03：对于公司所在地的投资社会环境和居住条件，您的满
意程度是：

序　号	评价内容	满　意	较满意	一　般	不太满意	不满意
1	市内交通状况					
2	省际交通状况					
3	写字楼条件					
4	水电等基础设施条件					
5	通讯条件					
6	信息化程度					
7	人　才					
8	居住环境					
9	治安状况					

问题04：对于公司所在地政府的服务工作、决策水平，您的评
价是：

序　号	评价内容	高	较　高	一　般	较　低	低
1	决策水平					
2	办事效率					
3	执法水平					
4	廉政建设					
5	权威性					
6	办实事					
7	政策透明度					
8	政务公开					

问题 05：对于公司所在地的投资经济环境，您的评价是：

序　号	评价内容	好	较　好	一　般	较　差	差
1	市场辐射能力					
2	市场潜力					
3	竞争环境					
4	人才优势					
5	投资成本					

问题 06：对于公司所在地的投资法律环境，您的评价是：

序　号	评价内容	好	较　好	一　般	较　差	差
1	政策的透明度					
2	法律、法规的完善					
3	税制的合理度					
4	依法行政情况					

问题 07：您是否信任下列人员：

	很信任	比较信任	一　般	不太信任	不信任	说不清
A. 法官						
B. 检察官						
C. 公安人员						
D. 政府官员						
E. 工商执法人员						

问题 08：对于除了税收之外的其他地方性收费，您觉得：

1. 太高　　　　2. 比较高　　　　3. 一般　　　　4. 较低

问题 09：未来两年来，贵企业是否准备或加大在目前所在地的投资?

1. 已经有所准备　　　　2. 正在考虑　　　　3. 不准备

问题 10：上一个问题您若选择 1 或 2，将会投资于哪些行业（可以选择多项）？

1. 电信业　2. 银行业　3. 证券业　4. 保险业　5. 汽车业
6. 家电业　7. 影视业　8. 医药业　9. 商业　10. 农业　11. 旅游酒店业　12. 石油化工业　13. 环保产业　14. IT 行业　15. 食品业　16. 服装业　17. 教育业　18. 交通运输业　19. 其他＿＿＿＿＿＿＿

问题 11：对于在当地办事的审批程序，您觉得：

1. 非常烦琐　　　　2. 比较烦琐　　　　3. 比较简单
4. 非常简单

问题 12：目前，贵企业在目前所在地投资遇到的主要问题是（可以选择多项）：

1. 资金问题　2. 人才问题　3. 管理问题　4. 政策问题　5. 市场信息传递问题　6. 法律问题　7. 办事效率　8. 产权、专利权问题　9. 盗版、假冒伪劣产品问题　10. 运输问题　11. 与中方人士的沟通问题　12. 其他＿＿＿＿＿＿＿

问题 13：贵企业在目前所在地发展面临的外部阻碍因素是（可以选择多项）：

1. 债务问题　　　　　　　2. 领取有关牌照时出现困难或延误
3. 税收问题　　　　　　　4. 能源不足
5. 同行的价格竞争、技术改进或代替品造成威胁
6. 因不充足的信息或通讯系统而造成的困难
7. 缺乏法律上的帮助　　　8. 缺乏充足的金融和财政服务
9. 与国内企业的合作在谈判上出现困难
10. 其他＿＿＿＿＿＿＿

问题 14：贵企业所在地的地方保护主义程度：

1. 非常严重　　2. 比较严重　　3. 一般　　4. 不显著

问题 15：您对我国的哪些经济政策比较感兴趣（可以选择多项）：

1. 货币供应政策　2. 利率政策　3. 投资政策　4. 税收政策

5. 消费政策　6. 外汇政策　7. 吸引外资政策　8. 财政政策

9. 其他_____

问题 16：您平时了解有关政策的渠道是（可以选择多项）：

1. 报纸、杂志　2. 电台、电视台　3. 政府文件　4. 互联网

5. 企业内部资料、刊物　6. 与政府官员的接触　7. 与其他企业的接触　8. 其他_____

问题 17：在您的企业经营活动中，您最感兴趣的活动是：

1. 研讨会　2. 博览会　3. 交易会　4. 俱乐部　5. 有关政府官员的演讲　6. 其他_____

问题 18：总的来说，您对目前公司所在地的投资环境的满意程度是：

1. 满意　2. 较满意　3. 一般　4. 不太满意　5. 不满意

问题 19：其中，您最不满意的是：

1. 政务环境　2. 经济环境　3. 法律环境　4. 社会环境

具体：_____

问题 20：在您的投资和经营管理中，您希望在哪些方面能够得到政府部门的帮助：

_____

政府能够满足您的要求吗？

1. 能　　　　　　　　2. 不能

附录6－2　广东省部分城市投资优惠条件评分列表

		用地	用电	用水	规费	税收	权益保护	其他
清远	政策	50年	0.475	低于1元	免市收部分	减二免三到六	外籍职工减800费用再计收税	员工村,亲属户口
	得分	8.5	7.2	7.8	8.5	7.5	9	8.5
汕尾	政策	50年,低于100元/平方米	报装费50%	报装费50%	50%	减二免三到五		
	得分	9	7.5	7.5	8	7.6	6	6
河源	政策	低于50元/平方米	低于0.5	低于0.7元	部分免收部分减半	国家省规定	外籍职工绿卡	子女入学
	得分	9	8	9	8.5		9	8.5
揭阳	政策	同境内业主	同境内业主	同境内业主	按照规定收最低	按照国家省规定		贷款同境内企业
	得分	7	7.5	7.5	6.5	6.5	6	8
茂名	政策	免征税3—5年	0.57	低于1.75元	免市收部分5年	减二免三,其他规定		一站式服务
	得分	7.5	7	6	7.8	7.9	6	8.5
梅州	政策	40元/平方米	低于0.512	低于1.58元	最低限额	减二免三	保护牌制度	子女免择校费
	得分	9	7.8	7	7.2	7	9	8.5

		用地	用电	用水	规费	税收	权益保护	其他
韶关	政策	低于 50 元/平方米	0.502	0.9	部分免收,部分减收	减二免三,其他规定	同国民待遇,其他	三个一制度
	得分	9	8	8.5	7.8	8	8.8	8.5
阳江	政策	160 元/平方米	分期付	不限量	部分免收	国家和省规定,其他规定	子女入学其他	一个窗口
	得分	6.5	6.5	6	7.5	7	8.8	8.5
云浮	政策	免费使用土地,70 年			部分减收	减二免三,降低 24%		
	得分	9.5	7	7	7	7.9	6	6
湛江	政策	成本价,50%管理费			优惠征收	减二免三,免地方所得税,其他规定	职工国民待遇	
	得分	8	6	6	7	7.6	8.8	6
肇庆	政策	以 20% 征收出让金,最长期限 70 年	从优	从优	从优	国家及省规定	亲属户口	
	得分	8.8	7	7	7	7.2	8	6

注:表中优惠条件是截至 2002 年的统计。

参 考 文 献

[1] 白重恩、路江涌、陶志刚：《投资环境对外资企业效益的影响——来自企业层面的证据》，《经济研究》，2004 年第 9 期。

[2] 白重恩、刘俏、陆洲等：《中国上市公司治理结构的实证研究》，《经济研究》，2005 年第 2 期。

[3] 白云霞、吴联生、徐信忠：《资产收购与控制权转移对经业绩的影响》，《经济研究》，2004 年第 12 期。

[4] 毕先萍、李正友：《投资者保护与公司股权结构：一个家族企业继任模型》，《当代财经》，2004 年第 8 期。

[5] 宾国强、舒元：《股权分割、公司业绩和投资者保护》，《管理世界》，2003 年第 5 期。

[6] 陈晓和单鑫：《债务融资是否会增加上市企业的资本成本?》，《经济研究》，1999 年第 8 期。

[7] 陈晓、王琨：《关联交易、公司治理与国有股改革》，《经济研究》，2005 第 4 期。

[8] 陈晓、江东：《股权多元化、公司业绩与行业竞争性》，《经济研究》，2000 年第 8 期。

[9] 陈小悦、徐晓东：《股权结构、企业绩效和投资者利益保护》，《经济研究》，2001 年第 11 期。

[10] 陈洪涛、黄国良：《中国上市公司股权结构与现金股利政策的实证研究》，《统计与决策》，2005 年第 10 期。

[11] 高永辉、李小毛：《股权结构、公司治理与机构投资者保护的一个分析框架》，《北方经贸》，2003 年第 10 期。

[12] 谷祺、邓德强、路倩：《现金流权与控制权分离下的企业价值——基于我国家族上市公司的实证研究》，《会计研究》，2006 年第 4 期。

[13] 韩德宗、叶春华：《控制权收益的理论与实证研究》，《统计研究》，2004 年第 2 期。

[14] 胡凯、赵息：《现代公司的控制权矛盾与会计控制目标实现》，《会计研究》，2003 年第 5 期。

[15] 胡汝银、司徒大年：《投资者保护的理论与实践》，上海证券交易所内部研究报告，2002。

[16] 黄少安、张岗：《中国上市公司股权融资偏好分析》，《经济研究》，2001 年第 11 期。

[17] 蒋中一著，王永宏译：《动态最优化基础》，商务印书馆，1999。

[18] 孔翔、陈炜：《我国上市公司应选择什么样的股权结构？——上市公司股权结构与经营绩效关系研究》，深圳证券交易所综合研究所内部报告，2005。

[19] 孔小文：《上市公司股利政策选择的动因与代理问题分析》，《财经问题研究》，2003 年第 6 期。

[20] 李春琦：《影响我国家族企业绩效的经验证据》，《统计研究》，2005 年第 11 期。

[21] 李康、杨兴君、杨雄：《配股和增发的相关者利益分析和政策研究》，《经济研究》，2003 年第 3 期。

[22] 李增泉：《掏空、支持与并购重组——来自我国上市公

司的经验证据》，《经济研究》，2005 年第 1 期。

[23] 李增泉、孙铮、王志伟：《"掏空"与所有权安排——来自我国上市公司大股东资金占用的经验证据》，《会计研究》，2004 年第 12 期。

[24] 廖理、方芳：《管理层持股、股利政策和上市公司代理成本》，《统计研究》，2004 年第 12 期。

[25] 林勇、谢军：《公司治理改革——比较制度分析》，《美中经济评论》，2003 年第 12 期。

[26] 林勇、陈创练、林可全：《投资者保护理论研究新进展》，《经济学动态》，2007 年第 11 期。

[27] 刘芍佳、孙霈、刘乃全：《终极产权论、股权结构及公司绩效》，《经济研究》，2003 年第 4 期。

[28] 罗默著，苏剑等译：《高级宏观经济学》，商务印书馆，2004。

[29] 陆正飞、叶康涛：《中国上市公司股权融资偏好解析》，《经济研究》，2004 年第 4 期。

[30] 陆玉梅、何涛：《论资本成本与融资成本的关系》，《工业技术经济》，2002 年第 23 卷第 61 期。

[31] 裴红卫、柯大钢：《大股东掏空行为的市场识别检验：来自沪深股市的经验证据》，《统计研究》，2005 年第 9 期。

[32] 沈艺峰、许年行、杨熠：《我国中小投资者法律保护历史实践的实证检验》，《经济研究》，2004 年第 10 期。

[33] 沈艺峰、肖珉、黄娟娟：《中小投资者法律保护与公司权益资本成本》，《经济研究》，2005 年第 6 期。

[34] 宋剑峰：《净资产倍率、市盈率与公司的成长性》，《经济研究》，2000 年第 8 期。

[35] 孙永祥、黄祖辉：《上市公司的股权结构与绩效》，

《经济研究》，1999 年第 12 期。

[36] 孙永祥：《所有权、融资结构与公司治理机制》，《经济研究》，2001 年第 1 期。

[37] 孙铮、刘凤委、李增泉：《市场化程度、政府干预与企业债务期限结构》，《经济研究》，2005 年第 5 期。

[38] 唐国琼、邹虹：《上市公司现金股利政策影响因素的实证研究》，《财经科学》，2005 年第 2 期。

[39] 唐宗明、蒋位：《中国上市公司大股东侵害度实证分析》，《经济研究》，2002 年第 4 期。

[40] 王娟、杨凤林：《中国上市公司资本结构影响因素的最新研究》，《国际金融研究》，2002 年第 8 期。

[41] 王鹏、秦宛顺：《控股股东类型与公司绩效——基于中国上市公司的证据》，《统计研究》，2006 年第 7 期。

[42] 王擎：《投资者保护、公司治理和法律建设》，《西南金融》，2003 年第 7 期。

[43] 王铮：《投资者保护与公司治理》，《财贸研究》，2004 年第 1 期。

[44] 王俊：《证券市场监管的伦理基础：投资者保护》，《西南民族大学学报（人文社科版）》，2004 年第 7 期。

[45] 王克敏、陈井勇：《股权结构、投资者保护与公司绩效》，《管理世界》，2004 年第 7 期。

[46] 汪毅慧、廖理、邓小铁：《不对称信息、交易成本与投资者保护：内地（中国大陆）和香港的比较研究》，《金融研究》，2003 年第 10 期。

[47] 汪炜、蒋高峰：《信息披露、透明度与资本成本》，《经济研究》，2004 年第 7 期。

[48] 武晓春：《我国上市公司股权结构与股利政策》，《经

济问题》，2003年第4期。

[49] 夏立军、方轶强：《政府控制、治理环境与企业价值——来自中国证券市场的经验证据》，《经济研究》，2005年第5期。

[50] 许小年：《以法人机构为主体建立公司治理机制和资本市场》，《改革》，1997年第5期。

[51] 徐晓东、陈小悦：《第一大股东对公司治理、企业业绩的影响分析》，《经济研究》，2003年第2期。

[52] 徐晓东、陈小悦：《第一大股东对公司治理、企业业绩的影响分析》，《经济研究》，2003年第2期。

[53] 许成钢：《法律、执法与金融监管——介绍"法律的不完备性"理论》，《经济社会体制比较》，2001年第5期。

[54] 许琳：《投资者法律保护与公司上市后长期业绩表现——基于法和金融理论的实证分析》，《南开管理评论》，2006年第2期。

[55] 杨贵宾、王晓芳：《投资者保护、证券市场与经济增长》，《系统工程理论方法应用》，2004年第12期。

[56] 阎大颖：《中国上市公司控股股东价值取向对股利政策影响的实证研究》，《南开经济研究》，2004年第6期。

[57] 叶康涛、陆正飞：《中国上市公司股权融资成本影响因素分析》，《管理世界》，2004年第5期。

[58] 应展宇：《股权分裂、激励问题与股利政策》，《管理世界》，2004年第7期。

[59] 余明桂、夏新平、吴少凡：《公司治理研究新趋势——控股股东与小股东之间的代理问题》，《外国经济与管理》，2004年第26卷第2期。

[60] 曾颖、陆正飞：《信息披露质量与股权资本成本》，《经

济研究》，2006 年第 2 期。

[61] 周勤业、夏立军、李莫愁：《大股东侵害与上市公司资产评估偏差》，《统计研究》，2003 年第 10 期。

[62] 张烨：《投资者保护理论评述》，《经济学动态》，2004 年第 10 期。

[63] 郑振龙、林海：《法律和投资者保护：国际比较》，《福建论坛（经济社会版）》，2001 年第 8 期。

[64] 郑长德：《投资者保护、公司治理与企业价值》，《西南民族学院学报》，2002 年第 8 期。

[65] Andrei Shleifera and Daniel Wolfenzonb (2002), "Investor Protection and Equity Markets", *Journal of Financial Economics*, vol. 66, pp. 3 – 27.

[66] Beata Smarzynska Javorcik (2004), "The Composition of Foreign Direct Investment and Protection of Intellectual Property Rights: Evidence from Transition Economies", *European Economic Review*, vol. 48, pp. 39 – 62.

[67] Bebchuk, L., and Roe, M. (1999), "A Theory of Path Dependence in Corporate Ownership and Governance", *Stanford Law Review*, vol. 52, pp. 127 – 270.

[68] Beck Thorsten, and Levine Ross (2004), "Legal Institutions and Financial Development", NBER Working Paper 10417, National Bureau of Economic Research, Cambridge, MA.

[69] Botosan, C. (1997), "Disclosure Level and the Cost of Equity Capital". *The Accounting Review*, 72, 323 – 349.

[70] Christian Leuz, Dhananjay Nanda, and Peter D. Wysocki (2003), "Earnings Management and Investor Protection: an International Comparison", *Journal of Financial Economics*, vol. 69,

pp. 505 – 527.

[71] Claessens, Stjin, Simeon Djankov, and Larry Lang (2000),
"The separation of ownership and control in East Asia corporations",
Journal of Financial Economics 58, 81 – 112. .

[72] Cheng Hsiao (2003), *Analysis of Panel Dada*, 2nd ed,
Cambridge University Press.

[73] Coase, Ronald (1961), "The Problem of Social Cost",
Journal of Law and Economics, vol. 3.

[74] Coffee, John C. (2000), "Privatization and Corporate
Governance: The Lessons from Securities Market Failure," Unpub-
lished working paper 158, Columbia Law School, New York.

[75] Daron Acemoglu , Simon Johnson, and James A. Rob-
inson (2000), "The Colonial Origins of Comparative Development:
An Empirical Investigation", NBER Working Papers 7771, National
Bureau of Economic Research.

[76] Easterbrook, Frank, and Daniel R. Fischel (1991), *The
Economic Structure of Corporate Law*, Cambridge, MA: Harvard Uni-
versity Press.

[77] Edward Glaeser, Simon Johnson, and Andrei Shleifer
(2001), "Coase versus the Coasians", *The Quarterly Journal of Eco-
nomics*, vol. 116, No. 3, pp. 853 – 899.

[78] Fama, E. , and K. French (1997), "Industry Costs of
Equity", *Journal of Financial Economics*, 43, pp. 153 – 193.

[79] Friedman, E. , S. Johnson, T. Mitton (2003), "propping
and Tunneling", *Journal of Comparative Economics* 31: 732 – 750.

[80] Grossman, Sanford, and Hart, Oliver (1988a), "One-
share-one-vote and the Market for Corporate Control", *Journal of Fi-*

nancial Economics, vol. 20.

[81] Grossman, Sanford, and Hart, Oliver (1988b), "Corporate Governance: Voting Rights and Majority Rules", *Journal of Financial Economics*, vol. 20.

[82] Gebhardt, W. , C. , Lee and B. , Swaminathan (2003), "Toward an Implied Cost of Capital", *Journal of Accounting Research*, forthcoming.

[83] Himmelberg, Charles P. , R. Glenn Hubbard, Inessa Lave (2001), "Investor Protection, Ownership and the Cost of Capital," Mimeo, Columbia University.

[84] Jensen, M. and W. Meckling (1976), "Theory of the firm: managerial behavior, agency costs and ownership structure", *Journal of Financial Economics* 3, pp. 305 – 360.

[85] Jensen, M. and W. Meckling (1976), "Theory of the firm: Managerial Behavior, Agency Costs and Ownership Structure", *Journal of Financial Economics*, vol. 3, pp. 305 – 360.

[86] Jensen, M. (1986), "Agency costs of free cash flow: corporate finance and takeovers", *American Economic Review* 76, 323 – 329.

[87] Lemmon, M. , and Lins, K. (2001), "Ownership Structure, Corporate Governance, and Firm Value: Evidence from the East Asian Financial Crisis", Unpublished working paper, University of Utah.

[88] Levine Ross (2004), "Finance and Growth: Theory, Evidence, and Mechanisms," in *Handbook of Economic Growth*, Philippe Aghion and Steven Durlauf, eds, Amsterdam: North-Holland Elsevier Publishers, forthcoming.

[89] Lang, L. , R. Stulz and R. Walking (1989), "Managerial performance, Tobin's Q and the gains from successful tender of-

fers", *Journal of financial economics* 24: 137 –154.

[90] Lang, L. and R. Litzenberger (1989), "Dividend announcements: cash flow signaling vs. free cash flow hypothesis", *Journal of financial economics* 24: 181 –191.

[91] Kamran Ahmed, Jae H. Kim, Darren Henry (2006), "International cross-listings by Australian firms: A stochastic dominance analysis of equity returns", *Journal of Multinational Financial Management.*

[92] Mara Faccio, Larry H. P. Lang, and Leslie Young (2001), "Dividends and Expropriation", *American Economic Review*, vol. 91, No. 1, pp. 54 –79.

[93] Modigliani, Franco, and Enrico Perotti (1996), "Protection of minority interest and development of security markets", Mimeo, MIT.

[94] Morck, R. , Yeung, B. , Yu, W. (2000), "The information content of stock markets: why do emerging markets have synchronous price movements?", *Journal of Financial Economics* 58, 215 –260.

[95] North, Douglass (1990), *Institutions, Institutional Change, and Economic Performance*, Cambridge, MA: Cambridge University Press.

[96] Perotti, Enrico (with Franco Modigliani) (2000), "Security Markets versus Bank Finance: Legal Enforcement and Investor Protection", *International Review of Finance*, vol. 1, No. 2, pp. 81 –96.

[97] Pistor, Katharina, Martin, Raiser, and Stanislav, Gclfer (2000), "Law and Finance in Transition Economies", *The Economics of Transition*, vol. 8, No. 2, pp. 325 –368.

[98] Pistor, Katharina and Chen-Gang Xu (2002), "Law En-

forcement under Incomplete Law: Theory and Evidence from Financial Market Regulation", Working Paper No. TE/02/442, London School of Economics.

[99] Rafael La Porta, Florencio Lopez-de-silanes, Andrei Shleifer, and Robert W. Vishny (1997), "Legal Determinants of External Finance", NBER Working Paper 5879, National Bureau of Economic Research.

[100] Rafael La Porta, Florencio Lopez-de-silanes, Andrei Shleifer, and Robert W. Vishny (1998a), "Law and Finance", *Journal of Political Economy*, vol. 106, pp. 1113 – 1155.

[101] Rafael La Porta, Florencio Lopez-de-silanes, Andrei Shleifer, and Robert W. Vishny (1998b), "The Quality of Government", NBER Working Paper 6727, National Bureau of Economic Research.

[102] Rafael La Porta, Florencio Lopez-de-silanes, Andrei Shleifer, and Robert W. Vishny (1999a), "Investor Protection: Origins, Consequences, Reform", NBER Working Paper 7428, National Bureau of Economic Research.

[103] Rafael La Porta, Florencio Lopez-de-silanes, Andrei Shleifer (1999), "Corporate Ownership Around the World", *Journal of Finance*, vol. 54, pp. 471 – 517.

[104] Rafael La Porta, Florencio Lopez-de-silanes, Andrei Shleifer, and Robert W. Vishny (1999b), "Investor Protection and Corporate Valuation", Discussion Paper Number 1882, Harvard Institute for Economic Research, Harvard University.

[105] Rafael La Porta, Florencio Lopez-de-silanes, Andrei Shleifer, and Robert W. Vishny (2000a), "Agency Problems and

Dividend Policies Around the World", *Journal of Finance*, vol. 55, pp. 1 – 33.

[106] Rafael La Porta, Florencio Lopez-de-silanes, Andrei Shleifer, and Robert W. Vishny (2002), "Investor Protection and Corporate Governance", *The Journal of Finance*, vol. LVII, NO. 3, pp. 1147 – 1170.

[107] Rajan, Raghuram and Luigi Zingales (1998), "Power in a Theory of the Firm", *Quarterly Journal of Economics*, 113 (2), pp. 387 – 432.

[108] Rajan, Raghuram and Luigi Zingales (2001), "The Influence of the Financial Revolution on the Nature of Firms", *American Economic Review*, Papers and Proceedings, 91 (2), pp. 206 – 211.

[109] Richardson, A. and M. Welker (2001), "Social Disclosure and the Cost of Equity Capital", *Accounting Organizations and Society*, 26, pp. 597 – 616.

[110] Shaomin, Li (2005), "Why a Poor Governance Environment does not Deter Foreign Direct Investment – the Case of China and Its Implications for Investment Protection", *Business Horizons*, vol. 48, pp. 297 – 302.

[111] Shuenn-Ren Cheng, Cheng-Yi Shiu (2006), "Investor protection and capital structure: International evidence", *Journal of Multinational Financial Management*.

[112] Simon Johnson, Rafael La Porta, Florencio Lopez-de-silanes, and Andrei Shleifer (2000), "Tunnelling", *American Economic Review Papers and Proceedings*, vol. 90, pp. 22 – 27.

[113] Simon Johnson, Peter Bonne, Alasdair Breach, Eric Friedman (2000), "Corporate Governance in the Asian Financial

Crisis", *Journal of Financial Economics*, vol. 58, pp. 141 – 186.

[114] Singh, M. and A. Nejadmalayeri (2004), "Internationalization, Capital Structure and Cost of Capital: Evidence From French Corporation", *Journal of Multinational Financial Management*, 14, pp. 153 – 169.

[115] Steen Thomsen, Torben Pedersen, Hans Kurt Kvist (2006), "Blockholder ownership: Effects on firm value in market and control based governance systems", *Journal of Corporate Finance* 12, pp. 246 – 269.

[116] Stigler, G. (1964), "Public regulation of the securities market", *Journal of Business*, vol. 37.

[117] Stulz, Rene M. and Williamson, Rohan (2003), "Culture, Openness, and Finance", *Journal of Financial Economics*, vol. 70, pp. 313 – 349.

[118] Todd Mitton (2002), "A Cross-firm Analysis of the Impact of Corporate Governance on the East Asian Financial Crisis", *Journal of Finance*, vol. 64, pp. 215 – 241.

[119] Yilmaz Guney, Aydin Ozkan, Neslihan Ozkan (2006), "International evidence on the non-linear impact of leverage on corporate cash holdings", *Journal of Multinational Financial Management*.

[120] Yin-Hua Yeh, Tracie Woidtke (2005), "Commitment or entrenchment?: Controlling shareholders and board composition", *Journal of Banking & Finance* 29: pp. 1857 – 1885.

后 记

本课题是广东省社会科学十五规划重点项目"可持续下的投资者保护研究"的最终成果。

本课题研究的初衷是林勇教授、谢军副教授共同为研究生开设的研讨班，主要讨论"法与金融"流派相关理论及其在中国的实践问题。讨论研究持续长达三年之久，许多研究生都非常积极参与了该研讨班，大多都对此话题产生了浓厚的兴趣，并选取相关的分支理论作为论文的研究方向。他们许多有用的研究观点也构成了本书研究的内容之一。

为了对我国投资者保护理论及其实践作一个全面的描述研究。本书重点讨论了公司内部治理、公司外部治理制度（法律制度等）对我国中小股东的保护问题，并以广东省区域经济发展不平衡问题作为案例研究，探讨投资者保护对区域金融的影响，研究内容自成体系。此外，本书还就国内外投资者保护理论作了一个全面的综述，对后续研究具有一定的参考价值。

本书的撰写得到我的许多研究生如宋金芳博士、陈创练博士生、肖海莲硕士、曾晓涛硕士、林可全硕士、杨姝琴硕士等的帮助，在此表示感谢。然而，由于本研究有一定创新，也是一个尝试，所以，必然会有疏忽和不当的地方，希望读者不吝赐教，以待改进。

林 勇

2008 年 4 月 19 日